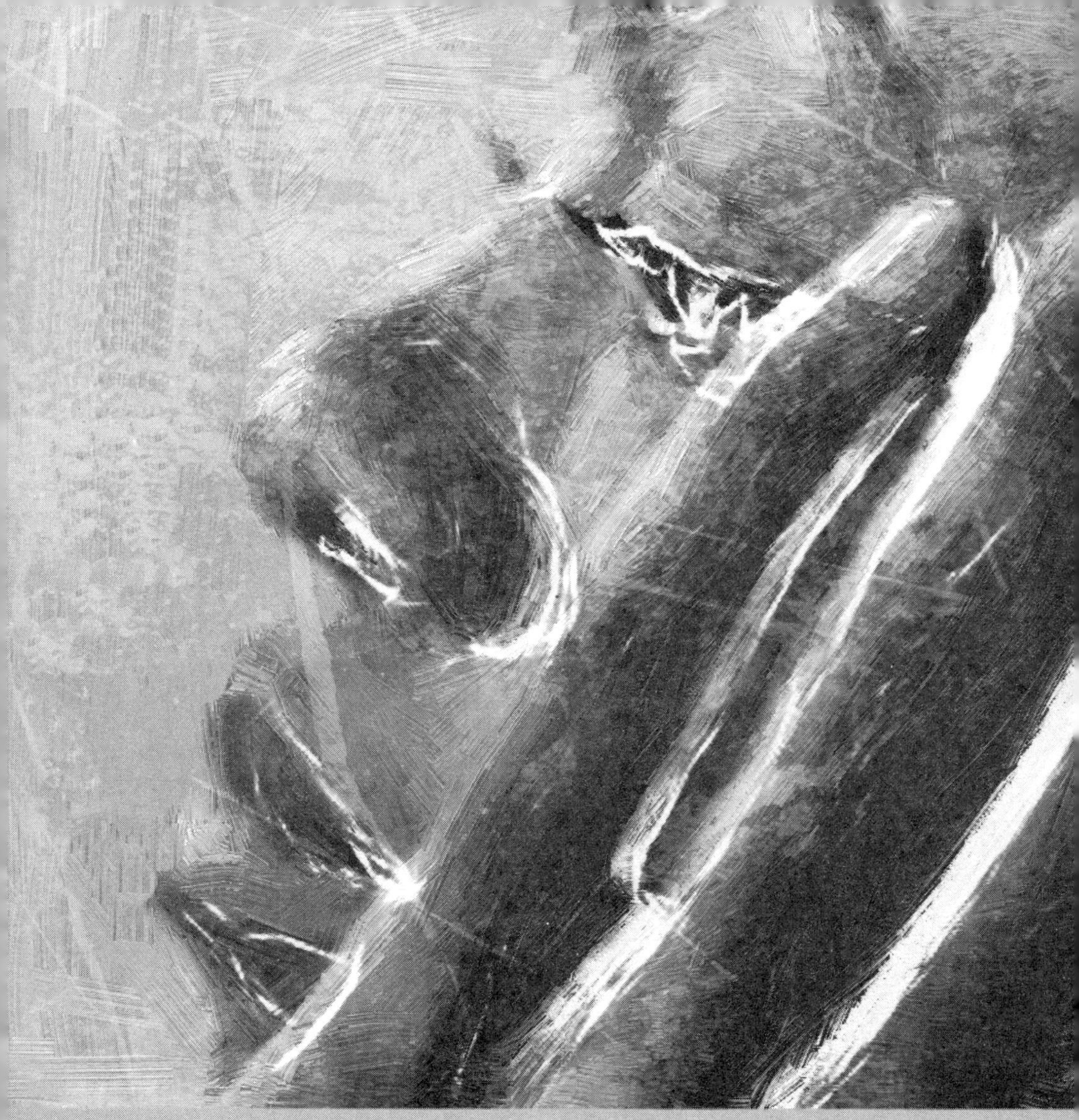

트라우마 소설연구 I

상처와 치유의 서사

한국근대영미소설학회

신아사

간행사

한국근대영미소설학회는 창립된 이래로 영미소설에 관한 논문을 다룬 학회지뿐만 아니라 일반 대중들도 함께 할 수 있는 수많은 저서를 출판하여 왔다. 그러다 최근 힐링이라는 주제가 학술적으로 또 일반 대중의 큰 관심을 불러일으키고 있다는 점에 착안하여 힐링과 관련된 주제로서 트라우마에 관한 책을 기획하기에 이르렀다. 트라우마는 개인적인 것이면서 사회적인 것으로서, 우리 모두가 이기고 극복해야 할 것이기 때문에 힐링과는 불가분의 관계가 있어서였다.

트라우마는 그리스 말로 "상처"라는 의미를 가지고 있다. 따라서 일제 강점기 시대를 보내고 6 25 전쟁을 치룬 우리는 그 누구보다도 많은 상처를 받은, 즉 트라우마에 특히 많이 노출되어온 민족이기 때문에 트라우마에 대한 관심은 그만큼 더 클 수밖에 없고, 따라서 트라우마에 대한 논의는 더 더욱 필요할 것이다. 그러한 논의는 트라우마를 겪어온 우리에게 힐링의 가능성을 열어 줄 수 있기 때문이다. 이에 본 학회는 트라우마에 대한 논의를 본격적으로 하고자 2012년도에 트라우마에 관한 학술대회를 두 차례 기획하였고, 본 학회의 취지에 여러 영문학 학자들께서 동참하여 주셔서 학술대회를 성황리에 마칠 수 있었으며, 이를 토대로 트라우마에 관한 책을 출판하기에 이르른 것이다.

하지만 이 책이 나오기까지에는 정말 많은 분들이 수고와 노력이 있었다. 그 분들을 모두 열거할 수는 없으나, 그 중에서도 특히 이 책이 출판되기까지 특별한 노력을 해 주신 분들이 있다. 이 책의 필진을 선정하고 편집과 교정에 이르기까지 여러 일들을 맡아 주신 서울대학교의 이동신 교수와 신라대학의 장경순 교수, 수차례의 교정과 편집진에 적극적인 협조를 마다하지 않으신 필진들, 그리고 이 책을 최종적으로 세상에 나오게 하는데 나머지 작업들을 잘 마무리해 주신 신아사 편집실 직원들이다. 이 분들에게 본 학회를 대신하여 감사의 마음을 전하며, 또한 한국근대영미소설학회에서 기획하는 책들의 가치를 알아주시고, 그 책들이 이 세상의 빛을 보도록 해주신 신아사의 정현걸 사장님께도 특별한 감사를 드린다.

한국근대영미소설학회 제 10대 회장

김일영 (성균관 대학교)

머리말
— 트라우마와 문학적 재현의 문제

박시영(이화여자대학교)

1960년대의 베트남전쟁 이후 참전 군인들의 육체적·정신적 건강에 심각한 위협으로 진단된 트라우마—혹은 '외상 후 스트레스 장애'(post-traumatic stress disorder, 이후 PTSD)—에 대한 연구결과들은 트라우마 연구에 대한 지평을 확장시켰다. PTSD라는 용어는 1980년에 미국 정신의학 협회(American Psychiatric Association)가 폭탄성 쇼크(shell shock), 전투 스트레스(combat stress), 트라우마성 신경증(traumatic neurosis) 등 트라우마와 관련된 증상들을 모두 포함하여 정의하고, 나아가 트라우마는 단지 인간에 의해 발생한 것뿐만 아니라 자연현상에 의해서도 생길 수 있다고 해석함으로 광범위한 개념으로 정립되었다. 이 정신의학적 개념인 PTSD는 이후 프로이트(Sigmund Freud)의 정신분석이론과 함께 트라우마 연구의 주요 축을 이루게 된다. 그러나 1990년대에 접어들면서 2차 세계대전 기간에 나치 독일이 조직적으로 저지른 유태인대학살, 즉 홀로코스트(Holocaust) 생존자들의 다양한 기록에 대한 연구가 활발해지면서 트라우마 연구의 초점을 정신의학보다는 프로이트가 연구했던 트라우마의 역사성과 재현 가능성의 문제로 이동하게 되었다(Meek 2-3).

1990년 이후 트라우마 이론을 대표하는 펠만(Shoshana Felman), 라웁(Dori Laub), 카루스(Cathy Caruth), 라카프라(Dominick LaCapra)와 최근에는 허쉬(Joshua Hirsch) 같은 연구자들은 프로이트의 동시대인으로서 트라우마의 역사성과 재현의 가능성에 대해 연구했던 벤야민(Walter

Benjamin)과 아도르노(Theodor Adorno)의 이론을 바탕으로 역사적으로 발생한 충격적인 사건의 희생자들이 기존의 재현 틀로는 표현할 수 없는 이 사건에 대한 자신들의 악몽을 파편적으로나마 전달하는 '목격자'(testimony 또는 witness) 역할을 하게 된다고 주장하게 된다. 이들 연구자들은 정신의학적인 PTSD이론을 수용하면서도 이런 광범위한 개념 정립이 오히려 트라우마의 역사성과 재현에 대한 사회, 문화적인 접근을 방해한다고 비판한다(Caruth 1995, 3). 그 배경에는 홀로코스트 생존자들이 문자로 남기는 기록보다 접근성이 쉬운 영상매체를 통해 자신들의 트라우마적인 경험에 대해 기록을 남기게 됨으로써 다양한 트라우마적 경험을 담은 다량의 영상기록물들이 양산되었던 사회현상이 자리 잡고 있다.

애초 트라우마에 대한 이론적인 연구를 촉발한 사건은 기존의 전쟁과는 달리 대량살상이라는 새로운 양상을 보인 유례없이 폭력적이었던 1차 세계대전이었다. 당시 의료진들은 이 사건에 노출된 건강한 젊은 군인들이 일시적이거나 영구적으로 정신쇠약증세를 보인다는 사실을 발견했다. 그리고 1914년 가을부터 영국의 신문들은 이런 증상을 보도하기 시작했는데 의료학술지인 『란셋』(*The Lancet*)의 10월 31일자가 그 한 예이다. 『란셋』은 전장에서 터지는 포탄이 군인들을 "마담 타쏘 박물관에 있는 밀랍 인형 모형"처럼 만든다고 주장함으로써 이 문제가 육체적인 부상과는 다른 차원의 정신 이상이라는 점을 제기했다. 그리고 1915년 초기부터는 영국의 대표적인 신문인 『더 타임즈』(*The Times*)도 전선의 군인들이 경험한 정신이상증세, 즉 '폭탄성 쇼크'(shell shock)에 대한 토론이 활발해져서 1917년에는 스미스(G. Elliot Smith)와 피어(T. H. Pear)의 『폭탄성 쇼크와 교훈』(*Shell-Shock and Its Lesson*)이라는 저서가 출간되었다.

이런 폭탄성 쇼크에 대한 활발한 토론의 이면에는 전장에서 전의를 상실하고 무기력해지거나 또는 극단의 경우 전장을 이탈하는 군인들을 어떻게 처리할 것이라는 지극히 현실적인 문제가 자리 잡고 있었다. 외상으로는 질병의 유무를 판단할 수 없는 상황에서 개인의 나약한 성격 때문에 꾀병을 칭한 것일 수도 있다는 편견이 지휘관 사이에 퍼져 있었던 것이다. 동시에 이 문제는 국가의 재정을 위협하는 요소가 되었는데 종전이 합의되고 난 후 약 6만 5천명의 귀환군인들이 정신이상 증세를 이유로 국가연금을 받게 되었고, 이중 9천여 명 정도는 종전 후까지도 병원에서 치료를 받아야 했던 것이다(Bogacz 227). 그러나 곧 지휘관 중에서도 폭탄성 쇼크를 겪게 되는 사례가 나타나기 시작했다. 예를 들어 모트(Frederick Mott)라는 지휘관은 자신의 폭탄성 쇼크가 군사들의 정신적 나약함이라기보다는 육체적인 과로와 함께 지휘관으로서의 자신의 능력에 대한 회의에 따른 책임감에서 발생했다고 믿었던 것이다. 이런 주장은 비록 나약한 정신의 군사들에 대한 우월의식은 여전하나 지휘관들도 폭탄성 쇼크라는 정신이상현상을 인식하기 시작했음을 반증하는 예이다. 참전군인들의 정신쇠약문제의 심각성은 정치적 이슈가 되어 영국의 경우 1920년 의회의 '전쟁성 위원회'(War Office Committee)에서 폭탄성 쇼크에 대한 진상조사를 시작하게 되었다. 1914년부터 1922년까지의 사례를 조사한 이 위원회는 전장에서의 비겁행위에 대한 정의를 명확하게 내리지 못함으로써 폭탄성 쇼크에 걸린 군인들이 전장을 이탈하는 경우 반역자로 사살되는 비극을 막지는 못했다(Bogacz 228). 그러나 이 위원회는 신문지상을 통해 발표한 보고서를 통해 폭탄성 쇼크라는 임상병리적 재해의 존재를 확인하고 그에 대한 대응책을 제시하게 되었다.

그러나 이 문제가 전장의 충격에서 기인한 정신이상이라는 임상병리적 재해에 국한되지 않은 것이며, 역사, 즉 과거에 발생한 충격적인 사회적, 문화적 사건에 대한 반응일 수 있다는 가능성이 프로이트와 같은 사상가들에 의해서 제기되었다. 프로이트 또한 1차 세계대전 이후 현저해진 참전 군인들의 신경쇠약증세가 자신이 이제껏 분석해왔던 꿈과 무의식이라는 상징체계에 대한 해석 틀에 저항한다는 사실을 인식하기 시작했다는 것이다(Caruth 1995, 5). 프로이트는 트라우마로 인해 발생한 꿈의 경우에는 바로 그 트라우마를 형성하게 된 사건의 정황 속으로 반복적으로 회귀시키며, 다른 욕구충족적인 꿈과는 달리 사건 발생 그 자체에 충실하다는 점과 꿈을 해석하기 위해 개발한 자신의 상징적 틀로는 설명할 수 없다는 사실을 인지하게 된 것이다. 트라우마에 의해 발생한 꿈의 특징은 트라우마 환자의 의지와는 달리 트라우마를 발생시킨 상황이 반복적으로 되풀이하여 발생하는 것인데, 이런 반복은 트라우마가 발생한 상황에 대한 인식이 완전하지 않거나 인식 상의 지연이 일어남을 의미한다(Caruth 1995, 6).

트라우마 환자의 말하는 태도를 연구한 셰이(Jonathan Shay)는 심각한 트라우마를 겪게 되면 일관성 있는 의식작용이 방해를 받는 "의식의 파편화"(the fragmentation of consciousness)가 발생하고, 이 과정에서 언어화할 수 없는 트라우마적인 상황이 악몽 등으로 반복해서 나타난다고 주장했다(188). 트라우마와 의식의 파편화 및 언어적 표현의 문제는 셰이 이전에 제 3세대 비엔나 심리분석학의 이론적인 정초를 다진 프랑클(Victor Frankl)에 의해서도 제기되었는데, 그의 주장에 따르면 트라우마 환자 치료는 곧 이 파편화된 의식을 언어화하는 작업을 통해 치료함으로써 환자의 고통에 의미를 부여하는 과정이다(121). 그런데 여기서 언어화의 초점이 과거 충격적인 사건을 일상적인 언어로 표현할 수 있는 정상성이 아니라, 기존 이해의 틀을 넘어서는 충격적인 사건을 담아낼 수 있는 새로운 인식의 틀에 대한 요구라는 주장이 펠만, 카루스, 라카프라와 같은 트라우마 연구자들에 의해 계속 주장되어 왔다. 특히 카루스는 프로이트의 「모세와 유일신주의」("Moses and Monotheism")를 제

2차 세계대전 기간에 발생한 유태인학살, 즉 홀로코스트가 발생한 원인을 찾으려는 노력으로 이해하면서, 프로이트가 유태인들의 정체성으로 지적한 출애굽(Exodus)의 초점은 이집트로 끌려간 이스라엘인들의 가나안으로의 귀환과 해방이 아니라 이집트에서 출발하는 순간 발생하기 시작한 충격적인 사건에 있다고 주장한 것이다(Caruth 1996, 13). 즉, 이집트인 모세가 이집트의 유일신숭배를 지키기 위해 이스라엘인들을 이끌고 이집트를 탈출했지만 유일신을 강요하는 모세를 이스라엘인들이 살해했고, 이 살인의 기억을 억압하기 위해 이집트인 모세를 이스라엘 사제 중 한 사람인 동명이인 모세와 동일시하면서 모세가 강요했던 유일신을 가나안의 지방신인 화산의 신 야훼와 동일시했다는 것이다. 그리고 이 이야기는 모세라는 개인과 이스라엘사람들이라는 집단 간의 대립이며, 모세를 살해함으로써 이스라엘민족은 모세의 요구를 거절한 것처럼 보이지만 결국 모세의 유일신사상을 벗어나지 못한 것이고 트라우마가 생긴 것이라고 볼 수 있다(Meek 24).

프로이트의 출애굽 트라우마에서 드러나는 바는 한 집단이 트라우마를 경험하게 되는 과정이다. 프로이트는 유태인의 정체성이 형성되는 과정 속에서 집단적으로 트라우마를 경험하는 상태를 설명하면서, 이 과정에서는 특징적으로 잠복기, 즉 자신에게 일어난 트라우마적인 사건에 대해 파악하지 못하는 기간이 생긴다고 주장한 것이다. 나아가 카루스는 프로이트가 이 글을 쓰던 중간에 발생한 나치 독일의 오스트리아 침공과 그 결과 영국 망명을 하게 된 프로이트 자신이 처한 역사적 맥락의 중요성을 강조하면서, 프로이트 스스로가 출애굽의 유태인들처럼 불투명한 미래를 향해 출발해야 하는 트라우마적인 상황에 놓였다고 주장한다(Caruth 1996, 19). 나치 독일의 침공이라는 제 2차 세계대전이라는 특정적인 역사적 기준점을 설정하는 이런 입장은 다른 트라우마 연구자들에게서도 잘 드러난다. 예를 들어, 펠만은 홀로코스트 생존자인 셀란(Paul Celan)의 시를 분석하고, 나아가 러시아혁명 직전 발생한 트라우마적인 상황을 직접 경험한 도스토예프스키(Fyodor Dostoevski)의 작품을 트라우마 연구의 주요 대상으로 분석한다. 즉, 이들 트라우마 연구자들의 관심은 특정한 역사적인 맥락 속에서 일어난 트라우마 분석을 통해서 개인의 정체성 형성 과정이 바로 사회의 권력구조나 정치적 폭력에 대한 주요한 반성의 계기가 된다는 사실에 있다. 앞서 언급한 믹은 이런 접근을 "역사적 트라우마"(historical trauma)라고 부르고, 이와는 대조적인 "전송적인 유형"(transmission model)을 비교 설명한다(Meek 195). 믹에 따르면 트라우마 분석이 특정한 사회의 권력구조나 정치적 폭력에 대한 반성을 목표로 하는 "역사적인 트라우마"연구와는 달리, "전송적인 유형"은 트라우마적인 이미지를 대중에게 전송함으로써 간접 경험하게 하려는 의도에서 출발했다는 것이다. 그 구체적인 예는 바로 미국의 9/11 사태라는 트라우마적인 사건이 방송매체나 인터넷을 통해 대중에게 전달되는 과정에서 트라우마적 경험을 공유할 수 있다는 믿음이 널리 퍼지게 된 현상, 또는 이라크의 전쟁포로 캠프인 아부 그라이브에서 발생한 포로의 인권을 모독하는 사진들, 심지어는 홀로코스트 생존자들의 회고를 다룬 영상기록물들이 거론되고 있다. 믹의 주장에 따르면 이런 사진이나 영상기록물 같은 시각매체를 통해 전달되는 트라우마적 이미지에 반복적으로 노출된 사람에게는 할리우드에서 생산된 폭력적 장면과 큰 차이를 주지 않는다고 경고하면서(16), 결론적으로는 이렇게 전송된 트라우마적인 이미지는 어떤 정치적인 지향을 가진 집단에 의해 한 사회의 집단적인 정체성 형성에 의도적으로 사용될 수 있는 위험이 있다고 주장한다(195). 예를 들어, 홀로코스트의 트라우마적인 이미지가 역사적인 맥락 없이 반복적으로 사용된다면 나치 독일의 비인간적인 정치 폭력에 대한 비판이 될 수도 있지만, 현재 발생하고 있는 이스라엘과 팔레스타인 간의 분쟁에 대해 객관적인 판단을 할 수 없게 만들 수도 있다는 것이다. 이 주장은 단순히 트라우마적인 이미지를 전송하는 영상매체가 가지고 있는 지향과 원칙에 대한 고려가 있어야 한다는 제안을 넘어서 트라우마의 재현이라는 근원적인 문제를 제기하고 있다고 볼 수 있다. 이런 맥락에서 믹이 1세대 "역사적 트라우마"연구의 모델로 벤야민과 아도르노를 지명한 것은 우연의 일치가 아니다(32). 두 사상가 모두 홀로코스트를 계기로 20세기 서구문명의 틀의 본성과 그것이 형성된 역사적인 맥락을 비판적으로 성찰했던 것이다.

최근까지 진행되어 온 트라우마 연구는 문학과 역사 사이에 오고 가는 대화의 중요성을 다시 확인하게 한다. 역사적인 사건이 만들어낸 트라우마는 넓게는 재현의 틀로서의 문학에 대해 근원적인 질문을 유도하고, 좁게는 특정 장르의 서사구조에 대해 비판적인 반성을 하게 만들기 때문이다. 앞서 언급한대로 펠만의 트라우마 연구는 셀란의 홀로코스트 생존자로서의 트라우마가 기존의 시 구조를 파괴하고 있음을 보여주고 있다(37). 연결되지 못하고 흩어져 있는 홀로코스트의 파편들은 폭력과 문명의 비인간성을 표현하는 새로운 서사라고 볼 수 있는 것이다. 또한 펠만의 도스토예프스키 연구에서 알 수 있듯이 트라우마 연구에서 자주 언급되는 주요한 역사적인 사건 외에도 다양하고 구체적인 역사적 맥락을 파악해야 문학작품에서 나타나는 트라우마의 흔적을 이해할 수 있다. 이런 정황은 문학 속의 역사를 시간, 공간적인 배경으로 이해하지 않고 문학작품이라는 재현의 틀과 서사구조에 대한 반성, 그리고 궁극적으로는 상처 받은 인간의 영혼을 치유할 수 있는 매체로 볼 수 있게 해준다.

인용문헌

Bagacz, Ted. "War Neurosis and Cultural Change in England, 1914-22: The Work of the War Office Committee of Enquiry into 'Shell Shock'." Requoted from *Journal of Contemporary History* 24 (1989): 234.

Caruth, Kathy. *Unclaimed Experience: Trauma, Narrative, and History*. Baltimore: John Hopkins UP, 1996.

_______. "Introduction." *Trauma: Explorations in Memory*. Ed. Cathy Caruth. Baltimore: John Hopkins UP, 1995. 3-12.

Felman, Shoshana. "Education and Crisis, or the Vicissitudes of Teaching." *Trauma: Explorations in Memory*. Ed. Cathy Caruth. Baltimore: John Hopkins UP, 1995. 13-60.

Frankl, Victor E. *Man's Search for Meaning*. Trans. Ilse Lasch. London: Hodder and Stoughton, 1964.

Meek, Allen. *Trauma and Media: Theories, Histories, and Images*. New York: Routledge, 2010.

Mott, Frederick. *Neuroses and Shell Shock*. London: Hodder and Stoughton, 1919. Requoted from Edgar Jones, "The Psychology of Killing: The Combat Experience of British Soldiers during the First World War." *Journal of Contemporary History* 41:2 (2006): 232.

Shay, Jonathan. *Achilles in Vietnam: Combat Trauma and the Undoing of Character*. New York: Touch Stone, 1994.

CONTENTS

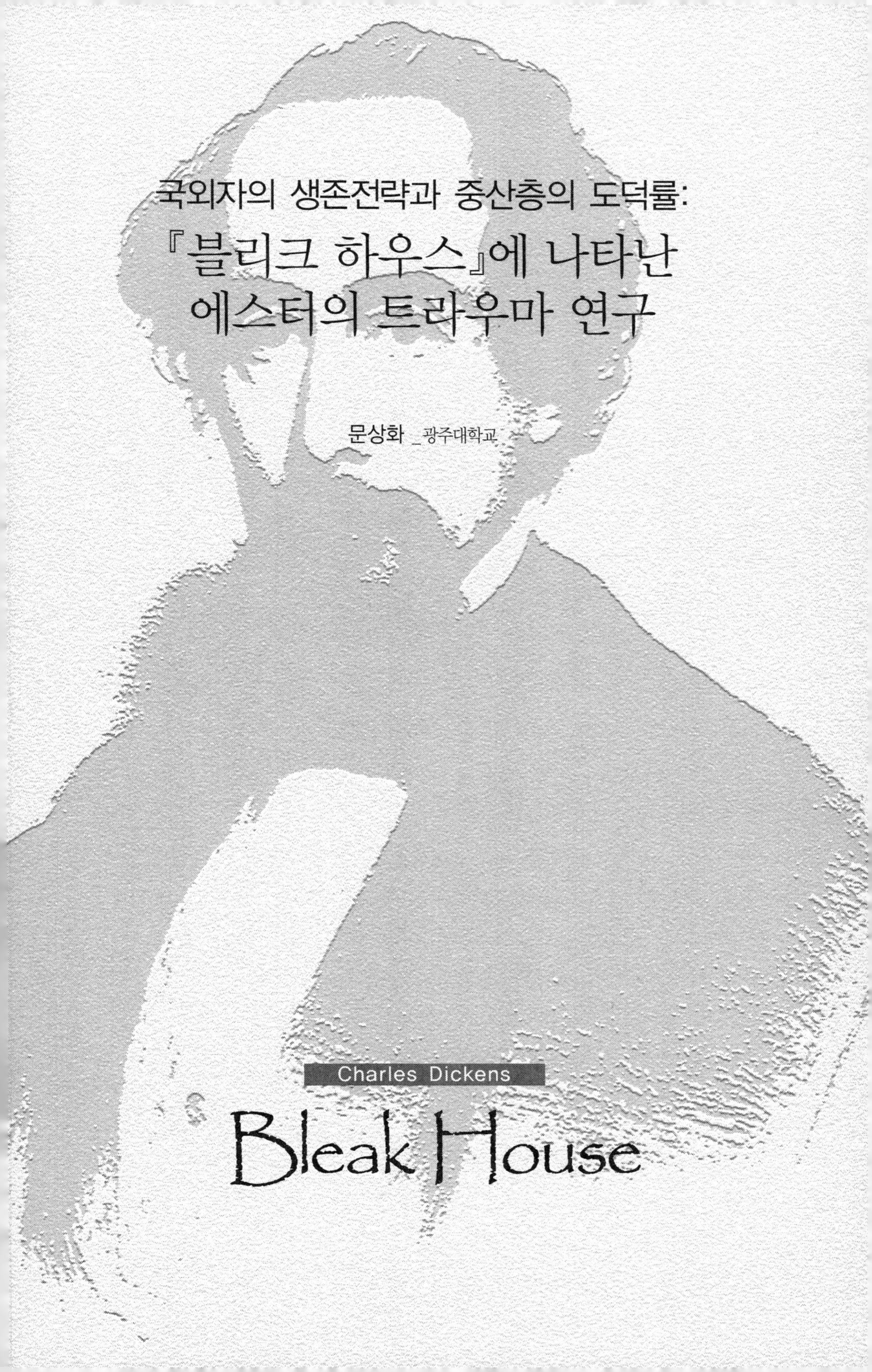

국외자의 생존전략과 중산층의 도덕률: 『블리크 하우스』에 나타난 에스터의 트라우마 연구

문상화 _광주대학교

국외자의 생존전략과 중산층의 도덕률:
『블리크 하우스』에 나타난 에스터의 트라우마 연구

작가소개

찰스 디킨즈(Charles Dickens, 1812-70)는 명실 공히 영국을 대표하는 소설가이며 영국인들에 가장 사랑받는 작가들 중 한명이다. 그가 남긴 장편소설들은 영국 내에서 지금까지 가장 널리 읽히고 있을 뿐만 아니라 영화, 연극, 뮤지컬 및 TV 드라마로 각색되어 전 세계에서 꾸준히 소비되고 있다. 그가 이렇게 오랫동안 사랑을 받는 중요한 이유는 등장인물을 생생하게 묘사할 줄 아는 이야기꾼으로서의 그의 재능뿐만 아니라 소외된 사람들, 특히 런던의 하층민에 대한 그의 각별한 사랑 때문이다. 뿐만 아니라 당시의 사회상에 대한 치밀한 묘사, 상류층에 대한 신랄한 풍자 그리고 인간 본성에 대한 깊은 이해가 디킨즈의 생명력을 꺼지지 않게 하고 있다. 스쿠루지(Scrooge), 올리버 트위스트(Oliver Twist), 미카버(Micawber), 핍(Pip)처럼 그의 소설에 등장하는 인물들은 독특한 성격과 묘사 때문에 오랫동안 우리의 기억 속에 남아 있다.

찰스 디킨즈는 1812년 2월 7일 영국의 남부지역에 있는 포츠머스(Portsmouth)에서 존 디킨즈(John Dickens)와 엘리자베스 디킨즈(Elizabeth Dickens) 사이에서 둘째로 태어났다. 해군성 경리국의 하급 직원이었던 아버지의 직업 때문에 가족들이 런던과 지방을 여러 번 옮겨 다녔을 뿐 아니라 넉넉하지 못한 경제적 사정 때문에 디킨즈의 어린 시절은 그리 행복하지 못했다. 『데이비드 커퍼필드』(*David Copperfield*)에 등장하는 미카버(Micawber)처럼 디킨즈의 아버지도 경제관념이 없었기 때문에 언제나 경제적 어려움에 시달리다가 1824년 마살시(Marchalsea) 채무자 감옥에 투옥되었다. 당시의 제도로는 가족들이 감옥에 같이 살 수 있었지만 어린 디킨즈는 감옥 밖에 따로 거처를 마련해 살면서 구두약 공장에서 일했는데 이때의 비참했던 경험이 『데이비드 커퍼필드』에 잘 나타나 있다. 아버지의 채무를 갚은 후에 디킨즈는 다시 웰링톤 하우스 아카데미(Wellington House Academy)에 복학했지만 이후 다시 가족의 재정상태가 악화되었기 때문에 학교생활을 접고 변호사 사무실에 서기로 취직하게 된다.

법률에 취미가 없었던 디킨즈는 속기를 배워 법원에서 일어나는 논쟁들을 신문사에 기고하면서 이름을 점차 알리게 되고 이때의 내용을 묶어 보즈(Boz)라는 필명으로 『보즈의 스케치』(*Sketches By Boz*)라는 책으로 출간한다. 이후 1836년에 연재를 시작한 『피크윅 보고서』(*Pickwick Papers*)는 처음에는 주목을 끌지 못했으나 1837년 연재를 마칠 때는 엄청난 인기를 끌어 디킨즈를 일약 명사로 만들었다. 런던의 근교를 여행하면서 겪는 피크윅의 이야기가 희극적인 요소가 강한 반면, 같은 해에 연재를 시작한 『올리버 트위스트』(*Oliver Twist*)는 당시의 사회상을 고발하는 성격이 강하다. 이후 1838년 『니콜라스 니클비』(*Nicholas Nickleby*)와 1839년에는 농민폭동을 다룬 역사소설 『바너비 럿지』(*Barnaby Rudge*)를 연재했지만 과거의 작품를 능가하는 인기를 끌지 못했다.

1841년 『골동품상회』(*Old Curiosity Shop*)를 마친 디킨즈는 이듬해 미국으로 건너가 열렬한 환영을 받으며 미국을 여행하고 그 것을 기초로 여행기 『미국기행』(*American Notes*)을 출간한다. 1844년 『마틴 처즐위트』(*Martin Chuzzlewit*)를 출간 후 유럽을 여행했는데 이때의 기록을 『이탈리아 여행기』(*Pictures from Italy*)라는 이름으로 출간한다. 이후 디킨즈는 그의 소설에서 당시의 사회의 어두운 면을 본격적으로 다루기 시작하여 『돔비 부자 상사』(*Dombey And Son*, 1846-47), 『데이비드 커퍼필드』(*David Copperfield*, 1849-50), 『블리크 하우스』 (*Bleak House*, 1852-53), 『어려운 시절』(*Hard Times*, 1854)에서 특유의 날카로운 풍자와 유머를 통해 빅토리아 시대의 어두운 단면을 보여준다. 계속해서 『두 도시 이야기』 (*A Tales of Two Cities*, 1859), 『위대한 유산』(*Great Expectations*, 1860-61) 같은 주옥같은 작품을 발표하면서 사회적 명성과 경제적 부를 얻었지만 그의 개인적 삶은 불운의 연속이 된다. 자신이 사랑하던 아이들이 먼저 세상을 떠나고 1836년에 결혼한 부인 캐서린(Catherine Dickens)과도 성격차이로 별거에 들어가 개인적으로 힘든 삶을 영위한다. 디킨즈의 생전에는 알려지지 않았던 여배우 엘렌 터넨(Ellen Ternan)과 동거도 이 시기와 일치한다. 한편 디킨즈는 소설가뿐만 아니라 잡지 편집자로서의 재능을 발휘하여 주간지 『귀에 익은 말들』(*Household Words*, 1850-59)과 『일 년 내내』(*All the Year Round*, 1859-70)를 발간한다. 『블리크 하우스』의 엄청난 성공은 소설을 연극으로 각색하여 런던과 지방의 여러 극장에서 공연되었으며 그 인기로 해서 디킨즈가 낭독회를 연다. 이 낭독회는 수 백 명의 청중 앞에서 디킨즈가 직접 자신의 소설 속의 극적인 장면을 낭독하는 것으로 그가 가진 연극적 자질을 통해 자신의 인기를 확인함과 동시에 경제적 이익을 얻을 수 있었다. 그의 이러한 낭독회는 지인들의 반대와 악화된 건강에도 불구하고 1870년까지 지속되었다. 이후 재물의 속성에 관한 소설 『우리 상호간의 친구』(*Our Mutual Friends*, 1864-65)를 출간한 후 『에드윈 드루드 미스테리』(*The Mystery of Edwin Drood*, 1870)를 완간하지 못하고 낭독회로 인한 과로로 1870년 6월 9일 사망한다.

디킨즈의 작품은 깊이가 없다는 비판과 함께 가장 사실적인 소설이라는 평가를 동시에 받고 있는데 그러한 평가는 디킨즈의 대중성과 인물묘사에 기인한다. 디킨즈의 소설에서 인간의 내면적 묘사보다는 등장인물들의 외면적 모습과 과장된 행동에 모습에 묘사가 치우친 것을 종종 보게 되는데 이는 연극에 강한 애착을 가지고 있었던 디킨즈의 개인적 성향과 재미라는 소설적 특성을 늘 염두에 두었던 디킨즈 문학의 특성으로 보는 것이 타당하다. 요즈음의 대중매체의 속성처럼 당시의 연재소설의 인기는 출판사의 수입에 직접적으로 관련되어 있었기 때문에 독자의 흥미를 끌기위해 등장인물을 희화화 할 필요가 있었던 것이다. 하지만 그런 특성들이 단순히 재미로만 끝나지 않고 우리에게 오랫동안 여운을 남기는 것은 디킨즈가 가진 휴머니스트 인간관과 그가 그리는 등장인물들이 작품 속에서 조화롭게 작용하고 있기 때문이다.

작품소개

『블리크 하우스』(*Bleak House*)는 1852년 3월부터 1853년 9월까지 월간지의 형식으로 브래드버리 앤드 에반즈(Bradbury and Evans) 출판사에 의해 발간되었다. 『블리크 하우스』는 에스터 썸머슨(Esther Summerson)이 자신의 과거를 회상하는 내용과 삼인칭 서술자가 현재시제를 이용해 이야기를 전개하는 부분으로 구성되어 있다.

소설이 시작되면 안개로 가득한 런던의 인상적인 모습과 언제 끝날 모르게 지루한 잔디스(Jarndyce) 소송이 전개되고 있는 형평법원(the Court of Chancery)의 모습이 소개된다. 변호사 토킹혼(Tulkinghorn)은 자신의 의뢰인 데드락 경(Sir Leicester Dedlock)과 그의 부인에게 최근에 진행된 소송에서 부인의 옛 애인의 필체로 쓰여진 법률사본을 보여준다. 지금은 아편에 찌든 필경사로 전락한 옛 애인 니모(Nemo)는 고물상점 주인 크루크(Krook)의 하숙집 2층에서 죽은 채 발견된다. 니모는 네거리에서 청소를 하는 문맹 조(Joe)에게 동정심을 보여주곤 했는데 조는 나중에 변장한 데드락 부인을 니모의 시신이 버려진 묘지로 안내한다. 토킹혼은 서류를 보는 동안 마음의 동요를 일으키는 부인의 모습에 의

심을 품고 그녀의 과거를 추적해 협박한다.

이야기의 다른 축은 사생아로 태어났지만 소설이 진행됨에 따라 니모와 데드락 부인의 딸로 드러나는 에스터 썸머슨의 과거에 대한 회상으로 이루어진다. 사실은 자신의 이모인 대모의 엄한 감시 하에서 불행한 어린 시절을 겪은 후, 에스터는 세인트 알반스(St. Albans)근처의 블리크 하우스(Bleak House)에서 그녀의 후견인 존 잔디스(John Jarndyce)와 함께 생활하게 된다. 형평법원을 나온 후 에스터가 또 다른 피후견인 에이다(Ada Clare)와 리차드(Richard Carstone)를 만나서 블리크 하우스로 가는 도중 정신이 이상한 프리트 양(Miss Flite)과 마주치게 된다. 그녀는 자신의 누추한 아파트에 영국 법률시스템의 상징적 희생물인 수 십 마리의 새를 기르고 있다. 세 사람은 희화화된 자선가 젤리비(Mrs. Jellyby) 부인을 방문한 후, 잔디스의 집에 도착해서 그의 보호 하에 있는 식객 스킴폴(Harold Skimpole)을 소개받는다. 자신의 일은 등한히 하면서 아프리카의 자선에만 몰두하는 젤리비 부인과는 반대로 에스터는 블리크 하우스의 집안일을 맡아 근면하고 성실하게 자신의 일을 수행한다. 에이다와 리차드는 사랑에 빠지고, 소송의 다른 관련자들처럼 리차드도 안정된 직장을 찾지 못하고 방황한다.

변호사 사무실의 조수 구피(William Guppy)는 에스터에게 구혼을 하고, 그녀의 부모를 찾아내고 또 데드락 부인을 협박한다. 구피의 청혼을 거절한 에스터는 프리트 양을 치료하는 알렌(Allan Woodcourt)를 보고 연모의 감정을 가지지만 조를 치료하는 과정에서 그에게 전염병에 감염되어 얼굴이 추하게 변해 알렌과 결혼할 가능성을 잃게 된다. 에스터의 비밀을 추적하는 과정에서 구피는 크루크가 알콜 도수가 너무 높은 술을 계속 마셔서 생기는 자연 연소(spontaneous combustion)를 목격하게 되고 데드락 부인의 비밀을 계속 추적하던 변호사 토킹혼도 살해당한 것이 발견된다. 사격연습장 주인이며 원래 이름이 호돈 선장(Captain

Hawdon)인 니모의 동료였던 조지 라운셀(George Rouncewell)이 살인 용의자로 지목되어 체포된다. 또 다른 살인 혐의자 데드락 부인은 집에서 도망치지만 에스터와 함께 그녀를 찾아 나섰던 탐정 버킷(Inspector Bucket)에 의해 니모의 무덤가에서 죽은 채 발견된다. 버킷 탐정은 토킹혼 살인의 진범인 전 데드락 부인의 하녀 오르땅스(Hortense)를 체포하고 조(Jo)도 전염병으로 사망한다.

리차드는 여러 직업을 전전하며 정착을 못하다가 에이다와 결혼한다. 한없이 계속될 것 같던 잔디스 소송은 마침내 결론에 도달하지만 잔디스가 남긴 수많은 유산은 변호사 비용으로 전부 탕진되어 아무 것도 남지 않아 리차드는 빈털터리가 되어 세상을 마감한다. 존 잔디스는 에스터에게 청혼하여 그녀의 승낙을 얻어 내지만 영웅적 행위를 하고 해외에서 돌아온 알렌에게 그녀를 양보한다. 에스터는 병으로 망가진 모습에서 원래의 아름다운 모습으로 되돌아오고 두 사람은 잔디스가 전원에 마련해준 블리크 하우스에서 주변의 존경과 사랑을 받으며 행복하게 살아간다.

I. 들어가는 말

> "네 어미는 네 치욕이고 너도 네 어미의 부끄러움이란 말이다"
>
> "사람들은 나를 의사부인으로 칭찬하기까지 한다. 내가 주변을 거닐 때 사람들은 나를 좋아하기까지 한다. 그리고 내게 과한 칭찬을 베풀어서 나는 얼굴이 홍당무가 된다."

『블리크 하우스』(*Bleak House*)는 디킨즈의 소설 중 후반기에 속하는 작품으로 흔히 인생의 어두운 면에 초점을 맞추기 시작하는 시기의 작품에 해당한다. 초·중기 소설의 등장인물이 보여주는 낙천적이고 혈기왕성한 모습보다는 주인공을 둘러싼 사회적 환경에 더 초점을 맞추기 시작하는 이 시기의 작품은 디킨즈의 결혼생활의 어려움과 맞물려 있다고 얘기되어 왔다.[1] 이러한 점에 맞추어 『블리크 하우스』가 다양한 각도로 해석되어 왔고 그들의 상당부분이 설득력 있는 시각을 제공하고 있는 것 또한 사실이다.[2]

『블리크 하우스』는 그 소설의 구성에서 이전의 작품들과 확연하게 구분된다. 이 작품을 처음 읽는 독자들을 당혹스럽게 만드는 두 명의 서술자는 일견 상관이 없어 보이는 두 개의 이야기를 진행시키고 있다. 자신의 과거를 회상하는 형식으로 이야기를 진행시키는 에스터 썸머슨(Esther Summerson)은 자신이 어렸을 때의 이야기부터 7년 후 알렌 우드코드(Allan Woodcourt)의 부인이 될 때까지의 이야기를 서술하고 있다.[3] 에스터는 자신의 이야기를 과거시제의 형식으로 이야기하면서 중간 중간에 현재시제를 삽입하여 현재의 상태에서 과거를 회상함을 알

1 보웬(Bowen)은 그의 논쟁적인 글에서 디킨즈의 소설을 엘렌 터난(Ellen Ternan)과의 관계를 기준으로 양분하고 부인 캐서린(Catherine)과의 파경을 기점으로 소설의 전체적 분위기가 바뀌고 있다고 주장한다(11). 웰시(Welsh)는 『블리크 하우스』가 디킨즈의 이전의 소설과 비교해서 주인공의 자아에 대한 탐구가 줄어드는 후기의 작품의 첫 번째라고 말한다(3). 이에 대한 구체적 설명은 토말린(Tomalin)의 책을 참조하는 것이 좋다.

2 『블리크 하우스』가 말하고자 하는 것은 크게 네 가지- 정치적 ·행정적 개혁, 도시화의 문제, 중산층의 대두 그리고 이전의 세계와의 차별성-로 요약된다(Sanders, 4). 코르그(Korg)에게는 『블리크 하우스』는 무엇보다 "공공의 도덕성"에 관한 문제로 압축된다(5). 이밖에 『블리크 하우스』를 바라보는 다양한 시각은 탬블링(Tambling)이 편집한 『블리크 하우스』와 조단(Jordan)과 비그로우(Bigelow)가 편집한 『디킨즈의 블리크 하우스 가르치기』에 잘 나타나있다.

3 우리가 듣게 되는 것은 "에스터라는 인물과 과거를 회상하고 있는 서술자로서의 에스터 사이의 차이점에 대한 설명"(Sternlieb, 82)이지만 소설 속 사건의 진행에서 에스터는 소설의 마지막에서 이야기가 끝난 후 7 년이라는 시간을 분명히 언급하고 있다(Tillotson, 200).

수 있게 하고 있다. 썸머슨과 다른 또 한명의 서술자는 소설 속에서 이름을 가지지 않는다. 흔히 삼인칭 서술자 혹은 전지적 작가의 범주에 속하는 이 익명의 서술자는 에스터가 과거시제를 사용하는 것과는 다르게 현재시제를 사용하여 빅토리아 시대의 런던을 기술하고 있다. 주로 당시의 권력층과 상류층을 기술하고 있는 이 익명의 서술자는 데드락 부인(Lady Dedlock)의 과거를 파헤치고 살인사건을 밝히고 도망자를 추적하는 등 소설에서 긴박한 장면을 기술하고 있다.

소설의 중반까지 서로 접점이 없이 진행되는 이러한 서술기법 때문에 곤혹해하는 독자들에게 소설의 전체적 모습이 드러나기 시작하는 것은 소설이 중반을 넘기면서 부터이다. 이때쯤 되면 두 명의 서술자의 이야기 사이에는 한 가지 공통점이 존재한다는 사실이 어렴풋이 나타나게 되고 그 공통된 비밀을 중심으로 이 소설이 진행된다는 것을 깨닫게 된다. 결국 데드락 경(Sir Deadlock) 부인인 데드락 부인의 숨겨진 비밀을 밝히는 것이 『블리크 하우스』의 중요한 플롯이고 그 비밀을 푸는 과정을 두 서술자가 다른 시각과 다른 화법을 통해 보여주고 있는 것이다. 두 개의 다른 세계를 묶는 끈은 '에스터 썸머슨의 엄마가 누구인가' 하는 것으로 귀착되고 그 해답을 향해 소설은 달려가고 있다.

하지만 여기에서 흥미로운 점은 에스터 썸머슨의 엄마가 데드락 부인으로 밝혀지는 것으로 소설이 귀결되지 않고 이후 썸머슨이 다른 형태의 삶을 영위하기 시작한다는 점이다. 자신의 과거가 데드락 집안의 변호사 토킹혼(Tulkinghorn)에 의해 밝혀지고 그에게 협박을 당하는 상태에서 데드락 경의 집을 뛰쳐나온 데드락 부인이 자신의 옛 애인 호돈(Hawdon)이 묻힌 더러운 공동묘지의 입구에서 죽은 채 발견되는 것으로 소설이 결말지어 지는 것이 아니라, 이 소설은 처음부터 에스터가 이미 안정된 삶을 영위하고 있는 가운데 지난 몇 년간의 과거를 회상한다는 점이다. 자신의 출생의 비밀이 밝혀지는 것으로 과거의 이야기가 마감되는 것이 아니라 런던 근교의 시골에서 또 다른 “황량한 집”에서 새로운 삶을 시작하는 에스터의 이야기는 이 소설이 단순히 살인자를 찾아내고 주인공의 과거를 밝히는 탐정소설이 아니라 좀 더 다른 의미를 가지고 있는 것으로 사료된다. 따라서 우리는 『블리크 하우스』를 에스터 썸머슨의 입장에서 그녀가 겪었던 삶의 굴곡을 따라가면서 그녀가 가졌던 트라우마는 무엇이고[4] 그 것이 어떻게 변질되고 어떠한 방식으로 받아들여지는 지, 그리고 그 수용의 과정에서 어떠한 면이 가장 중요한 역할을 수행하는지를 살펴보기로 한다.

Ⅱ. 대모(Godmother) / 이모의 판결

> 왜 나는 다른 애들과 그렇게 다르죠, 그게 왜 내 잘못이예요, 대모님?
> 제발 가지 마세요. 알려주세요!

『블리크 하우스』에 등장하는 에스터는 자신의 입을 통해 마치 다른 사람의 이야기를 들려주고 있는 것처럼 보인다. 에스터가 7년 전에 일어난 주변사람들의 이야기를 주로 언급하고 있기 때문에 자신은 일련의 사건에서 국외자이거나 직접적인 관련이 없는 것처럼 보인다. 하지만 에스터의 이야기의 핵심은 다른 사람의 이야기가 아니라 바로 자신

4 트라우마(trauma)는 정신적 충격이나 육체적 장애가 지나치게 강력하여 정신체계가 붕괴되고 그 것이 육체의 흉터처럼 정신적 장애로 남아있는 것을 말한다. 이러한 트라우마는 자극의 강도와 지속의 정도에 따라 개인별 커다란 차이를 보이며 대수롭지 않게 지나가는 수도 있지만 삶에 심각한 문제를 가져올 수도 있다. 트라우마는 프로이트의 신경증 이론에서 가장 중요한 부분을 차지하는 것으로 그는 정신적 충격이 개인의 무의식에 자리를 잡게 되어 특정 환경에서 개인의 과거가 현재를 지배한다고 설명한다.

의 이야기이고 결국 스스로 겪은 트라우마에 관한 이야기이다.[5] 에스터는 9장에서 다음과 같이 말한다.

> 어떻게 이런 일이 일어나는지 모르겠는데 나는 항상 내 얘기를 쓰고 있는 것 같다. 나는 항상 다른 사람 얘기를 쓰고 내 얘기는 가능한 한 적게 쓰려고 하고 있는데 얘기가 다시 내 얘기로 진행하면 당황해서 이렇게 말한다. "너는 정말 피곤한 애구나. 제발 좀 그러지마." 하지만 이런 것도 다 소용없다. (112)[6]

에스터는 다른 사람에 관한 이야기를 할 때 자신의 이야기를 안 할 수 없는 것은 "내가 그 사람들하고 관련되었기 때문이고 그 얘기를 안 할 수 없어서 그랬다는 사실을 이해해 주셨으면 좋겠다"(112)라고 이야기한다. 하지만 『블리크 하우스』의 내러티브 양대 축의 하나가 에스터의 출생비밀과 정신적 성장에 관련된 이야기라는 것을 생각할 필요가 있다. 펠타손(Peltason)에 따르면 "에스터의 이야기는 건강한 자기애의 형성과정에서 자신의 성장에 관한 이야기이고 그녀의 이야기는 다른 방식으로는 이해할 수 없는 욕망이 무엇을 의미하는 지를 보여주는 기능"(206)을 하는 것이다.

에스터 썸머슨이 겪는 최초의 정신적 충격은 그녀가 어릴 적 생일에 겪은 일이다. 자신이 기억하는 한 "검은색 상복을 입은 적이 없[고] … 엄

5 여러 평자들은 트라우마와 관련해서 에스터의 이야기를 다음과 같이 규정한다. "에스터의 자전적 이야기"(McLaughlin, 61), "다른 사람의 사랑을 받아들이는 가치 있고 능력 있는 사람으로 되어가는 성장과정"에 관한 이야기(Peltason, 72), "에스터의 내면여행: 안정되고 논리적인 자아를 위한 탐구, 엄마와의 재회를 위한 탐구 그리고 자신의 출생의 미스테리에 대한 이해를 위한 탐구."(조단 Jordan, 2), "주체형성을 위한 심리분석적 설명"(Jordan, 3).

6 디킨즈, 『블리크 하우스』(Oxford: Oxford University Press, 1994). 이후 쪽수 번호만 기입한다.

마의 무덤에 간 적[도 없고] … 엄마의 무덤이 어디 있는지 들어본 적이 없"는(16) 에스터가 다른 애의 생일파티에 갈 수 없는 이유를 묻자 돌아온 대답은 "에스터, 네가 생일이 없었으면 훨씬 더 좋았을 텐데. 네가 태어나지 않았으면 훨씬 더 좋았을 거라는 말이다."(17)라는 차가운 대답이다. 평소 대모(실제로 그녀는 자신의 이모로 밝혀진다)의 태도가 자신과 거리감이 있다는 사실은 인정하지만 자신의 존재감을 허무는 이러한 대답을 받아들일 수 없는 에스터의 계속되는 질문에 그녀가 대모로부터 듣게 되는 대답은 치명적이다.

> 에스터 네 엄마는 네 치욕이다. 너도 네 엄마의 부끄러움이다. 네가 이걸 더 잘 이해하는 날이 오게 될 거다. 어쩌면 곧 오게 되겠지. 그리고 한 여자를 빼고는 느낄 수 없는 것을 느낄 날이 오게 될 거다. (17)

자신의 출생에 대한 대모로부터의 비난과 경멸은 이후 가정부인 레이첼 아줌마(Mrs. Rachael)와 그녀의 딸에게서 동시에 구체적으로 나타나고(18) 그 정신적 충격은 에스터가 평생을 지고 다녀야 할 일종의 트라우마로 남는다. "내 인형이 내게 주는 기쁨만큼도 나는 이 세상 누구에게 기쁨을 주지 못했다는 것을 알았다"(18)는 자괴감은 자신이 남들과 다르다는 일종의 열등감과 소외감으로 작용해서 에스터에게 평생 지울 수 없는 트라우마로 존재한다. 에스터에 있어 트라우마의 본질은 "다른 사람의 눈길에 비친 자신의 모습"(Jaffe, 134)이 악의적이라는 것과 에스터의 대모가 에스터의 악의적 존재감을 치유할 방편을 다음과 같이 명령했다는 사실이다.

> 너, 불행한 고아에다 이 악마의 첫 번째 기념일로부터 온 천한 존재인 너는 다른 사람의 죄가 네 머릿속에 들어오지 않도록 성경책에 쓰여진 대로 매일 매일 기도하거라. 엄마는 잊어버리고 다른 사람들도 엄마를 잊어

버리게 내버려 두거라. 네 엄마의 불쌍한 아이가 착한 행동을 하는 것도 말이다. 가서 자거라! (17)

존재론적 부정이라는 트라우마를 에스터에게 부과하고 그 것을 상쇄하기 위한 대모의 고압적 명령은 "자기 자신과 악의적 존재-자신의 엄마-를 분리시키는 것"(Jeffe 136)으로 에스터의 삶의 방향을 결정하고 지배하는 또 다른 명령이 된다. 이러한 대모의 가르침에 대해 반항이나 거부감 없이 순종하는 에스터가 자신에게 내린 평가는 스스로를 주류에서 벗어난 국외자로 인정하는 것으로 이는 생존을 위해 주류에 편입되기 위한 노력의 시발점이 된다.

> 내 슬픔을 완전히 이해하지는 못했지만 나는 어느 때 어느 사람에게도 기쁨을 가져다 주지 못했다는 것을 알았다. 그리고 내 인형이 내게 주는 기쁨만큼도 나는 이 세상 누구에게 기쁨을 주지 못했다는 것도 알았다. (18)

그리고 자신이 취해야 할 해결책은 대모의 명령과 별반 다르지 않다. 자신의 존재에 대한 주변의 부정적 인식을 파악하고 난 후 에스터가 한 행동은 스스로를 소외시키고 자신의 존재가 주류에 의해 인식될 수 있도록 주류의 도덕률에 철저히 순응하는 것이다.

> 나는 인형에게 내가 할 수 있는 한 열심히 내가 가지고 태어난 잘못(진심으로 잘못이지만 내 잘못은 아니라고 생각했다)을 고치겠다고 고백했다. 그리고 내가 이 다음에 커서 근면하고, 만족하고 다른 사람에게 친절하고 또 누구에게든 선행을 하고 할 수만 있다면 스스로 다른 사람의 사랑을 얻겠다고 약속했다. (18)

'근면, 자족, 친절 그리고 선행'은 빅토리아 시기의 중산층이 강조하는 도덕률의 전형으로 이는 소외에서 주류에 편입되기를 갈망하는 에스터의 심정을 극명하게 보여주고 있다.

대모의 사망 이후 리딩(Reading)의 기숙학교를 거쳐 존 잔디스(John Jarndyce)의 블리크 하우스에 머무는 동안 그녀를 지배하고 있는 것도 대모의 가르침이다. '성실하라'라는 격언은 블리크 하우스에 머무는 동안에 그대로 적용된다. 이러한 가르침은 그녀와 같은 처지에 있는 리차드 칼스톤(Richard Carstone)의 행동과 정 반대되는 것으로 나타난다. 자신의 직업을 찾는 일에 즉흥적이고 남의 말에 쉽게 현혹되는 리차드와 달리 가장 궂은 일조차도 마다하지 않는 에스터의 행동은 빅토리아 시기의 중산층 격언, '근면, 자족, 친절 그리고 선행'을 그대로 나타내고 있다.

위에서 언급한 에스터가 추구하는 덕행을 좀 더 극단적으로 실행하는 인물로 젤라비 부인(Mrs. Jellyby)과 파디글 부인(Mrs. Pardiggle)을 들 수 있다. 자신이 처한 위치에서 주변을 돌보는 것보다는 실현가능성이 희박한 아프리카 원주민들을 교육시키고 그 곳에 커피농장을 건설하겠다는 젤라비 부인과 자신의 아이들을 자선단체에 강제로 참여시키는 것은 물론, 런던의 빈민층 전부를 구제하겠다는 파티글 부인은 그들의 생각과 행동에서 에스터의 대척점에 선다. 디킨즈가 묘사하는 이런 극단적인 인물들은 "어떤 사회적 행동이 오용되는 것을 드러내기 위한 패러디로 사용되고 있으며 이러한 행동은 요용되지 않는다면 사회적 질서에 도움이 되기 때문에 이러한 패러디는 개혁을 요구하는데 사용된다"(Ginsburg 143). 하지만 스스로의 부족함을 받아들이고 자신을 다른 사람과 비교함으로서 스스로의 존재가치를 확인하는 에스터와 달리 그들에게서 드러나는 것은 자신의 행동에 대한 확신과 그 결과에 대한 믿음이다. 자신의 존재의 가치를 입증하기 위해 스스로에게 금욕과 절제를 강조하는 것과 달리 두 사람의 선행 목적은 그들 스스로의 존재감을 드러내는 것이다.

젤리비 부인의 집을 방문해서는 그녀가 강조하는 아프리카 프로젝트 대신 그녀에게 버림받은 아이들을 돌봄으로써 에스터는 스스로의 존재가치를 증명하고, 파디글 부인과 함께 빈민촌을 방문해서는 거기에 버려진 어린 엄마를 동정함으로써 자신의 트라우마를 극복하려고 한다. 에스터의 이러한 동정적인 행동[7]에는 자신의 존재가치를 부정하는 대모의 차가운 행동과 그녀의 가르침을 통해 어두웠던 과거를 극복하려는 의지가 숨어있다. "(내 생각에 우리들 중 아무리 훌륭한 사람이라도 이런 곳에서 깔끔할 수 있는지 의심스러웠지만) 도덕적 투지를 멋지게 보여주며 길을 선도하고 사람들의 지저분한 습관에 관해 수많은 어휘를 동원해 언급하"(106)는 파디글 부인에게 대드는 런던 빈민의 빈정거리는 대답은 시사하는 바가 크다.

> 당신이 놓고 간 작은 책을 내가 읽었냐구? 아니, 당신이 놓고 간 작은 책을 안 읽었어. 여기에는 글을 읽을 줄 아는 사람이 없거든. 있다손 치더라도 그 책은 나한테 안 맞아. 그 책은 어린애한테나 맞는 책인데 나는 어린애가 아니거든. (107)

파디글 부인과는 다른 에스터의 이러한 자기 헌신적 행동에 대해 소설 속 사회의 인식은 대체로 긍정적이다. 에스터에게 청혼을 하는 젊은이 구피(Guppy)나, 존 잔디스 그리고 알렌 우드커트는 에스터의 밝은 면을 긍정적으로 바라보고 그녀의 가치를 높이 평가한다. 에스터의 주변 인물들의 이러한 평가는 에스터가 트라우마를 스스로 극복하는데

7 웰시(Welsh)는 "디킨즈는 동정심이나 가난에 대한 인식에서 출발하는 것이 아닌 자신의 이익이나 게으른 오락으로 인한 자비심을 비판한다. 그가 보기에 소위 박애주의자들은 가까운 곳의 잘못을 보지 못하는 경향이 있는데 이러한 것은 스스로를 옳다고 믿는 사람들에게 조차 고통스러운 것이다"라고 말한다(Welsh 113). 따라서 에스터의 동정심은 젤라비 부인이나 파디클 부인의 동정심과는 근본적으로 다른 것이다.

도움이 될뿐 만이 아니라 그녀가 구현하고자 하는 빅토리아 시대정신을 긍정적으로 평가하는데 도움을 준다.

대모에게서 받은 자신의 존재에 대한 회의감, 그리고 대모의 차가운 명령, 임종 시에 보이는 대모의 공포스러운 모습 그리고 자신을 돌보아 왔던 가정부 아줌마의 냉소적 태도는 에스터가 어릴 때 기억하는 불행한 자신의 모습이다. 이러한 불행한 기억은 에스터에게 지울 수 없는 흔적으로 남아 이후 삶에 심각한 영향을 미치는 기제를 제공한다. 따라서 우리의 관심은 에스터에게 트라우마의 근원을 제공했던 데드락 부인을 만났을 때 에스터가 보이는 반응에 초점을 맞춘다. 그녀를 만남으로 해서 에스터가 타인이 자신에게 부과한 트라우마의 본질을 정확히 파악하고 그 것을 극복할 계기를 갖게 되었는가 하는 것은 에스터의 트라우마의 본질이 무엇인가 하는 문제와 맞물려 우리가 주목해야 요소라고 할 수 있다.

III. 변신 그리고 과거와의 결별

> 나는 정말 많이 변했다, 정말로 아주 많이. 처음 봤을 때 내 얼굴이 너무 생소해서 내가 언급한 용기가 없었다면 거울 속 내 얼굴을 손으로 가리고 뒤로 물러났을 것이다.

『블리크 하우스』는 데드락 부인의 혼전 임신과 출산 그리고 현재 런던의 사교계에서 영향력을 행사하며 살아가는 그녀의 숨겨진 과거를 추적하는 내용과 데드락 부인의 버려진 딸 에스터 썸머슨이 사회적으로 다시 태어나는 과정을 그리고 있다. 즉 "이 소설의 플롯은 사회의 통념에 어긋나는 사랑과 그 결과로 생긴 사생아의 이야기"로 요약

될 수 있다[8](Storey 105). 두 명의 다른 서술자가 겉으로는 관련이 없는 내용을 서술하는 것처럼 보이는 이 소설은 소설의 말미에 이르러서야 두 서술자가 연결되는 양식을 보인다. 어린 시절 자신의 생일에 가장 가까운 사람에게서 듣게 된 "여성의 수치"(17)라는 냉소는 에스터가 평생 지울 수 없는 정신적 충격이며 열등감의 근원이 된다. 이러한 정신적 고통이 트라우마가 되는 과정을 조단은 다음과 같이 설명한다.

> 트라우마는 병리학 혹은 상처받은 마음의 단순한 병 이상으로 보인다. 트라우마는 항상 고통을 호소하는 상처의 이야기이고 우리에게 실재 혹은 다른 방식으로는 가능하지 않은 실재의 이야기를 우리에게 전달하는 상처의 이야기이다. (46-7)

이러한 트라우마의 모델이 에스터와 관련된다. "엄마의 무덤에 간 적[도 없고]… 엄마의 무덤이 어디 있는지 들어본 적이 없"는(16) 에스터에게 자신이 엄마로부터 완전히 격리되었다는 사실이 받아들여지기 힘든 고통으로 다가오고 이 고통에 대한 해결책은 대모이자 이모인 바바리 아줌마(Miss Barbary)의 "네 불행한 팔자"(17)라는 차디찬 경멸 섞인 명령을 받아들이는 것이다. 따라서 에스터가 자신의 트라우마를 극복할 수 있는 것은 엄마와의 결별이지만 정신적 고통의 근원을 제공한 데드락 부인을 만나는 장면은 뜻밖에도 소설의 중간에 위치한다. 그리고 에스터와 데드락 부인과의 조우 이후 에스터는 거리의 부랑자 조(Jo)에게서 얻은 전염병을 통해 외모에 변화를 가져오게 되고 이는 데드락 부인과 에스터의 외면상 유사점을 상실하게 만드는 결과를 초래한다. 이는 에스터가 데드락 부인으로 상징되는 도덕적 타락으로부터 자유로운 존재가 되었음을 의미하며 결국 자신의 정체성을 회복하고

8 조단은 그의 책에서 에스터의 이야기를 분리하여 트라우마에 대한 연구로 설명한다(44).

자신을 괴롭혔던 트라우마를 잠재우는 계기가 되었음을 나타낸다.

보이손(Boythorn)의 시골집에 머물던 중 그 지역의 시골교회에서 마주치게 되는 에스터와 데드락 부인과의 대면은 에스터에게 자신의 정체성을 파악할 수 있는 좋은 기회가 된다.

> 내가 일어섰을 때 내가 마주친 눈길로 해서 가슴이 쿵쾅거리던 것을 잊을 수 있을까! 그 멋지고 거만한 눈길이 그 자태에서 솟아나와 나를 붙잡던 태도를 잊을 수 있을까! 내가 성경에 눈길을 주었다가 다시 드는 건 한순간이었다. 하지만 그 짧은 순간에도 그 아름다운 얼굴을 분명히 기억했다. (249-50)

전에 한 번도 만난 적이 없지만 교회에서 눈길이 마주치는 짧은 순간 에스터는 데드락 부인과 자신이 연결되었음을 본능적으로 안다. 이러한 둘 사이의 연결은 구피가 체스니 월드(Chesny Wold)를 방문해서 벽에 걸린 데드락 부인의 초상화를 보는 순간 어디선가 본 적이 있는 느낌을 받는 것으로도 암시되지만 가장 극명하게 드러나는 것은 위에서 인용한 교회에서의 장면 이후에 나타난 폭우 속의 조우장면이다. 폭우가 내리던 날, 비를 피하기 위해 머물렀던 데드락 경의 오두막에서의 조우는 둘 사이의 관계가 극명하게 드러나는 순간이다.

> "이렇게 노출된 장소에 앉아 있는 것이 위험하지 않을까?"
> "아니야, 에스터." 에이다가 조용히 말했다.
> 에이다가 내게 그 얘기를 했지만 나는 아무 얘기도 하지 않았다.
> 가슴이 다시 두근거리기 시작했다. 전에 그 얼굴을 본 적이 없는 것처럼 그 목소리를 들어본 적이 없었다. 하지만 그 목소리는 똑같이 이상한 방식으로 내게 영향을 미쳤다. 다시 한 순간에 내 마음속에서 나 자신의 수많은 모습이 떠올랐다. (254)

이후 숲속에서 데드락 부인과의 대면과 그녀의 고백은 자신의 고통이 어디에서 오는지를 분명하게 보여준다. 에스터가 조(Jo)를 매개로 하여 그녀의 손수건을 통해 데드락 부인과 연결되는 것은 둘이 실제로 떼어질 수 없는 관계를 암시한다.

에스터와 데드락 부인의 관계에서 가장 흥미 있는 부분 중의 하나는 에스터의 변신이다. 사회적 하층민에 대한 자애심으로 인해 생긴 전염병으로 해서 결국 자신의 외모까지 추하게 되는 이러한 변신은 에스터와 그녀의 어머니가 이제는 서로 헤어짐을 암시한다. 실제 소설에서 숲속에서의 만남 이후 에스터와 데드락 부인은 더 이상 만나지 못하고 심지어 죽음의 장소에서조차 만나지 못한다. 이는 에스터의 트라우마가 데드락 부인에서 시작되기는 했지만 이제 그것과 결별했음을 의미한다. 전염병으로 인한 고통과 그 결과로 생긴 얼굴의 흉터를 바라보는 장면에서 에스터는 자신이 새로 태어났다는 것을 느낀다. 자신의 갱생을 에스터는 이렇게 묘사한다.

> 아팠을 때 나는 어두운 호수를 건너온 것처럼 보였다. 그리고 건강한 해변에 먼거리에 의해 뒤섞인 내 모든 경험을 남겨두고 온 것 같았다….
> 기나긴 밤처럼 보였지만 내가 거대한 계단을 힘들게 올라갈 때 그 안에 낮과 밤이 또 있었다고 믿는다. 꼭대기에 도착하려고 애쓰고 정원의 산책길에서 벌레를 보았을 때 몸을 돌리는 것처럼 방해물로 고개를 돌리고 또 다시 힘들게 계단을 오르는 것처럼 말이다. (488)

전염병에서 회복된 이후 에스터에게 나타나는 변화는 적어도 다른 사람들에게 심각한 영향을 끼치지 않는다. 자신을 끝까지 간호했던 캐디(Caddy)도, 오랫동안 볼 수 없었던 에이다(Ada)도, 그리고 근접거리에서 에스터의 변신을 보았던 존 잔디스 또한 그녀의 변신을 수용하고 인정한다. 그들에게 자신의 변한 모습을 보여준 후 마지막으로 자신의 모습을 바라보는 에스터 또한 담담한 모습이다.

나는 정말 많이 변했다, 정말로 아주 많이. 처음 봤을 때 내 얼굴이 너무 생소해서 내가 언급한 용기가 없었다면 거울 속 내 얼굴을 손으로 가리고 뒤로 물러났을 것이다. 금방 내 얼굴에 익숙해졌고 처음보다 얼굴이 변한 정도를 더 잘 알게 되었다. 기대한 것 같지는 않았지만 특별히 어떤 것을 기대한 것은 아니었다. 그리고 어떤 특별한 것이 나를 더 놀라게 했을 것이라고 생각한다. (504)

엄마와의 결별과 자신의 변신을 통해 엄마의 불명예로부터 자유로와지게 된 에스터는 자신의 트라우마라는 짐을 덜고 주류에 편입되는 과제만 남은 셈이다. 그리고 이러한 과정은 기존의 가치를 대변하는 존 잔디스와 미래의 가치를 대변하는 알렌 우드코트와의 관계를 통해 정립된다.

IV. 존 잔디스와 알렌 우드코트: 주류사회로의 편입

이 아이는 미덕과 명예의 길을 걷게 될 것이요.

자신의 모습이 변형되는 형식으로 과거, 다시 말해서 주류사회에 의한 정체성의 부정에서 벗어난 에스터가 가장 바라는 것은 주류사회로의 편입으로, 다른 말로 표현한다면 주류사회 내에서 "그녀는 자신의 존재를 정당화"(Sterlieb 99)하는 것이다. 그리고 이러한 주류사회를 대표하는 것은 에스터에게 가장 강력한 영향력을 행사하는 그녀의 후견인 존 잔디스이다. 존 잔디스가 속한 중류층은 디킨즈가 보기에 건강한 영국을 건설할 가장 적합한 계층으로 그 안에서 여성의 역할[9]이

9 성의 역할을 강조하는 가장 대표적인 문화적 현상은 여성을 집안의 천사(Angle in the House)로 묘사하는 것으로 러스킨(Ruskin)이 종종 '진실한 부인'으로 언급하곤 했다(Waters, 352). 랭그랜드의 다음과 같은 표현은 중산층에서

사회의 급격한 변화를 막는 완충장치를 할 수 있기 때문이다. 이 중산층의 성격을 알렌은 다음과 같이 설명한다.

> 이들 계층은 산업화와 도시화라는 두 개의 힘에 의해 만들어진 산물이다. 그리고 좀 더 구체적으로 말한다면 행정적, 상업적, 전문적 그리고 서비스 분야에서 이러한 힘들이 등장했다 …. 다른 계층과 이들을 구별짓는 가장 분명한 특징은 도덕성, 일에 대한 긍지 그리고 경쟁적 사업정신이다. 다른 두 계층이 남성중심계층이었다면 당연히 이들은 여성과 관련지어 생각되었다. (12)

그리고 이 중산층 내에서 여성의 역할을 샌더즈는 다음과 같이 설명한다.

> 중산층에 있어 가정과 '적절하게' 만들어진 성의 역할은 이데올로기적으로 안전한 피난처 일뿐만 아니라 방종하다고 생각되는 귀족층과 여성에 의해 지배되는 괴물 같은 하류층과 구별되는 장치이다. (263)

또한 "근면과 복지는 중산층 윤리의식의 중심적 기둥으로 자신들에 대한 스스로의 약속"(Sanders 265)이기 때문에 빅토리아 시대의 중요한 계층으로 부각된다. 더욱이 소설에 처음 등장할 때부터 에스터에게 호의를 베푸는 인물로 묘사되는 존 잔디스는 잔디스 대 잔디스(Jarndyce vs Jarndyce)의 소송당사자이기도 하지만 우리의 관심을 끄는 것은 그녀와 잔디스와의 관계이다. 현격한 나이 차이에도 불구하고 에스터에게 사랑을 느끼고 청혼을 하는 잔디스에게 에스터가 "블리크 하우스의 여주인이 되겠다"(610)는 키스로 그의 청혼을 허락하는 것은 그가 빅토리아 시대의 도덕률을 구현하는 주류에 속한 인물이기 때문이다. "성실과

여성의 역할을 강조한다. "중산층의 보호자이며 그들의 규율을 대표하는 사람은 부르조아 여성들이다"(90).

절제 그리고 남에 대한 봉사로 대표되는 당시의 도덕이 잔디스를 통해 나타나"고(Langland 88), 그러한 모습에서 에스터 자신의 트라우마를 희석시키는 길을 찾아내고 있다. 이는 자신의 행동의 지표가 되는 다음과 같은 그간의 결심과 크게 다르지 않다.

> "한 번 더 의무, 의무 에스터," 내가 생각했다, "그리고 네가 모든 것을 행하는데 있어 만족스럽고 즐겁게 하는 것 이상으로 그 것에 기쁨을 느끼지 않는다면 너는 그래야 해. 그게 내가 너에게 해야 하는 말이야, 에스터." (536)

에스터의 의무감은 이기적인 친구 스킴폴(Skimpole)의 낭비벽을 "동풍이 불기 때문에"(80)라는 표현으로 그를 감싸고, 리차드의 잘못을 너그럽게 받아들이는 잔디스의 아량과 일맥상통하는 데가 있다. 잔디스에 대한 에스터의 호의와 의존적 태도는 잔디스와 반대되는 성격을 가지는 스킴폴에 대한 에스터의 거부감에도 잘 나타난다. 소설 속에서 타인에 대한 비난이나 몰인정을 좀처럼 보여주지 않고 있는 에스터이지만 소설의 말미에서 스킴폴이 보여주는 자기합리화와 이기심은 에스터로 하여금 그에게서 멀어지는 계기가 된다(829). 자신이 경제적인 개념이 없다는 것을 언제나 자랑으로 여기고 다른 사람들이 그러한 자신을 도울 수 있는 기회를 주는 것을 행복하게 여긴다는 비상식적인 논리로 다른 사람의 삶에 기생해 살고 있는 스킴폴은 젤라비 부인의 또 다른 극단적인 모습이다. 에스터가 젤라비 부인을 처음 만나던 날 에이다에게 한 얘기는 스스로에게 하는 다짐으로 여겨질 수 있다.

> "우리는 이런 생각을 해," 그들의 눈으로 내가 말하기를 애원하는 리차드와 에이다를 힐끗 보고 말했다. "그 분은 자기 집안은 조금밖에 생각하지 않는 것 같애."

......

> "어쩌면 우리 생각에," 망설이며 내가 말했다, "가정의 의무로 시작하는 것이 옳아요. 그리고 어쩌면 이런 것들이 무시되고 경시되면 어떤 다른 의무감도 그 것들을 대체할 수 없을 것 같아요." (63-4)

그녀를 바라보고 있는 존 잔디스 또한 그녀를 신뢰와 의논의 상대로 여기고 있다는 점도 흥미롭다. 스스로를 "여성의 수치," "태어나지 말았어야 할 존재"(17)로 여기고 언제나 남들에 비해 열등감이라는 트라우마를 가지고 있는 에스터가 그 트라우마를 극복할 방법으로 중산층의 가치관을 대변하고 있는 존 잔디스를 택한 것은 일견 타당한 점이 있다고 할 수 있다. 더구나 자신의 아버지뻘에 해당하는 사람의 청혼에 눈물을 흘리며 감격하고 그 청혼을 수락하는 것은 에스터가 자신의 트라우마를 해결할 온당한 방법이 될 것이다. 존 잔디스의 집안일을 관리하는 과정에서 자신이 받은 가르침을 실행하는 것은 일견 스스로를 재탄생하게 하는 길임과 동시에 트라우마를 해결하는 길이기도 하기 때문이다.

"너는 쓸모없는 인간"이고 "모든 여성들의 수치"(17)라는 트라우마는 네가 가장 쓸모있고 "도덕적 가치의 이상적 기준"(Deen 54)이라는 말을 들을때 극복될 수 있다. 가출한 데드락 부인을 추적하는 과정에서 버켓 탐정(Inspector Bucket)이 들려주는 에스터에 대한 평가는 그녀가 가장 듣고 싶어했던 말이고 주류사회의 승인장 같은 것이다.

> "너도 아는 것처럼 너는 현재의 상태가 바로 규범이지." 버켓 씨가 따뜻하게 말했다. "네가 바로 규범이야." (801)

에스터는 소설 여기저기에서 스스로 이러한 결심을 되뇌이면서 빅토리아 시대의 주류에 편입되기를 바라고 있다. 사생아라는 사회적 소외자에서 모든 사람들이 우러러보는 사람의 부인이 된다는 것은 자신이 평생 짊어지고 갈 정신적 부담을 더는 길이다.

알렌 우드코드는 이러한 점에서 존 잔디스의 다른 유형[10], 즉, "존 잔디스가 알렌 우드코트로의 변형했다는 사실"(Deen 50)에 불과하다. 존 잔디스와 에스터간의 극복하기 어려운 육체적 나이는 알렌 우드코트를 통해 자연스레 해결된다. 존 잔디스가 국내에서 주변의 사람들에게 선의와 호의를 베푸는 반면, 알렌 우드코트는 국내외의 소외된 계층에서 자신의 능력을 검증받고 존경받는다. 자신이 탔던 배가 난파된 상황에서 자신보다 남을 배려하고 그들의 존경을 받으며 귀환하는 것은 그로 하여금 존 잔디스의 역할을 대신하게 하려는 작가의 의도가 있다고 봐야할 것이다. 그리고 기도 속에서 보여지는 알렌 우드코트에 대한 에스터의 애정은 이제 그가 존 잔디스를 대신할 수 있음을 말해준다.

> 의무의 길을 따라서 나의 낮은 길을 갈 수 있게 하시고 그가 넓은 길 위에서 고결한 길을 갈 수 있게 도와주소서. 우리가 다른 길을 가지만 여행의 끝에서 그의 눈에서 호의를 발견했을 때 그가 나를 생각한 것보다 그를 덜 이기적이고 더 순수하게 만날 수 있기를 갈망하나이다. (502)

여기서 우리의 관심을 끄는 것은 알렌 우드코트가 의사라는 직업을 가진다는 사실이다. 아픈 사람을 치료하고 의술을 통해 박애를 실천할 수 있는 의사라는 직업은 젤라비 부인의 실속없는 박애를 비판하기 위한 것일 수도 있지만 중류층을 대변하는 동시에 당시에 떠오르기 시작한 전문직을 암시한다. 이에 관해 리비스(Leavis)는 다음과 같이 설명한다.

10 디킨즈가 다른 유형을 강조하는 이유는 샌더즈의 다음과 같은 설명으로 분명해진다. "『블리크 하우스』를 통해서 삼인칭 서술자와 그의 이야기는 영국의 '두려운 상태'는 쿠들 집안과 두들 집안 사이의 분쟁 때문이 아니라 오래된 방식, 오래된 법 그리고 오래된 집안이 영국을 무너뜨리고 있다는 것을 보여주고 있다"(257).

> 의사라는 직업은 새로운 역할을 맡고, 부유층에게 개인적인 치료를 행하는 것이 아니라 의술의 과학적 진보와 공공의 건강을 위하는 인물, 개인의 이익을 위해 일하지 않는 성직자 같은 인물 그리고 새로운 사회적 조건에서 더욱 중요한 인물로 생각되어져야 한다. 따라서 의사는 전형적인 배경인물 대신에 소설가[디킨즈]에게 중심인물로 유용하고 분명한 상징적 인물이 된다. (180)

그리고 "소설의 말미에서 에스터와 우드코트와의 결혼은 (형평법원같은 기관을 직접적으로 개혁함으로서가 아니라) 선의와 이타심을 가진 분별력있는 개인의 행동을 통해 개혁이 가능하다는 것을 암시" (Ginsburg 147)한다. 알렌 우드코트를 위해 존 잔디스가 지어서 선물한 집의 이름이 "황량한 집"이라는 것도 디킨즈가 소설 속에서 존 잔디스를 알렌 우드코트로 대신하는 것에 불과하다는 것을 암시한다. 결국 이 우드코트와 에스터 두 사람은 젤러비 부인이나 파디글 부인, 더 나아가서 형평법원이라는 위선적이고 해악적인 사회적 조직에 반대되는 빅토리아 시기의 도덕률의 상징이 된다. 이런 도덕률에 자신을 맡기고 그들의 신임을 얻는 것은 에스터가 언제나 마음속에 품고 있던 트라우마를 해결하는 길이다. 언제나 성실히 살아야겠다는 에스터의 의지는 존 잔디스의 청혼에 의해 구체적 모습을 띠게 되고 알렌 우드코트와의 결혼을 통해 마무리된다.

V. 맺는 말

> 나는 고개를 들어 별을 바라보았다. 그리고 먼 나라의 여행자들과 그들이 바라보는 별을 생각했다. 그리고 내 작은 길에서 누군가에게 쓸모가 있을 만큼 축복받고 행복할 수 있기를 희망했다.

『블리크 하우스』의 주된 줄거리는 데드락 부인의 과거와 에스터의 출생의 비밀을 찾는 것이다. 서로 다른 계층에 속한 두 사람이 갖는 공통점을 추적하는 이 소설은 두 서술자가 서로 다른 세계의 이야기를 기술하고 있다. 삼인칭 서술자는 현재 시제를 통해 데드락 부인이 속한 상류사회를, 에스터는 자신의 입을 통해 다른 사람의 이야기를 기술하고 있는 것처럼 보이지만 실은 자신의 이야기를 하고 있다. 에스터의 이야기는 한마디로 요약하면 자신이 어떻게 태어나서 어떻게 성장했으며 지금 어떻게 살고 있는가에 관한 것이다. 잔디스 소송이 끝난지 칠년이 흐른 지금에서 과거를 되돌아보는 형식으로 기술되는 이야기는 실은 자신의 과거가 얼마나 힘들었으며 그것을 어떻게 극복했는가에 관한 이야기이다.[11] 즉, "에스터 썸머슨의 이야기는 트라우마에 관한 심리적 이야기로 이해될 수 있다"(Jordan 121).

태어난 것이 여성들의 수치이며 그러한 트라우마를 안고 극복한 후에 현재의 상태에 도달하게 되는 과정을 그리는 에스터의 이야기는 실은 에스터를 통해 빅토리아 시대의 이데올로기가 받아들여지는 과정을 그린다고 해도 과언이 아니다. 자신의 약점을 언제나 기억하고 극복하려는 노력은 스마일즈(S. Smiles)의 『자수성가 이야기』(*Self-Help*)와 크게 다르지 않다. 이 과정에서 에스터의 행동에 강한 영향력을 발휘하는 것은 그녀의 후견인인 존 잔디스로 그는 소설속의 젤라비 부인과 대조되는 성격으로 에스터에게 깊은 감명을 준다. 하지만 에스터와 잔디스

11 에스터에 대한 가장 일반적인 비판은 "일반적인 문제에 관해 아무런 의견을 제시하지 못하고 있으며 도덕적 문제나 사회적 힘에 관한 아무런 감각이 없다"는 것이다(Korg, 15-6). 또한 스토리(Storey)는 에스터가 "의지도 없고 야망도 없다. 그녀가 마지막에 가지는 우드코트와의 행복은 문자 그대로 존 잔디스가 그녀에게 준 행복"(97)이라고 적어서 이전에 에스터에 대한 혹평을 답습하고 있지만 에스터는 트라우마를 가진 자의식을 가진 존재라는 것을 상기할 필요가 있다.

와의 육체적 나이 차이를 극복하기에는 어딘가 어색한 점이 있고 그 어색함을 극복하기 위한 대안으로 알렌 우드코트가 등장한다. 새로 성장하는 도시에서 그를 필요로 하는 사람들에게 다가가 그들의 존경과 관심을 갖게 되는 우드코트는 에스터의 트라우마를 치료했던 존 잔디스의 변형된 모습으로 보아도 무방하다.

그들이 보여주는 박애의 정신은 스스로 "태어나서는 안 될 존재"(17)라는 에스터의 대모의 비난과 상치되는 모습을 보여준다. 자신의 존재가치를 부정당한 에스터가 기댈 곳은 존재가치에 대한 승인과 확장이 나타나는 곳으로 존 잔디스와 알렌 우드코트에게서 가장 잘 드러난다. 에스터의 활동범위가 존 잔디스의 가정과 이후 소설의 말미에서 나타나는 우드코트의 진료지역에 머무른다는 사실은 에스터의 트라우마를 치료하는 가장 좋은 것이 무엇인가 하는 것을 의미한다.

『블리크 하우스』에서 디킨즈가 보여주고자 하는 것은 에스터의 트라우마를 통해 드러나는 자선과 박애이고 에스터가 보여주는 수용의 미학이라고 할 수 있다. 이것이 왜 디킨즈가 휴머니스트로 오랫동안 사랑받고 있는가에 대한 대답 또한 가능하게 할 수 있을 것이다.

인용문헌

Allan, M. Janice, ed. *Charles Dickens's Bleak House: A Sourcebook.* New York: Routledge, 2004.

Bowen, John. "The Life of Dickens 2: after Ellen Ternan." Eds. Sally Ledger and H. Furneaux. *Charles Dickens in Context.* Cambridge: Cambridge UP, 2010.

Deen, Leonard. "*Style and Unity in Bleak House.*" in *Twentieth Century Interpretation of* Bleak House. Ed. Jacob Korg. New York: Prentice Hall, 1968.

Dickens, Charles. *Bleak House*. Oxford: Oxford UP, 1994.

Jaffe, Audrey. *Vanishing Points: Dickens, Narrative, and the Subject of Omniscience*. Berkeley: U of California P, 1991.

Ginsburg, M. P. "Teaching *Bleak House* in a Comparative Literature Course: Dickens, Hugo, and the Social Questions." Eds. J. Jordan and G. Bigelow. *Approaches to Teaching Dickens's* Bleak House. New York: MLA, 2008.

Jordan, John. *Supposing Bleak House*. Charlottesville: U of Virginia P, 2010.

Joshi, Priti. "The Middle Classes." Eds. Sally Ledger and H. Furneaux. *Charles Dickens in Context*. Cambridge: Cambridge UP, 2010.

Korg, Jacob. *Twentieth Century Interpretation of* Bleak House. New York: Prentice-Hall, 1968.

Langland, Elizabeth. *Nobody's Angels: Middle-Class Women and Domestic Ideology in Victorian Culture*. Ithaca: Cornell UP, 1995.

Leavis, F. R & Q. D. *Dickens: The Novelist*. New Brunswick: Rutgers UP, 1979.

McLaughlin, Kevin. *"Bleak House*, Paper, and Victorian Print." Eds. J. Jordan and G. Bigelow. *Approaches to Teaching Dickens's* Bleak House. New York: MLA, 2008.

Peltason, Timothy. "Esther's Will." Ed. Jeremy Tambling. *Bleak House*. New York: Macmillan, 1998.

____. "The Esther Problem." Eds. J. Jordan and G. Bigelow. *Approaches to Teaching Dickens's* Bleak House. New York: MLA, 2008.

Sanders, Andrew. *Dickens and the Spirit of the Age*. Oxford: Oxford UP, 1999.

____. "The Aristocracy." Eds. Sally Ledger and H. Furneaux. *Charles Dickens in Context*. Cambridge: Cambridge UP, 2010.

Sternlieb, Lisa. "What Esther Knew." Eds. J. Jordan and G. Bigelow. *Approaches to Teaching Dickens's* Bleak House. New York: MLA, 2008.

____. *The Female Narrator in the British Novel: Hidden Agendas*. New York: Palgrave, 2002

Storey, Graham. *Dickens:* Bleak House. Cambridge: Cambridge UP, 1987.

Tomalin, Clare. *The Invisible Woman: The Story of Nelly Terman and Charles Dickens*. New York: Alfred A. Knopf, 1990.

____. *Charles Dickens: A Life*. New York: Penguin, 2011.

Waters, Catherine. "Domesticity." Eds. Sally Ledger and H. Furneaux. *Charles*

Dickens in Context. Cambridge: Cambridge UP, 2010.

Welsh, Alexander. *Dickens Redressed: The Art of* Bleak House *and* Hard Times. New Haven: Yale UP, 2000.

『톰 아저씨의 오두막』 톱시, 트라우마

김봉은 _고신대학교

Harriet Beecher Stowe

Uncle Tom's Cabin

『톰 아저씨의 오두막』 톱시, 트라우마

작가소개

해리엇 비쳐 스토우(Harriet Beecher Stowe)는 노예제도가 폐지되어야 한다고 적극적으로 주장했으며, 그녀의 저술 대부분은 노예제도를 비판하는 것이 목적이었다. 노예제도의 잔인함과 노예이기 때문에 가족이 뿔뿔이 흩어져 상품처럼 팔리고, 어린 아이들조차 부모와 강제로 헤어지는 사건들을 직접 목격한 후, 스토우는 노예해방에 힘을 쏟기로 결심하고 자료를 수집했다. 1952년에 출간된 『톰 아저씨의 오두막』(*Uncle Tom's Cabin*)에서 스토우는 노예제도의 비인간적인 잔혹성을 고발하고, 노예가 겪는 고충을 세밀히 묘사해서, 미국인이 지닌 흑인에 대한 태도에 심오한 영향을 끼쳤으며 미국 문학사에도 중요한 자취를 남겼다. 약 열권의 소설을 비롯해서, 시, 여행 회고록, 전기, 아동문학, 수필과 편지 모음집 등 이십 권 이상의 책을 썼으며, 후세 작가들에게도 대단한 영향력을 미쳤고, 노예제도를 정치사회적인 이슈로 제기하며 문학의 기능과 가치를 입증했다.

스토우는 코네티컷 주 리치필드에서 1811년 6월 4일에 열세 명 중 일곱째로 출생했다. 아버지 라이먼 비쳐(Lyman Beecher)는 엄격한 목사였고, 경건한 어머니 록사나 풋(Roxana Foote)은 스토우가 다섯 살 때 사망했다. 오빠 세 명(Henry Ward Beecher, Charles Beecher, Edward Beecher)이 목사가 되었고, 스토우는 언니 캐서린(Catherine)이 운영하는 여자 신학교에 입학해서, 고전문학, 언어, 수학 등 당시 남자들만 받던 교육을 받았다. 21세에는 아버지가 총장인 신시내티(Cincinnati)에 있는 레인신

학대학(Lane Theological Seminary)으로 이주했다. 그 곳에서 문학 살롱인 쎄미 콜론 클럽(Semi-Colon Club)에도 가입했고, 전처와 사별한 캘빈 앨리스 스토우(Calvin Ellis Stowe) 교수를 만나 1836년 1월 6일에 결혼했다. 남편은 노예제도를 극력 비판했고, 탈주 노예 여럿을 자기 집에 숨겨주기도 했다. 슬하에 일곱 자녀를 두었는데 그 중에는 딸 쌍둥이도 있었다.

스토우는 언니 캐서린과 함께 하트포드 여학교에서 교사로 재직하다가 1833년에 언니의 이름으로 처녀작인 아동지리서를 출판했다. 가정 경제에 도움이 되고자 지방 잡지와 종교 잡지에 많은 원고를 게재했다. 1852년에 출판된 『톰 아저씨의 오두막; 또는 하류계층 사람들의 삶』(*Uncle Tom's Cabin; or, Life Among the Lowly*)의 명성에 가려 다른 작품들은 거의 알려지지 않았지만, 1856년에 발표된 두 번째 소설 『드레드』(*Dred*)도 노예제도를 향한 저항정신을 담았다. 1896년 7월 1일에 85세로 하트포드의 코네티컷에서 숨을 거두었으며, 매사추세츠 주 앤도버(Andover)에 있는 필립스 아카데미(Phillips Academy) 역사 묘지에 안장되었다.

작품소개

스토우는 『톰 아저씨의 오두막』 서문에서 흑인에 대한 동정심을 자극해서 노예제도를 무너뜨리는 것이 소설을 집필한 목적이라고 밝힌다. 이 소설은 "하나님이 성령으로 쓰셨다"고 고백하면서, 스토우는 사람을 노예로 만들고, 탈주 노예를 돕는 것을 범죄로 규정하는 법은 기독교 정신에 위배된다고 공언했다.

1850년에 탈주노예보호금지법(Fugitive Slave Laws)이 통과되자, 워싱턴에서 발간되던 노예제도에 저항하던 잡지 『국가 시대』(*The National Era*)의 편집자인 가말리엘 베일리(Gamaliel Bailey)에게 스토우는 노예 문제에 대한 작품을 쓸 계획이라고 밝히는 편지를 보냈다. 그 편지에 스토우는, "이제 자유와 인도주의를 위해 여인이나 어린이도 목소리를 낼 때가 되었다. 글을 쓸 줄 아는 모든 여인이 침묵을 깨기를 소망한다"고 썼다. 1851년 6월 5일부터 1852년 4월 1일까지 『톰 아저씨의 오두막』은 "물건이었던 남자"(*The Man That Was a Thing*)라는 부제를 달고 주간지인 『국가 시대』에 매주 연재되었다. 1852년 3월 20일에 단행본으로 출간될 때 부제는 "하류계층 사람들의 삶"(*Life Among the Lowly*)으로 바뀌었다. 단행본인 『톰 아저씨의 오두막』은 이례적인 인기를 누렸다. 초판은 오천 부를 찍었고, 1852년에만 30만권이 팔려 성경 다음의 세기적인 베스트셀러가 되었다. 1855년에는 "오늘날의 가장 대중적인 소설"로 공인되었고, 러시아어까지 포함하는 세계 각국어로 번역되었다(Gossett 164).

미국 남부를 잔인하게 묘사했기 때문에 남부에서는 소설에 대한 열렬한 비난이 일어났다. 하지만 스토우는 미국과 유럽 여러 도시에 초청되어 노예해방을 권장하는 강연을 했고, 톰 아저씨(Uncle Tom), 이바(Eva), 사이먼 레그리(Simon Legree) 등 주요 인물은 미국 문화의 아이콘으로 대중의 의식 깊이 각인되었다. 뉴욕에서 그 해 11월에 연극으로 장기간 상연되고, 보스턴에서 태어난 삼백 명의 아기에게 "이바"라는 이름이 붙여졌을 정도로 『톰 아저씨의 오두막』의 인기는 대단했다. 남북전쟁 발발 후인 1862년 11월 25일에, 링컨 대통령은 스토우를 백악관으로 초대해서, "당신이 그 큰 전쟁을 일으킨 책을 쓰신 작은 부인이시군요."라고 말한 사실은 전설처럼 수용되고 있다.

『톰 아저씨의 오두막』의 배경은 19세기 초로, 주인공인 흑인노예 톰의 첫 주인인 셸비(Shelby)의 켄터키 주 저택에 시작된다. 둘째 주인 어거스틴(Augustine)의 뉴올리언스 저택, 셋째 주인 레그리의 남부 죽음의 땅, 그리고 자유의 땅인 캐나다로 사건의 배경은 계속 바뀐다. 소설 처음에 등장하는 켄터키 주의 지주 셸비는 마음씨 좋은 사람이었으나, 사업에 실패하고 막대한 빚을 갚기 위해 그에게 충실하던 두 노예, 톰(Tom)과 또 아내의 몸종인 일라이자(Eliza)의 다섯 살 난 아들 해리(Harry)를 노예상인 해일리(Haley)에게 판다. 자신의 아들이 팔렸음을 알게 된 일라이자는 아들을 안고 오하이오 강의 얼음 조각을 밟고 도망쳐, 퀘이커교도의 도움으로 무사히 캐나다에 당도한다. 일라이자는 탈주한 흑인 노예인 남편 조오지 해리스(George Harris)와 만나 캐나다에서 함께 행복을 찾는다. 한편 톰은 저항하지도 탈출하지도 않고 노예상인에게 순순히 팔려가던 도중, 강을 타고 내려가던 같은 배의 승객인 어린 백인 소녀 이바(Evangeline St. Clare)가 발을 헛디뎌 강에 빠지자 강물에 뛰어들어 구한다. 이것이 인연이 되어 노예폐지론자인 이바의 아버지 어거스틴은 해일리에게서 톰을 산다. 이바의 집에서 행복하게 지내며 어거스틴에게 해방을 약속받지만, 이바와 어거스틴이 연이어 사망하면서, 톰은 다시 냉혹한 남부 농장주인 레그리에게 팔린다. 목화밭에서 혹사당하며, 동료 흑인노예를 채찍질하라는 레그리의 명령에 불응하다가 채찍에 맞아, 원주인인 셸비의 아들 조오지 셸비(George Shelby)가 다시 사러 찾아오기 직전에 톰은 사망한다.

스토우는 자신의 주요 흑인 인물은 노예 헨슨(Josiah Henson)을 모델로 했다고 자서전에서 밝힌 바 있다. 헨슨은 1830년에 매릴랜드주 담배 농장에서 탈출해서 캐나다로 건너가 다른 탈주 노예들이 정착하도록 도왔고 자신의 회고록도 썼다(Kellman 357). 1849년에 출간된 헨슨의 자서전에서 영감을 받은 스토우는 헨슨을 두 인물로 나누어, 그리스도의 사랑을 대변하는 인물 톰과, 탈출해서 기독교 이상국 건설을 꿈꾸는 인물 조오지 해리스로 재창조했다고 한다. 이 소설이 통속적인 감상에 젖어 있다는 비판을 받았지만, 선악을 극명히 대조시킨 멜로드라마적 요소는 상당한 감동을 준다.

I. 들어가는 말: 트라우마

"트라우마"는 정신적인 "외상"으로서, 정신의학계에 국한되어 사용되던 전문용어였다. 최근 들어 인간 복지에 대한 관심이 증가하면서, 트라우마는 문화 연구의 지평에 주요 개념으로 부각되었다. 미국의 정신분석학자 쥬디스 루이스 허만(Judith Lewis Herman)은 트라우마를 다음과 같이 정의한다. 트라우마는 두 차례에 걸친 세계대전, 집단수용, 아동학대, 납치, 가정폭력, 성폭력 등 사회적 재앙으로 인한 극심한 충격이 무의식에 남아 심리적인 상흔을 반복해서 경험하는 증상"을 지칭한다는 것이다(김정선 118). 트라우마의 기저는 "강렬한 두려움, 무력감, 통제 상실, 붕괴의 위협" 등인데(Herman 8), 독일 나치의 폭력이 낳은 홀로코우스트 트라우마 연구는, 트라우마 목격 서술이 서술자 뿐 아니라 독자에게도 치료 효과를 낳는다고 밝힌다(Kaplan 123). 트라우마는 과거가 아니라 건강한 현재와 미래를 위해 해결되어야 할 과제다. 대부분의 트라우마 문학은 트라우마 치유와 원인 근절을 도모한다.

트라우마 연구의 역사는, 프로이트의 정신분석학이 출범한 19세기말 여성 히스테리 연구, 1차 세계대전시 탄환 충격(shell shock) 혹은 전쟁 신경증(combat neurosis) 연구, 그리고 최근 20여 년간 급격히 대두된 가정 폭력과 성폭력 문제 연구 등 세 단계로 정리된다(Herman 2). 미국의 문화비평가 로리 빅로이(Laurie Vickroy)의 설명에 따르면, 1970년대에는 월남전에 참가했던 병사들의 분노와 트라우마 스트레스가 미국 사회에 표출되었고, 1980년에는 PTSD (post-traumatic stress disorder, 외상 후 스트레스 장애)에 대한 공식적인 진단이 학술입문서인 <진단과 통계 입문 III>(Diagnostic and Statistical Manual III)에 등장했다(13). 1990년대 초에 걸프전과 2001년의 9. 11사태, 그리고 이어진 이라크 전쟁 등이 발발하자 기존 트라우마 연구에 새로운 방법이 계발 도입되었다(Vicroy

20). 미국 의학계를 중심으로 삼십 년 전에 설립된 트라우마 센터도 최근에 활성화되었고 벨기에 겐트대학교(Ghent University)는 2007년에 LITRA(Center for Literature and Trauma, 문학과 트라우마 센터)를 창립했다. 국내에서는 철학, 심리학, 사회학, 미학, 목회학, 문학 등 분야에서 트라우마가 연구되고 있으며, 프로이트, 프루스트, 들뢰즈, 라캉, 레비나스를 비롯한 유럽의 외상관련 철학자들의 이론을 총망라한 서동욱의『차이와 타자』와 김정선의『외상, 심리치료 그리고 목회신학』이 대표적인 연구서이다.

빅로이는『최근 문학에 나타난 트라우마와 생존』(*Trauma and Survival in Contemporary Fiction*, 2002)에서 트라우마의 치유에 대해 다음과 같이 기술한다. 트라우마를 망각하려고 노력하기 보다는, 그 원인과 상황을 정확히 기억하고 직시하여, 유사한 상황을 다시 만들지 않겠다는 의지를 품게 하는 것이 트라우마 치유의 최선책이며, 치유 과정은 개인 뿐 아니라 사회전체의 집단적인 노력을 필요로 한다(8). 폭력이 "자신의 책임도 아니고 또 자신도 희생자인데도 불구하고, 좌절, 포기, 수치스런 비밀이 계속 괴롭히기 때문에" 폭력 목격자는 "그 기억을 외면하고 억압하려 한다"고 빅로이는 설명한다(124). 빅로이의 이론은 스토우가『톰 아저씨의 오두막』을 저술한 의도를 새롭게 드러낸다. 스토우는 노예제도로 인한 폭력을 목격한 자 즉, 작가 자신 뿐 아니라 독자를 트라우마에서 치유하려는 것이다. 또 트라우마의 원인인 노예제도의 폐해를 독자가 직시하고, 사회전체가 집단적인 노력을 기울이도록 유도하여 노예제도 즉 트라우마의 원인을 근절시키려는 것이다.

프랑스 윤리학자 임마누엘 레비나스(Emmanuel Levinas)는『우리 사이: 타자에 대한 생각』(*Entre Nous: Thinking-of-the-other*, 1998)에서 트라우마 기억은 윤리관을 연다고 주장한다. 가족 모두가 나치에 의해 희생되었기 때문에 "자신은 평생 나치 트라우마로 고생했다"고 고백한 레비나스는(Critchley 281), 러시아 출신의 유태계 예수회 학자로서 윤리학을 21세기의 지경에 중요한 문화의 축으로 제안했다. 레비나스는 "다른 사람이 부당하게 받는 고통에 대해 내가 고뇌 할 때 인간 상호 간의 윤리적인 시선이 열린다"고 설명한다(*Entre* 94). 미국 문화비평가 앤 캐플란(Ann E. Kaplan)은 『트라우마 문화』(*Trauma Culture*, 2005)에서, 사회적인 재앙은 역사가 남긴 "아픈 잔재"가 되어 개개인에게 영향을 미친다고 역설한다(20). 트라우마 목격 서술은 불의가 만연한 세상을 변화시키려는 욕구에서 발생하며 "목격윤리"(ethics of witnessing)로 발전한다고 선언하면서(122), "트라우마 목격 서술은 읽는 이에게 책임감을 일깨운다"고 트라우마 서술이 지닌 윤리적인 기능을 명쾌히 지적한다(124). 레비나스와 캐플란의 이론으로 조명하면, 『톰 아저씨의 오두막』은 책임 의식을 일깨우는 윤리적인 의의를 지닌 트라우마 문학으로 규정된다. 캐플란이 개진한 바 즉, "트라우마를 수용할 수 있는 언어로 표기하여 상처를 열고 진실을 폭로하면, 독자는 목격하고 애도하며 연대 책임 의식을 조성하도록 학습"되고 그 가운데 트라우마에서 치유된다는 이론이 『톰 아저씨의 오두막』을 통해 구현되는 것이다(147).

II. 스토우의 노예소설은 왜 성공했나?

국법의 정당성을 문제 삼고, 당시에 인간 이하로 취급되던 흑인 노예를 주요 인물로 내세우는 등 상당히 무리수를 두었음에도 불구하고, 『톰 아저씨의 오두막』은 대대적인 성공을 거두었다. 그 비결은 무엇일까? 이제까지 비평가들은 다음과 같은 이유를 제시했다. 노예제도를 가정 파괴의 악마적인 원흉으로 상정하고, 노예들이 가족과 떨어져 뿔뿔이 흩어지는 처절한 슬픔 특히, 자식을 잃는 고통을 생생하게 묘사하여,

독자의 감성에 호소한 점이 효과가 있었다. 또 극적인 사건 전개와 기독교 설교 형식의 간절한 탄원이 독자의 마음을 움직였다. 노예 매매에 따르는 고뇌나 노예 해방이 초래할 수 있는 다양한 상황에 대한 불안감을 세밀히 묘사하여 충분한 카타르시스를 제공했다는 등의 해석이 나와 있다.

캐나다로 탈출해서 자유인이 된 인물 조오지 해리스가 미국을 떠나는 설정도 중요한 요인이라고 논의되었다. 조오지는 프랑스에서 교육받은 후, "[미국에서] 나는 내 아버지에게 개나 말과 다를 바 없었다. 나는 불쌍한 어머니에게만 자식으로 인정받았다"고 절규하며(460), 아프리카로 돌아가 기독교적 이상 국가인 리베리아(Liberia)를 건설한다. 링컨 대통령도 흑인 지도자들을 백악관으로 초청해서 백인과 흑인은 근본적으로 너무 다르기 때문에 흑인은 모두 아프리카로 돌아가기를 제안했다고 한다. 링컨 대통령의 제안에 함축된 염원 즉, 당대 미국이 간절히 열망하던 '백인 일색의 미국'이 소설지면에 표현되어, 백인 독자는 소설을 읽는 동안만이라도 숨은 욕망을 만족시킬 수 있었을 것이다. 게다가 표면적인 주제는 노예제도에 반대하지만, 글쓰기 자체는 백인 우월주의에 크게 어긋나지 않았다. 독자가 크게 위협을 느끼지 않고 글을 읽을 수 있도록 세심히 배려했던 것이다. 예를 들면, 주인공 톰은 자신이 노예상인에게 팔렸다는 사실을 알면서도, 자신이 없어지면 다른 노예가 팔려야 한다는 점을 의식하고 탈출하지 않는다. 흑인이 독실한 기독교인이 되면, 톰과 같이 백인 주인에게 순종적이 된다는 사실을 부각시켜, 백인 독자가 불안 심리에서 해방되도록 유도한다. 당시에는 대부분의 독자가 백인이었기 때문에 이렇게 섬세한 배려로 소설은 많은 독자의 심금을 울리며 대중적인 성공을 거둘 수 있었을 것이다.

트라우마에 초점을 맞추면, 『톰 아저씨의 오두막』이 성공한 이유가 새롭게 드러난다. 『톰 아저씨의 오두막』은 흑인 노예의 고통을 대면하고 책임을 느끼며 윤리적인 눈을 뜨도록 또 동시에, 노예제도라는 폭력으로 인해 생긴 트라우마에서 치유되도록 독자를 도왔기 때문에 넓은 독자층을 확보할 수 있었다고 새롭게 해석된다. 또한 폭력적인 제도는 피해자 뿐 아니라 가해자에게도 심각한 트라우마를 낳는다는 점을 드러내어, 노예주도 자신의 트라우마를 직시하고 해방될 수 있도록 유도한 점도 성공의 주요 비결이라 할 수 있다.

흑인 소설가 리처드 라이트(Richard Wright)는 이십세기 초에 발표된 『톰 아저씨의 자식들』(*Uncle Tom's Children*, 1937)에 스토우의 주인공 톰에 대한 비난을 상징적으로 묘사한다. 톰이 백인주인을 무조건 신뢰하고 순종했는데도 결국 처참하게 죽었다는 점에 초점을 맞추어, 흑인 선조들이 흑인의 자유와 인권을 위해 보다 적극적으로 저항하고 투쟁하지 않았기 때문에 흑인 후손이 여전히 고통 받는다고 진단하고 분개한다(Kellman 360). 1949년에 흑인 소설가 제임스 볼드윈(James Baldwin)도 스토우가 소설가라기보다는 "열정적인 선동가"이며, 『톰 아저씨의 오두막』은 "자기가 의인이라고 주장하는 고결한 감상주의"가 치명적인 결합인 "형편없는 소설"이라고 비판한다. 스토우가 흑인을 백인이 원하는 모습으로 왜곡시켜 묘사했다고 비난하면서, 지나친 감상주의로 등장인물 톰의 남성성을 약화시켰다고 공격한다(Dinerstein 83). 이와는 달리 하버드 대학 교수인 흑인 비평가 헨리 게이츠(Henry Louis Gates, Jr.)는 스토우의 소설을 긍정적으로 평가한다. 자신도 어렸을 때는 "톰 아저씨"를 흑인에 대한 경멸적인 욕설로 여겼었는데, 중년에 들면서 생각이 달라졌다고 입장을 밝힌다. 『톰 아저씨의 오두막』이 "흑인 공동체에서 완전히 무시되고" 학교 수업 시간에도 다루지 않는 점이나(Williams xxvi 62), 톰을 지나치게 굴종적인 "깜둥이"의 전형으로 해석하는 것은 잘못임을 점차 깨닫게 되었다는 것이다(Gates xv).

게이츠의 주장을 발전시키고 트라우마 이론과 윤리학 이론을 접목하면, 스토우의 톰에 대한 해석은 달라진다. 톰은, 최근의 흑인 소설가 리처드 라이트나 랠프 엘리슨(Ralph Ellison)이 설정한 저항정신과 주관이 뚜렷한 흑인 인물처럼, 미국사회에서 살아남기 위해 "미국 백인의 의식 속에 각인되어 있는, 미국 흑인에 대한 전형적인 환상"에 부응하는 가면을 쓴 총명하고 유능한 인물로 새롭게 해석된다(Dinerstein 83). 스토우가 사용했던 원제목이 "물건이었던 남자"라는 점과(Dinerstein 86), 모든 노예는 자신에게 "기생충처럼 의존하는" 사람들 앞에서는 가면을 쓰는 것이 외교적인 의례(ritual performances, a set of protocols)라는 비평가 올란도 패터슨(Orlando Patterson)의 주장, 그리고 모든 흑인은 거의 언제나 "자신을 보고 있는 타자가 원하는 행위를 정확히 파악하고 상대를 무장해제 시키기 위해 [전략적으로] 상대가 원하는 바를 정확히 수행한다"는 리차드 라이트의 논리를 토대로 해석하면(Baldwin 68), 스토우의 톰은, 독자의 기대에 부응하는 전형적인 환상이라고 새롭게 해석된다.

III. 이바와 톱시, 환상과 치유

『톰 아저씨의 오두막』에 묘사되는 사건은 대부분 실화에 기초한다. 흑인 인물이 가족과 헤어지면서 겪는 정신적, 신체적 고통을 상세하게 묘사하여, 스토우는 흑인도 백인과 똑같이 고통을 받는 인간임을 상기시킨다. 백인남성 노예주가 흑인여성 노예에게 가하는 성폭력 또 그로 인한 공포, 불행, 분노와 원망도 세밀하게 묘사되면서, 스토우의 소설지면에서 노예제도가 국법으로 인정된 미국은 트라우마의 온상으로 둔갑한다. 노예제도가 없는 캐나다는 자유의 땅으로 부각되고, 노예제도로 인해 미국 국민은 다 트라우마로 고통을 받을 수밖에 없다는 비극적인 현실이 폭로된다.

스토우가 제시하는 백인 인물은 여러 가지 부류로 나눌 수 있다. 톰이 구한 백인소녀 이바는 성자 반열에 들 정도로 마음이 선하고 여려서, 노예제도로 인한 트라우마를 극복하지 못하고 어린 나이에 죽는다. 톰의 원주인인 셸비의 아들 조오지는, 톰을 다시 사려고 찾아다니다가 톰의 죽음을 임종하고, 톰의 무덤에서 "이 시간부터 인간이 할 수 있는 모든 힘을 다해 저주 받은 노예제도를 이 나라에서 추방하겠노라"고 선포한다(448). 트라우마에 희생된 이바와 달리, 조오지는 "어느 누구도 나 때문에 가족이나 친구와 헤어지는 위험을 당하지 않게 할 것이며, 멀고 먼 타지 농장에서 외롭게 죽어가는 일은 앞으로 없을 것이다"고 약속하며 노예해방의 기수로 나선다(467). "톰 아저씨의 오두막을 볼 때마다 자유를 생각하고, 나도 그와 같이 정직하고 진실한 크리스천이 되겠다"고 다짐하는 조오지는, 작가의 대변인이자 작가가 제시하는 건강한 행동모형이라 할 수 있다(467).

백인 중에 악한 부류도 나타나는데, 이바의 엄마 마리(Marie St. Clare)와 톰을 죽음으로 몰아간 악덕 노예주 레그리가 대표적이다. 이바가 "성경말씀에 따르면 우리는 모두를 사랑해야하지 않아?"라고 질문하자 마리는 "성경 말이야? 분명 성경에는 많은 것들이 적혀있지. 그렇지만 아무도 성경대로 하려고 생각하지는 않아. 아무도 안 그런다니까, 이바야"라고(309) 또 "노예제도에 관해서 성경은 우리 편이야"라고 마리는 자신 있게 대답한다(207). 자신을 정당화하기에 능숙하며 강팍해진 마리의 모습은, 백인 중 다수를 차지하는 노예주의 아내를 대변한다. 엄마를 바라보면서 이바가 겪는 혼란을 스토우는 다음과 같이 기술한다.

> 그녀[이바]는 너무나 사랑이 넘치는 아이여서 엄마도 사랑했다. 엄마가

> 보이는 이기심 때문에 그녀는 슬프고 혼란스러웠다. 하지만 내심 엄마가 잘못할 리 없다고 믿었다. 엄마는 이바가 결코 이해할 수 없는 무언가를 지니고 있었다. (400)

딸과 남편이 죽고 나서, 톰을 해방시켜달라는 딸의 부탁이나 남편의 유언을 저버리고 톰을 팔아버릴 정도로 불성실하고 비인간적인 마리의 모습은 독자가 자신을 되돌아보도록 독려한다.

『톰 아저씨의 오두막』은 종종 영화나 연극으로 각색되었다. 대부분의 경우 톰의 거룩한 속죄와 아름다운 백인소녀 이바의 메시아적인 모습이 멜로드라마 풍으로 지나치게 강조되어서, 살아있는 인물로 보기 어려운 상징으로 나타났다(Myers 239). 이바는 종종 어린 소녀라기보다는 모성을 지닌 예수로 묘사된다. 노예제도가 너무 슬퍼서 차라리 하늘나라로 가기를 갈망하다가 죽음을 앞두고서도 모두를 위로하면서, 이바는 다음과 같이 말한다.

> 제가 우리 소중한 친구들을 모두 모아달라고 했어요. 제가 여러분을 사랑하기 때문이에요. 저는 여러분 모두를 사랑해요. 그래서 모두에게 하고 싶은 말이 있어요. 언제나 기억해 주셔요. 저는 이제 떠날 거니까요 …. 전 여러분을 위해 기도해 왔어요. 전 알아요. 예수님께서 여러분을 도와주실 거라는 걸. 여러분이 글을 읽을 줄 모르더라도. 할 수 있는 최선을 다해서 매일 기도하셔요. 주님께 도와달라고 간청하셔요. 그리고 할 수 있을 때마다 성경을 읽어달라고 하셔요. 그러면 천국에서 제가 여러분을 다 만날 수 있을 거예요. (310, 311)

사랑과 축복을 전하는 이 장면을, 비평가 미첼(W. J. T. Mitchell)은 작품 전체의 절정 즉, "요약 영상"(summary image)이라고 칭한다(49).

이바가 죽으면서 마지막으로 "사랑, 기쁨, 평화"라는 말을 남기고 (319), 성경을 무릎에 펴 놓은 채 자신은 밝은 영의 세계로 곧 갈 거라고 톰에게 말하는 장면을 통해(382), 스토우의 지면에는 예수에 필적하는 성스러운 환상이 제공된다. 스토우는 "펜을 든 작은 여인"(a little lady with a pen)으로서 세상의 종말을 예언적으로 경고하는 성난 설교자가 아니라 "모든 독자에게 상징적인 어머니"(a symbolic mother to all of her readers) 역할을 한다는 비평가 돈 코울먼(Dawn Coleman)의 설명은 이러한 환상에 근거한다(Pelletier 268, 278, 279). 이바의 죽음은 톰의 죽음보다도 더 강하게 노예제도가 폐지되어야 할 필요성을 부각시킨다. 노예제도로 인해 아무런 잘못이 없는 백인 소녀가 죽는 모습을, 독자가 문학 지면에서 대면하게 만드는 것이다. "트라우마의 경험은 궁극적으로 죽음을 대면하는 것"이라는 빅로이의 이론에 따르면(Vicroy 224), 이바의 죽음과 톰의 죽음 장면은, 노예제도가 트라우마의 원흉임을 깨닫고, 독자가 트라우마에서 해방되고 치유되도록 이끄는 유도 장치라 할 수 있다.

천사처럼 아름다운 백인 소녀 이바가 빅토리아 시대 중상류의 순종적이고 예의 바른 경건한 보수적인 여성의 이상형이라면, 흑인 노예 소녀인 톱시(Topsy)는 "악귀처럼"(goblin-like) 버릇없고, 충동적이며 극도로 감상적인 전형적인 남부흑인을 상징한다(259). 톱시가 이바의 사랑을 통해서 치료된다는 설정으로(Bromwich xi), 이바의 고결함이 환상적으로 과장되어할 필요성도 정당화된다. 선한 이바와 병치하면, 흑인 톱시는 악의 화신으로 뚜렷이 부각된다.

톱시는 흑인 중에도 피부가 정말 검고, 까만 눈도 약삭빠른 장난기로 가득 찬 악동으로, 작은 갈래로 땋아서 헝클어진 털실처럼 보이는 짧은 머리는 사방으로 삐죽 튀어나와 있다(259). 이바의 고모인 오필리어양(Miss Ophelia)은 톱시를 처음 보고서, "끔찍하게 더럽고 반 벌거숭이 야만인"이라고 묘사한다(260). 톱시가 옷을 말쑥하게 갈아입고, 머리도 깔끔하게 자르자, 오필리어양은 흑인 아이이지만 "기독교인처럼" 보인다고 흐뭇해하며(261), 교양 있는 여성에게 필요한 “교리문답과 바느질, 독서를 가르치고, 거짓말을 하면 매로 다스리겠다고 결심하고”(263), 이른 아침부터 침대정돈 등 다양한 기술을 교육한다. 톱시의 반응은 다음과 같이 묘사된다.

> 선한 여인[오펠리아]가 등을 돌리기만 하면, 어린 제자 톱시 는 간교를 부리면서 장갑과 리본을 몰래 훔쳐 소매 속에 슬그머니 미끄러뜨리듯 숨기곤 했다….
> [왜 그랬냐고 물으면] ‘난 원래 못 되서 그래요. 난 진짜 사악하단 말예요. 그런데 나도 이런 나를 어쩔 수가 없다고요.’ (264, 265)

톱시는 개선의 여지가 전혀 없이 보인다. 두보이스(W. E. B. Du Bois)가 1903년에 발표한 『흑인의 영혼』(*The Souls of Black Folk*) 중 다음 발췌문은, 스토우의 톱시를 새롭게 읽을 가능성을 연다.

> 이 이중적인 의식, 언제나 타인의 눈으로 자신을 바라보아야 하고 경멸과 동정 섞인 시선을 지닌 세상의 기준으로 자신의 영혼을 측정하는 기분은 기묘하다. 미국인이면서 흑인이고, 영혼도 둘이고, 생각도 두 가지이고, 화합할 수 없는 둘 사이의 갈등으로 인하여 언제나 자신의 이중성을 느낀다. 검은 육체 속에서 두 가지 이상향이 서로 투쟁하고, 개 같은 강인함을 지니고 으스러져 망가지지 않으려고 겨우 버틴다! 미국 흑인의 역사는 성인으로서의 자의식을 획득하려는 갈망의 역사인 동시에 이중적인 자아를 더 낫고 더 진실한 자아와 조화시키려는 투쟁의 역사다. (215)

두보이스가 제시한 이중적인 시선은 미국 흑인의 무의식에 깔린 심리 상태를 드러낸다. 미국 국민들 사이의 흑백 갈등 뿐 아니라, 흑인들의 내면적인 갈등도 반영하는 이 이중적인 시선은, 톱시에 대한 이해를 새롭게 한다. 스토우는 톱시를 이바와 대조시켜, 이바를 누구나가 동경

하는 이상적인 자아의 상징으로 또 톱시는 경멸과 동정의 대상 즉, 극복하고 폐기해야 할 자아로 드러냈다고 볼 수 있다. 즉, 흑인 내면에서 투쟁하는 두 요소를 두 인물로 형상화했다고 볼 수 있는 것이다.

비평가 제이슨 리차즈(Jason Richards)도 스토우의 인종 묘사가 양면성을 지닌다고 설명한다. 스토우는 백인 인물의 문화적인 순수성을 보호하려고 백인 인물을 흑인과는 완연히 다르게 묘사하지만, 스토우의 글에서 흑인 인물은 백인을 배척하는 동시에 흠모하는 모습을 보인다는 것이다. 스토우의 글은 인종적인 또는 국가적인 정체성을 재고하도록 촉구하는 동시에 현 상태에 안주하도록 유도한다고 설명된다(Richards 205). 엘리자베스 영(Elizabeth Young)은 이바와 톱시가 이러한 이중성을 가장 효과적으로 예시한다고 주장하면서, 두 소녀는 "백인여성에게 기대되는 정상적인 행동기준을 준수하는 또 저항하는 분리된 자아로 볼 수 있다"고 논한다(Young 40). 엘리자베스 영의 지적은, 『톰 아저씨의 오두막』이 연극으로 공연될 때 이바와 톱시를 모녀, 자매, 쌍둥이 등 실재로 매우 가까운 배우들이 맡아서 연기한 경우가 종종 있었다는 사실로도 그 타당성이 입증된다(Abate 80).

IV. 환상의 이면

비평가 제인 스마일리(Jane Smiley)는, 스토우의 글쓰기 스타일과 소설의 내용이 명료하다는 사실을 근거로, 스토우의 글에는 노예제도에 대한 내적인 갈등이 표현되어 있지 않다고 진단한다(66). 리차드 오만(Richard Ohmann)도 스토우가 단순한 글쓰기를 했다고 해석하며, 그 당시 상황을 다음과 같이 설명한다.

> 엄밀히 말해 그 당시에 인종을 언급할 수 없지는 않았다. 흑인이 실재로 안 보인 것도 아니었다. 다른 데서는 '깜둥이 문제'로 불리던 것 즉, 인종 문제는 아직까지 미국에서는 안건으로 대두되어 있지 않았다. (255-6)

스마일리나 오만이 이같이 해석하는 것도 무리는 아니다. 왜냐하면 백인 소녀 이바가 천사처럼 신성하게 그려져서, 백인이 흑인을 탄압한다는 정치적인 메시지를 흐리기 때문이다.

그런데 톱시가 구사하는 민스트럴(minstrel) 풍의 언어는 스토우의 글쓰기가 단순하다는 해석에 오점을 남긴다. 민스트럴 전통은, 백인이 얼굴을 까맣게 칠하고 흑인 흉내를 내는 장치였는데, 19세기 중엽부터는 흑인이 직접 출연하여 과장된 연기로, 흑인이 지닌 교육받지 못한 천박한 특성을 강조했다. 단순한 스토우의 지면에서 톱시가 사용하는 민스트럴 언어는 작품의 전체적인 조화를 깬다. 백인 일색의 감상주의로 흐르는 문맥에 흑인의 현실적인 존재감이 부여되면서, 소설의 통일성이 깨어진다. 톱시가 이바의 집에 와서 자신은 태생적으로 소외된 종자라고 떠벌이는 다음 지문은 간과하기 어려운 인상을 남기는 대표적인 예라 할 수 있다.

> 결코 태어난 적도 없구요…. 아버지건 엄마건 그런 건 결코 있은 적도 없어요… 그냥 혼자 컸거든요. 누가 날 만들었다고는 전혀 생각되지 않아요.

이 지문은 문법과 맞춤법이 깨어진 흑인의 어투로 어린 소녀 톱시의 자포자기에 빠진 모멸감을 표현한다. 물론 이러한 태도는 흑인이 인간으로 여겨지지 않았던 그 당시에는 자연스럽게 받아들여졌을 것이다. 하지만 흑인의 언어가 문학 지면에 소리 나는 대로 표기된 점은, 표현된 내용 즉 흑인을 인간 이하로 무시하던 당대 이데올로기와 상충된다. 그 간극에서 패로디, 도전, 저항의 기운이 함축적으로 묻어난다. 톱시가 "난 이 세상에서 가장 악독한 물건일 걸요"(I spects I's de wickedest critter in de world)라고 말할 때도, 문법이 틀리고 흑인식 발음을 표기하며(276), 흑인은 무지해서 영어도 제대로 사용할 수 없다는 백인이 흑인에 대해 지닌 기대치에 부응한다. 하지만 흑인의 언어를 표기하는 이면에는 흑인을 존중하려는 작가의 노력이 진하게 묻어있다.

이바의 아버지 어거스틴은, 너무나 더럽고 추한 톱시가 신기해서 재미삼아 집으로 데려왔다고 설명한다. 그렇다면 톱시의 어투를 민스트럴 풍으로 지면에 표기한 이유도, 우스꽝스런 민스트럴 풍 언어를 등장시켜서, 민스트럴 쇼에서 느낄 수 있는 재미를 소설 지면에서도 맛보게 하려는 것이 아니었나 하고 생각할 수도 있다. 하지만 톱시는 끝까지 웃음거리로 남지 않는다. 소설 끝에서는 교양을 갖춘 선교사가 되어 아프리카로 떠난다. 톱시를 단순한 흥밋거리로 보아 넘기기는 어렵다. 톱시가 야만스런 악동에서 교양 있는 기독교인으로 변하는 설정에는, 당대에 논란이 되고 있던 일원론과 이원론에 대한 스토우의 입장 표명이 담겨있다고도 볼 수 있다. 흑인이나 유색인종이 백인과는 근본적으로 다르다는 이원론이 아니라, 톱시처럼 극단적으로 야만스러운 흑인도 얼마든지 교육을 통해 백인과 다르지 않은 문명인이 될 수 있다는 일원론에 스토우가 한 표를 던진다고 풀이할 수 있는 것이다.

톱시는 부모도 없고, 여성스럽지도 못하여 오필리어나 다른 노예들에게 계속 학대당하고 사람들의 발길에 채이면서도 망가지지 않고 꿋꿋이 살아남아 발전한다. 이에 반해 기독교 성자의 반열에 들 정도로 순수하고 선한 이바는 일찍 죽는다. 이바의 죽음은, 스토우가 자신처럼 어린 자식을 떠나보낸 부모를 위로하며 카타르시스의 효과를 주려는 의도를 담았다고 해석할 수 있다. 그러나 이바가 생존하지 못하고 일찍 세상을 떠나는 데 반해, 톱시는 발전하고 성장하는 모습은 당대 이데올로기에 위배된다. 이바의 죽음을 살신성인의 도를 완성시킨 완벽한 백인이 승리하는 환상으로 볼 수도 있지만, 톱시가 발전하고 성장하는 모습과 병치되면서, 백인이 우월하다는 환상을 깬다.

비평가 타비아 농오(Tavia Nyong'o)는, 톱시가 톰이나 다른 흑인 노예들과 함께 이바를 임종하면서 달라지겠다고 마음먹는 장면이 비현실적이라고 해석한다(376). 비평가 마크 브라허(Mark Bracher)는 스토우의 소설을 "저항소설의 모형"(a model protest novel)이라고 명명하면서(363), 오필리어가 어린 톱시의 등에 난 상처를 보고 놀라는 충격에 주목한다(377). 이바의 아버지인 어거스틴이 "짐 크로우 계통의 흥미로운 표본"(a funny specimen in the Jim Crow line)이라고 소개할 정도로(207), 톱시는 노예제도 하에서 어린아이가 빠질 수 있는 가장 열악한 상태를 예시한다(Nyong'o 375). 오필리어가 톱시를 개척해야 할 "처녀의 땅"(virgin soil)이라고 여기며(210), 정성을 기울여 노예제도의 유산을 극복하는 설정(Richards 211, 213) 즉, 소설 끝에서 악의 화신인 톱시가 버몬트(Vermont)에 사는 탁월한 신앙심을 지닌 훌륭한 여성이 되는 반전은, 노예에게 관대함을 베풀었던 백인의 선행을 부각시킨다. 톱시의 변모는, 노예에게 특히 탈주노예에게 친절을 베풀며 법을 위반한 인간적인 '범죄'로 인한 트라우마로부터 독자를 내적 치유로 유도한다.

어린 이바가 톱시에게 하는 다음과 같은 간청은 치유의 효과적인 시발점으로 작용할 수 있다.

> 오, 톱시, 가여운 톱시야, 난 너를 사랑해. 내가 너를 사랑한단 말이야. 난 네가 착해졌으면 좋겠어…. 네가 착해지려고 노력하기 바래. 나를 위해서 -나는 이제 너와 얼마 같이 있지 못하거든. (304)

톱시가 이바에게 노력하겠다고 약속하고(305), 소설 끝부분에서 "지성적으로 활동하며 세상에서 좋은 일을 하려는 욕구와 열의를 품고" 아프리카를 향해 떠나는 톱시의 일대기는(463), 노예를 행해 베푼 선행은 놀라운 열매를 낳을 수 있다는 희망과 위로를 독자에게 선사하며, 선행을 베풀도록 독려한다. 그 과정에서 독자는 노예제도로 인한 죄의식, 수치심 등을 포함한 트라우마에서 부지불식간에 치유된다.

그런데 흥미롭게도 톱시가 변한 모습은 빅토리아의 이상적인 여성상과는 상당히 거리가 멀다. 톱시는 엄청난 장난꾸러기로 희극적인 기질을 지니고(Abate 61), 당대 이상적인 여성이 되기 위한 교육을 전면 거부한다.

> 그녀는 바느질하면서 갇혀있기를 몹시 싫어했다. 바늘을 다 부러뜨려 몰래 창밖이나 벽의 갈라진 틈새 아래로 던져 버렸다. 실타래도 다 헝클어 놓거나 더럽게 망가뜨렸고, 실 꾸러미를 다 몰래 던져 버렸다…. 톱시를 모욕한 사람은 누구든지 바로 불편한 사고를 당했다. 귀걸이나 소중히 여기던 장신구가 없어지거나, 옷이 갑자기 망가지거나, 뜨거운 물통 속에 발을 헛디뎌 빠지거나, 화려한 옷을 입고 있을 때 위에서 알 수 없는 더러운 국물이 흘러내렸다. (269-70)

이와 같은 톱시의 행동에 대해, 비평가 미셸 앤 아베이트(Michelle Ann Abate)는 톱시가 장난스러운 홀로서기에 돌입했다고 해석하며, 톱시는 루이자 메이 올컷(Louisa May Alcott)의 『작은 아씨들』(*Little Women*, 1868)에 나오는 주인공 죠(Joe)와 유사하다고 역설한다(Abate 61). 영국에서 발표된 『제인 에어』(*Jane Eyre*, 1850)에서 주인공 제인이 선교지로 떠나는 모습도 톱시가 결말에 보이는 모습과 유사하다. 톱시가 흑인 노예라는 점을 접어두면, 죠나 제인처럼 톱시가 남성중심의 가부장적인 예의범절이나 관습에 저항하는 점이 드러난다 자신의 느낌에 충실하게 행동하며 당대 정상 기준에서 일탈하는 톱시의 정직한 행동은, 여권 신장 운동의 선봉으로도 볼 수 있다.

비평가 엘리자베스 영은, 많은 연극에서 톱시 역할을 남자배우가 연기했다는 점을 지적하면서, 흑인여성 역할을 남자 배우가 맡아 연기하는 연출로 흑인여성을 탈여성화하여 모욕했다고 해석한다(Young 36-7). 이러한 모욕은 비평가 조지 프레드릭슨(George Frederickson)이 주장했던 "백인 마음속의 흑인 영상"에 부합하려는 시도 즉, 관객에게 만족을 주려는 시도로도 볼 수 있다(Abate 75). 하지만 톱시가 과감하게 당대 여성에게 기대되던 보수적인 틀을 깨고 남성처럼 행동하는 모습은, 여성 독자에게 남모를 해방감을 제공했을 수 있다. 이러한 가능성은 문학사적으로 매우 중요하다. 남성 독자는 톱시를 우스꽝스럽게 행동하는 웃음거리로 간주하며 무시할 수 있지만, 여성 독자는 톱시를 통해 순간적으로나마 여성에게 요구되는 기준에서 벗어나는 해방감을 맛본다. 표면적으로는 흑인은 개념이 없는 참으로 한심한 존재라고 여기며 내심 안심하게 만들지만, 그 이면에서 톱시는 "도전 정신의 효율적인 전달자"로서 "전통적인 여성의 역할을 문제 삼고 위반하는 기능"을 구현한다. 또 동시에 순응적인 여성독자의 내면에 쌓인 한을 풀어주는 매체로도 기능한다(Abate 72).

톱시가 자신을 학대한 사람들에게 끊임없이 보복하는 장면을 통해, 독자는 문학 지면에서나마 자신이 흑인에게 가했던 가혹한 폭행에 대한 죄책감에서 벗어나게 된다. 흑인이 보복할 지도 모른다는 불안이 극대화되는 중에 카타르시스 효과도 체험하게 된다. 톱시가 가혹한 학대에도 불구하고 훌륭하게 성장하는 설정으로, 흑인을 또 아동을 학대했거나, 아동으로서 또 흑인으로서 학대당한 경험이 있는, 가해자와 피해자가 모두 유사한 트라우마에서 치유된다. 레비나스의 다음 이론은 톱시로 인해 독자가 느끼게 되는 윤리적인 성찰을 명시한다.

> 타자와의 관계는 나를 의문에 빠뜨리며, 나를 나 자신에게서 비우고, 나를 무한대까지 비우며 내가 지닌 새로운 가능성을 보여준다. 나는 내가

그렇게 부유한 지 몰랐지만, 나 자신을 위해 내가 무언가를 지닐 권리는 더 이상 없다. ("Meaning", 52)

이 논리에 따르면, 독자는 허구의 인물인 톱시를 보면서, 자신에 대해 다시 한 번 생각하고, 자신에게서 벗어나서 자신에게 부과된 윤리적인 책임을 느끼게 된다. 스토우는 톱시라는 인물이 제공하는 환상의 이면에서 독자를 치유와 해방 즉, 무한을 향한 윤리적인 탈주로 이끄는 것이다.

미국 신실용주의자 리차드 로티(Richard Rorty)는 무한을 향한 탈주를 보다 현실적으로 표현한다. 대부분의 트라우마는 이분법적인 구별에서 비롯된다고 진단하면서, 로티는 '우리'와 '그들'간의 경계를 지우고, 연대감을 느끼게 될 때 트라우마에서 탈출할 수 있다고 다음과 같이 진술한다.

> 다른 사람을 "그들"이 아니라 "우리 중의 하나"로 보게 되는 과정이란, 낯선 사람들의 상태를 상세히 묘사하고 나서 우리의 상태도 다시 묘사하는 데서 비롯된다 ….
> 연대감은 심사숙고한 끝에 발견하는 게 아니라 만드는 것이다. 우리에게 낯선 딴 사람이 겪는 고통과 굴욕의 특정하고 세부적인 면에 대해 우리가 섬세한 관심을 더 많이 기울일 때, 연대감은 조성된다. 그런 관심이 커지면, "그들이 우리처럼 느끼는 건 아냐," 혹은 "누군가는 고통을 겪게 되어 있어. 그들이 고통을 겪도록 내버려두는 게 뭐가 어때서?"라고 생각하며 딴 사람들을 무시하기는 더 어려워진다. (김봉은 19; Rorty xvi)

문학적인 감수성을 통해 자아와 타자가 연대감을 느끼게 된다는 로티의 논리는, 백인 독자가 『톰 아저씨의 오두막』을 읽으면서, 흑인 인물과 유대감을 느끼고 흑인 노예를 무시하기 어려워지게 유도한다는 해석을 낳는다. 존 알렌(John Allen)이 『미국 문학에 나타난 노숙』

(*Homelessness in American Literature*, 2004)에 논의한 다음 이론은 톰시라는 환상의 범주를 확장한다.

> 우리 역사 상 여러 차례 가난하고 집 없는 사람들이 객관화, 전형화되고, 학대받아왔다는 말은 조금도 과장이 아니다. 그래서 나는 단언할 수 있다. 미국 역사상 집 없는 사람은 (타자 또는 "그들"이라고) 일반 사람들과 어느 정도 구별되어 왔다고. 문학계나 "실재 세상"에서 이런 구분에 대해 관심이 의욕적으로 기울면서 최근 들어 이 방면의 연구도 활발해졌다. (137-8)

알렌의 논지는, 독자가 자신이 믿었던 이데올로기가 대부분 이분법에 기초한 환상으로 가득 차있다는 사실을 직면하도록 유도하는 문학의 기능을 부각시킨다. 현실에서 벗어나 무한으로 탈출하며 그 과정에서 트라우마에서 치유되도록 돕는데, 스토우가 성공했다는 논리를 성립시키는 것이다.

V. 톰시의 회유

『이데올로기의 숭고한 대상』(*The Sublime Object of Ideology*, 1989)에서 슬라보예 지젝(Slavoj Zizek)은 환상이 우리에게 욕망하는 방법을 가르친다는 환상교육론을 주창한다(118). 개개인은 자신이 착각에 빠져 있다는 사실을 무의식 차원에서는 인지하지만, 착각에서 벗어나지는 못한다고 지젝은 설명한다(32-3). 또 환상은 단순히 헛된 만족을 주는 것이 아니라, '현실'을 구성하며, 어떻게, 무엇을 욕망해야 하는지를 가르친다고 지젝은 설명한다(118). 지젝의 이론에 따르면, 톰시가 제공하는 환상은 독자를 교육시키기 위한 장치라는 새로운 해석이 도출된다. 스토우가 톱시의 환상을 통해 백인 독자를 교육시킨다는 점은, 이바의 친절한 말이 고집 센 톱시를 변화시키는 원동력이 된다는 점으로 입증된다.

> 그 아이[톱시]는 평생 처음으로 친절한 말을 들었다. 예쁜 소녀의 감미로운 말과 태도를 대하면서 사납고 거친 톱시의 마음은 이상하게 흔들렸고, 예리하고 둥 그런 빛나는 그녀의 눈에서 눈물 같은 무언가가 반짝거렸다. (267)

이 지문은 이바의 친절에 감동해서 톱시가 변하기로 결심했음을 부각시킨다. 백인이 주도하지 않으면, 흑인은 스스로 변화하겠다고 결심할 능력도 없다는 우월감을 심어주어, 백인 독자의 마음을 여는 작용도 수반된다.

프랑스 철학자 데리다는 "적대감"(hostility)과 "친절함"(hospitality)을 상호 의존적인 개념이라고 설명하면서, 친절함으로 지구촌을 감싸 안아야 한다고 제안한다(Derrida 13). 레비나스도 폭력의 가해자와 피해자를 이분법적으로 구분하는 것은 무의미하다고 설명한다(Critchley 281). 폭력은 양측 모두에게 트라우마를 남긴다는 윤리학 이론으로 조명하면, 톱시의 변모나 이바의 죽음에는, 폭력을 퇴치하고 친절을 베풀자는 작가의 메시지가 함축되어 있다고 해석된다. 적대감으로 폭력을 휘두르기 보다는 친절하게 서로를 포용해야 한다는 철학자들의 윤리학 이론은, 이바가 포용한 톱시의 변화로 구현된다.

톱시는 변한 후에 미국에서 백인에게 위협을 가하거나 흑인의 인권을 위해 투쟁하지 않는다. 미국을 떠난다. 비평가 엘리자베스 영은 톱시의 행보에서 다음과 같은 정치적인 합의를 읽어낸다.

> 톱시는 야만스런 미개인이었는데, 문명화의 기수가 되었다. 그녀는 아프리카를 문명화시키려고 기획했다. 비록 흑인의 '검은 대륙'이 문명화된다는 것은 제국주의적인 침략과 심리적인 공격도 내포하겠지만. (Young 46; Abate 75)

흑인이 변하면 백인사회에서 혼란을 일으키며 인권을 요구하는 것이 아니라 조오지나 톱시처럼 백인 문화권을 떠난다는 설정은, 기득권을 쥐고 변화를 두려워하는 백인 독자를 안심시킨다. 뿐만 아니라 당시 미국인이 직면한 새로운 트라우마를 치유할 가능성도 제시한다. 톱시가 흑인의 본향인 아프리카에 가서 기독교를 전파하려는 의도는, 미국 흑인 노예는 전부 아프리가에서 사들였다는 역사적인 사실 또 그에 대한 죄책감과 직결된다. 미국에서 교육 받은 흑인 선교사가 아프리카의 선진화에 가담하여 아프리카에 진 빚을 갚을 수 있다는 가능성은 미국 국민이 지닌 가책을 완화시킨다. 스토우가 이렇듯 정교하게 계산된, 다층적인 위로와 치유를 제공했기에, 『톰 아저씨의 오두막』은 독자를 트라우마에서 해방시키며 대대적인 성공을 거두었다고 볼 수 있다.

인용문헌

김봉은. 「파편적인 글쓰기로 삐딱하게 보기: 스티븐 그래엄 존스의 『내 속으로 피를 흘려라: 이야기 책』에 나타난 환상과 실재」. 『현대영미소설』 19:3 (2012): 5-24.

김정선. 『외상, 심리치료 그리고 목회신학』. 서울: 한국 심리치료연구소, 2006.

Abate, Michelle Ann. "Topsy and Topsy-Turvy Jo: Harriet Beecher Stowe's *Uncle Tom's Cabin and/in Louisa May Alcott's Little Women." Muse* 34 (2006): 59-82.

Allen, John. *Homelessness in American Literature: Romanticism, Realism, and Testimony*. New York: Routledge, 2004.

Baldwin, James. *Notes of a Native Son*. 1955. New York: Bantam, 1972.

Bracher, Mark. "How to Teach for Social Justice: Lessons from *Uncle Tom's Cabin* and Cognitive Science." *College English* 71:4 (Mar 2009): 363-88.

Bromwich, David. "Introduction." Harriet Beecher Stow's *Uncle Tom's Cabin or, Life Among the Lowly*. Cambridge: Belknap Press, 2009. ix-xxv.

Critchley, Simon. *The Ethics of Deconstruction: Derrida and Levinas*. West Lafayette: Purdue UP, 1992/1999.

Derrida, Jacques. "Hospitality." Trans. Barry Stocker and Forbes Motlock. *Anglaki: Journal of Theoretical Humanities* 5:3 (2000): 1-15.

Dinerstein, Joel. "Uncle Tom is Dead!: Wright, Himes, and Ellison Lay a Mask to Rest." *African American Review* 43:1 (2009): 83-98.

Du Bois, William. E. B. "The Souls of Black Folk." [1903] *Three Negro Classics*. New York: Avon Books, 1965. 207-389.

Gates, Henry Louis Jr. & Hollis Robbins, eds. "Introduction." *The Annotated Uncle Tom's Cabin by Harriet Beecher Stowe*. New York: W. W. Norton & Company, Inc., 2007. xi-xxx.

Gossett, Thomas. *Uncle Tom's Cabin and American Culture*. Dallas: Southern Methodist UP, 1985.

Herman, Judith Lewis. *Trauma and Recovery: The Aftermath of Violence-From Domestic Abuse to Political Terror*. New York: Basic Books, 1992.

Kaplan, E. Ann. *Trauma Culture: The Politics of Terror and Loss in Media and Literature*. New Brunswick, New Jersey: Rutgers UP, 2005.

Kellman, Steven G. "Waging War Over Stowe And Shakespeare." *Michigan Quarterly Review*. 46:2 (Spring 2007): 355-64.

Levinas, Emmanuel. *Entre Nous: Thinking-of-the-other*. Trans. M. B. Smith and B. Harshav. New York: Columbia UP, 1998.

_____. "Meaning and Sense"(1964), in *Basic Philosophical Writings*. 33-64.

Mitchell, W. J. T. *Picture Theory*. Chicago: U of Chicago P, 1994.

Myers, Margaret and Sharon G. Dean. "Why There's No Uncle Tom in Cincinnati's Freedom Center: The Uses of Slavery in Marketing." *Charm* (2005): 239-42.

Nyong'o, Tavia. "Racial Kitsch and Black Performance." *The Yale Journal of Criticism* 15:2 (2002): 371-91.

Ohmann, Richard M. *Selling Culture: Magazines, Markets and Class at the Turn of the Century*. London: Verso, 1996.

Pelletier, K. "Uncle Tom's Cabin and Apocalyptic Sentimentalism." *Literature Interpretation Theory* 20:4 (2009): 266-87.

Richards, Jason. "Imitation Nation: Blackface Minstrelsy and the Making of African American Selfhood in *Uncle Tom's Cabin*." *Novel*. 39:2 (Spring 2006): 204-20.

Rorty, Richard. *Contingency, Irony, and Solidarity*. Cambridge: Cambridge UP, 1989.

Smiley, Jane. "Say It Ain't So, Huck." *Harper's* 292. 1748 (Jan. 1996): 61-7.

Stowe, Harriet Beecher. *Uncle Tom's Cabin*. [1851] New York: Penguin, 1981.

Vickroy, Laurie. *Trauma and Survival in Contemporary Fiction*. Charlottesville: U of Virginia P, 2002.

Williams, Linda. *Playing the Race Card: Melodramas of Black and White from Uncle Tom to O. J. Simpson*. Princeton: Princeton UP, 2001.

Young, Elizabeth. *Disarming the Nation: Women's Writing and the American Civil War*. Chicago, U of Chicago P, 1999.

Zizek, Slavoj. *The Sublime Object of Ideology*. New York: Verso, 1989.

출처: 『미국소설』 19권 1호 (2012)에 실린 「이바와 톱시: 『톰 아저씨의 오두막』의 이분법적 만화경」을 책의 주제에 맞게 수정, 보완한 것임.

지젝의 트라우마와 멜빌의 『필경사 바틀비』

정혜욱 _부경대학교

Herman Melville

Bartleby, the Scrivener: A Story of Wall Street

지젝의 트라우마와 멜빌의 『필경사 바틀비』*

작가 소개

허먼 멜빌(Herman Melville, 1819-91)은 독립전쟁에서 큰 공헌을 한 유력한 가문의 후손으로 어린 시절을 비교적 풍족하게 보냈지만, 부친이 사업의 실패로 사망하면서 그는 성년이 채 되기도 전에 생업 전선에 뛰어들어야 했다. 『모비 딕』(*Moby-Dick, or the Whale*, 1851)에 나오는 표현을 빌리면, 안정적인 일자리를 구할 수 없었던 그는 "무일푼의 신세로 권총과 탄환으로 자살하는 대신" 영혼이 축축하게 젖어있는 동짓달 같은 절망적인 상황에서 포경선을 타게 되었다고 한다. 개인적으로 불행한 일이기는 했지만 그의 4년 간에 걸친 남태평양에서의 경험과 해양생활은 미국의 어두운 면을 꿰뚫게 해준 계기가 되었고, 미국의 꿈의 어두운 이면과 제국주의적이고 자본주의적 세계의 한계와 과잉을 통찰해낸 작가로 성장하는 데 밑거름이 되었다.

멜빌의 데뷔작인 『타이피』(*Typee*, 1846)와 『오무』(*Omoo*, 1847)는 선원생활의 경험을 토대로 쓰인 것으로 미지의 세계에 대한 개척과 탐험에 목말라했던 독자 대중에게 큰 환영을 받았다. 그러나 식민화에 혈안이 되어 있는 서구 열강의 횡포를 목격하고, 자본의 논리에 모든 것이 잠

* 이 글은 필자의 「지젝의 외상과 바틀비의 정치학」을 이 책의 취지에 맞도록 수정·보완하고, 작가소개와 작품 줄거리를 추가하였다. 용어 통일을 위하여 외상을 트라우마로 외상 후 주체는 포스트-트라우마 주체로 바꾸어 번역했다. 그리고 외국문헌을 인용할 때는 독자가 찾아보기 쉽도록 한글번역본을 인용문헌에 병기했다. 한글번역본이 필자의 번역보다 좋을 수 있으나 절판 등으로 필자가 소장하지 못한 경우도 있고 필자와 문체나 강조점을 약간 달리하는 경우도 있어서 인용은 영문판을 따랐다.

식당하는 자본주의의 이면을 몸소 경험하고 목격했던 멜빌이 지향하는 글쓰기는 사실 대중적 명성의 획득과는 거리가 멀었다. 1851년 호손(Nathaniel Hawthorne)에게 보낸 편지에서 보듯 그는 대중적 명성을 얻는 대신 무명인으로 남고자 했다. 그에게 명성이란 힘이나 권력 혹은 당대의 지배 논리에 굴복하고 다수 대중의 취향에 영합하는 것을 의미했다. 이는 작가로서의 인정받고자 하는 의지의 부재를 의미하는 것이 아니라 시대적 조류에 무비판적으로 영합하지 않으려는 그의 작가적 소명이자 소신에서 유래하는 것이었다.

멜빌의 대표작인『모비 딕』은 오늘날 미국문학의 최고 걸작으로 꼽히지만 당대의 독자들에게는 물론 비평가들의 주목도 받지 못했다. 이 작품이 외면 받았던 데는 여러 가지 이유가 있겠지만, 그 중 하나가 유색인종에 의해 결코 침범되어서는 안 된다고 간주되었던 백색이 고래의 흰색과 겹쳐지면서 백색 그 자체가 악마적 의지의 소산으로 읽힐 수도 있었기 때문일 것이다. 그러나 성공의 꿈에 취해있었던 당시 미국에서 이러한 멜빌의 목소리에 귀 기울이는 독서 대중을 찾기는 어려웠다.『모비 딕』뿐만 아니라 다음해에 출판된『피에르 혹은 그 모호성』(*Pierre, or The Ambiguities*, 1852) 역시 당대 문단의 주목을 받지 못했고,『필경사 바틀비: 월가의 이야기』(*Bartleby, the Scrivener: A Story of Wall-street*, 1853) 역시 마찬가지였다. 그 이후 멜빌은「베니토 쎄레노」("Benito Cereno," 1855),『사기꾼』(*The Confidence-Man*, 1857) 등의 소설과 시편을 썼고 유고 작으로『빌리 버드』(*Billy Budd, Sailor*, 1924)를 남기긴 했지만 소수의 평론가들을 제외하고는 그의 진가를 알아본 사람은 거의 없었고, 1891년 대중의 망각 속에서 그는 이름 없는 무명인으로 생을 마감했다.

이견이 있기는 하지만 멜빌의 모든 작품이 재평가되고 미국문학의 고전의 반열에 오른 것은 그의 사후 약 30년이 지난 후인 20세기 초반 신비평가들에 의해서라고 할 수 있다. 멜빌의 작품은 우회적이고 고도의 상징체계 속에서 작동되고 있었기 때문에 문학과 정치의 분리를 선언한 일군의 신비평가들에게 좋은 분석의 대상이 되었다. 그러나 오늘날 멜빌은 사회·정치적 흐름에 민감한 작가이자 시대를 꿰뚫는 작가정신의 소유자로서 이 시대의 독자에게 가장 많이 읽히고 가장 호소력 있는 정전 작가 중 한명으로 손꼽힌다.

작품소개

『필경사 바틀비: 월가의 이야기』는 1848년 이후의 어느 날, 자본주의의 상징적 장소인 뉴욕시 월스트리트에 있는 한 법률사무소에서 소장이 새로 고용한 바틀비라는 인물에 대한 이야기를 담고 있다. 이 사무소의 소장이자 고용주인 화자는 이 분야에서만 30년 이상 종사해온 50대 후반의 베테랑 변호사이다. 바틀비를 만나기 전까지 그는 편안하고 쉽게 사는 것이 그의 인생의 최고 목표였으며 사회적 약자의 권리나 이혼 소송 따위의 골치아픈 사건이 아닌, 재벌과 사업가들을 상대로 돈벌이가 잘되는 편안한 업무만을 주로 담당하는 속물 변호사였다.

어느 날 법률 사무소가 번성하면서 그는 2명의 필경사와 1명의 사환 외에 필경사를 한 명 더 고용하는데 그가 바로 바틀비다. 바틀비는 이 소설에서 유일하게 이름으로 불리는 유일한 인물인 동시에 너무나 특이해서 어떤 식으로도 설명할 수 없는 재현 불가능한 인물이다. 이 소설에서 고용주인 화자의 이름도 언급되지 않으며 그의 피고용인들은 이름이 아니라 칠면조(Turkey)나 집게(Nippers) 등의 별명으로 불린다. 이 소설의 이름 없는 등장인물들은 산업혁명의 시작과 더불어 인간의 삶의 양식을 송두리째 바꿔버린 자본주의 사회에서 개인의 특이성과 정체성을 상실하고 인간이 자본주의라는 거대한 기계의 작동에 필요한 작은 부속품이자 소모품으로 전락했다는 것을 보여주고자 하는 장치다. 이 소설의 필경사들 역시 법률 문서를 한 치의 실수도 없이 필사해야하는 일종의 인간-복사기이자 인간-기계의 역할을 담당한다. 그러나 나이가 지긋한 칠면조라는 별명의 필경사는 오후만 되면 많은 실수를 저질렀고, 집게로 불리는 젊은 필경사는 인간-복사기라는 임무에 걸맞지 않은 야심을 지닌 인물인 동시에 소화불량 때문에 오전에는 너무 신경질이 되는 단점을 지닌 인물이다. 화자가 자신을 두 필경사를 해고하지 않고 실수를 참아주는 관대한 고용주라고 누누이 강조하는 것 역시 완벽한 노동-기계가 될 것을 요구하는 사회의 단면을 반증한다.

바틀비를 새로 고용하면서 변호사는 그가 약점을 보완해줄 완벽한 인간-기계로서의 역할을 기대한다. 기대했던 바처럼 처음에 바틀비는 주어진 자리에서 핼쑥한 얼굴로 밤낮없이 엄청난 양의 문서를 기계처럼 필사한다. 그러나 소장이 다른 필경사의 문서 교정을 보라고 하자 "하지 않기를 선호합니다"(I would prefer not to)라고 말하면서 문제가 시작된다. 소장이 바틀비 자신이 작성한 문서의 교정을 보라고 할 때도, 우편물 심부름을 시킬 때도, 옆방으로 가보라고 요청할 때에도 그는 "~하지 않기를 선호합니다"는 말만을 반복한다. 소장이 왜 필사 중단했느냐고 물었을 때도, 해고를 하려 했을 때도, 사무실에서 쫓아내었을 때도, 새로운 직업을 제안했을 때도, 바틀비는 계속해서 이해할 수 없는 이 구절만을 반복할 뿐이다. 참다못한 소장이 그의 사무실을 옮겨버렸지만, 바틀비는 이제 더는 그가 머무를 자격이 없는 사무소에서 계속 머물기를 고집한다. 결국 그는 교도소로 옮겨졌고 그곳에서 먹지 않기를 선호하다가 굶어 죽는다. 바틀비가 화자를 만나기 전까지 어떤 삶을 살았는지, 가족은 있는지, 바틀비에 대해 확인할 수 있는 사실은 거의 없지만, 화자가 들은 소문에 의하면 그는 수취인불명의 편지를 취급하는 우체국의 말단 직원이었다고 한다. 이 소설은 이제는 죽고 없는 바틀비를 회상하며 "오 바틀비여! 오 인간이여!"(Ah Bartleby! Ah humanity!)

라는 화자의 외침으로 끝난다.

소설의 마지막 구절처럼 어쩌면 바틀비는 개인이 얼마든지 대체가능한 부품으로 전락해버린 이 시대에 끝까지 기계의 부품이 아닌 인간이고자 했던 독특한 인물로 보인다. 그래서 지난 몇 십년동안 "~하지 않기를 선호하는" 바틀비와 그의 특이한 삶의 방식이 많은 철학적 논쟁을 불러일으켰다. 특히 최근의 금융위기나 월가 점령 시위 등과 더불어 오늘날 "~하지 않기를 선호하는" 바틀비가 이 시대의 수동적 저항의 아이콘으로 부상했다고 해도 과언이 아닐 정도로, 들뢰즈(Gilles Deleuze), 데리다(Jacques Derrida), 아감벤(Giorgio Agamben), 랑시에르(Jacques Rancière), 네그리(Antonio Negri)와 하트(Michael Hardt), 지젝(Slavoj Žižek) 등에 이르기까지 이 시대의 주요한 철학적 사유의 한가운데에 자리하고 있다.

I. 머리말

지젝(Slavoj Žižek)의 주요 이론적 토대는 라캉(J. Lacan), 마르크스(K. Marx), 헤겔(G. Hegel)이라고 알려져 있다. 그러나 지젝이 라캉, 마르크스, 헤겔의 독자인 것은 사실이지만 그를 세 이론가의 충실한 독자라고 말하기는 어렵다. 오히려 지젝의 독법은 바틀비적이다. 바틀비적으로 말하자면 지젝은 마르크스를 마르크스적으로 읽지 않기를, 헤겔을 헤겔적으로 읽지 않기를, 라캉을 라캉적으로 읽지 않기를 선호한다. 그는 세 사람 이론의 핵심이라고 할 만한 것들을 받아들이지 않기에 우리는 지젝의 독해에서 유물론적 마르크스, 임상적 라캉, 변증법적 합을 지향하는 헤겔을 찾기는 어렵다. 이러한 지젝의 바틀비적 독법은 그의 책에서 어떤 일관성 있는 독서를 확보하려는 독자를 종종 혼란에 빠뜨린다.

독자가 지젝이 말하는 핵심을 종종 놓치는 것은 오로지 이러한 '바틀비적 부정성'에만 있다고 보기는 어렵지만 이를 이해하지 않고서는 지젝의 주장을 제대로 관통하기는 어렵다.

지젝이 칸트의 '순수이성의 이율배반'을 인용하며 말하듯(*Violence* 105-14), 우리의 이성은 이율배반적이고 유한한 이성은 쉽게 모순에 빠진다. 이성을 통해 우리는 '우주가 무한하다'는 것을 증명할 수도 있고 '우주가 유한하다'라는 것 역시 증명할 수 있다. 이성을 사용하여 증거를 찾고, 흩어져있는 사실을 수집하여 나치 홀로코스트의 만행을 고발할 수도 있고, 반대로 이스라엘의 존재를 합법화하기 위하여 홀로코스트가 지나치게 과장되었다는 것을 보여줄 수도 있다. 이것이 이성의 이율배반이다. 이러한 이율배반에 함몰되지 않으려면 우리는 이성을 부정적으로 사용해야 하며 이성을 부정의 양상으로 그 사용을 제한해야 한다. 우리는 어떠한 정치적 목적이나 이해관계에 따라서 홀로코스트를 환기해서는 안 되며, 홀로코스트에 대한 유일한 언급은 우리를 정당화하기 위해서가 아니라 정치적 행위에 한계를 가하기 위해서만 언급되어야 한다. 그래서 지젝이 호출하는 헤겔, 라캉, 마르크스는 어떤 새로운 사회의 건설이나 새로운 사회에 대한 전망을 도출하기 위한 덧셈의 사유라기보다는 부정에 의해 우리 사회의 근본적 한계를 노출하기 위한 뺄셈의 사유에 기반한다.

에버트(Teresa Ebert)는 지젝이 "유물론적 이데올로기 비판을 뒤집어서 헤겔적인 관념론으로 만들고 상징계의 잉여인 라캉의 실재를 계급투쟁을 녹여냄으로써 지젝은 마르크스를 흉내 내고 있다"고 말하지만(406), 후기 저작으로 가면 갈수록 단순히 지젝이 마르크스의 흉내 내기에 머무는 것 같이 보이지는 않는다. 생각하는 속도보다 쓰는 속도가 빠르다고 말해지는 지젝의 글쓰기에서 변화의 단계와 단락을 찾아내기는 쉽지 않지만, 많은 비평가들은 지젝의 방점이 '환상 가로지르기'에서 '윤리적 행위'를 거쳐서 정치적인 '혁명적 행위'로 이동한다는 데 동의한다.[1] '환상 가로지르기'가 세계의 틈새와 간극을 봉합하여 세계를 유기적인 전체로 바라보게 하는 환상을 가로질러, 세계의 근본 한계를 노출하려는 것이라면, '윤리적 행위'란 현재 작동하는 윤리를 정지시킴으로써 그 공백 안에서 새로운 정체성을 구성하는 것이다. 그리고 윤리적 행위가 정치적 혁명으로 재정의되기 시작한 것은 1999년 『까다로운 주체』에서부터라고 봐야할 것이다. 최근으로 갈수록 지젝은 자신의 초점이 '윤리'가 아니라 '정치'이며, '의무'가 아니라 '혁명'이라고 강조하면서 정신분석적 행위보다는 정치적 혁명으로 방점을 이동하고 있다. 따라서 지젝이 마르크스의 유물론을 관념론으로 뒤집고 핵심적 내용을 제거한 채 마르크스라는 껍질만 유지한다 해도, 마르크스가 지젝에게 중요하지 않은 것은 결코 아니다. 그에게 껍질 즉 형식을 변화시키는 것이 혁명이며 혁명은 트라우마적 사건의 다른 이름이기 때문이다.[2] 즉 지젝은 성차와 사후작용 그리고 죽음 욕동 등에 의해 정의되는 프로이트의 트라우마 개념을 활용하여 마르크스적인 정치학을 개진한다.

그렇다면, 지젝이 혁명이라는 용어가 내포하는 '더 나은 세상에 대한 비전'을 제거하고 그것을 주체를 고통으로 몰아넣는 '트라우마'(trauma, *traumatisme*)로 설명하는 이유는 무엇이며, 정치가 중요하다고 말하면서 마르크스의 계급투쟁과 같은 개념을 빼고 전혀 다른 개념적 위상을 지

1 이 세 개념이 분리해서 등장하는 것도 아니고 서로 교차하기는 하지만 여기서는 논의를 명확히 하기 위해 간단히 요약한다.

2 트라우마적 사건으로 지젝의 혁명이 함의하는 바를 모두 설명하기는 어렵다. 개념적 계보를 따지자면 지젝의 혁명 개념은 라캉의 정신분석적 행위(act), 바디우(Alain Badiou)의 진리-사건에의 충실성, 슈미트(Carl Schmitt)의 정치이론, 벤야민(Walter Benjamin)의 신적 폭력 등을 포괄하지만, 지젝이 라캉의 행위나 바디우적 사건 등이 모두 트라우마의 특징을 지닌다고 보기 때문에, 이 글에서는 트라우마적 특징에 한정해서 살피기로 하겠다.

닌 라캉의 실재(the Real)나 프로이트의 트라우마 개념을 활용하여 마르크스 이론의 좌표를 이동시키는 이유는 무엇인가? 또한 '트라우마'에서 정신분석학적 치유의 개념을 제거하고, 그것을 '혁명'과 접속시켜서 기존의 개념을 탈영토화시키는 이유는 무엇인가? 그리고 이렇게 해서 태어난 포스트-트라우마 주체(Post-traumatic subject)가 어떻게 혁명적이고 실천적인 주체로 연결될 수 있는가? 또한 "~하지 않기를 선호합니다"는 말만을 반복하는 바틀비를 지젝이 포스트-트라우마 주체를 대표하는 인물로서 설명하는 까닭은 무엇인가? 이러한 질문이 이 글의 출발점이자 문제의식이다.

그러나 최근까지 지젝은 트라우마라는 용어를 무척 많이 사용하고 있음에도 그가 그 개념에 대해서 체계적으로 설명하고, 기존의 트라우마 이론에서 설명하는 개념과 자신의 개념이 어떤 차이가 있는 지 구체적으로 밝힌 경우는 거의 없었다. 이는 이전의 저작에서 지젝이 트라우마 그 자체보다는 (까다로운) 주체, 대상(혹은 소대상 objet a), 실재(the real), 시차(the parallax view), 부정성(the negative)에 좀 더 초점을 맞추고 있었기 때문일 것이다. 따라서 이 글은 기존의 트라우마 이론과 비교하여 그의 트라우마 개념을 분명하게 밝히고 있는 최근작 『종말을 살기』(*Living in the End Times*, 2010)를 중심으로, 지젝의 트라우마를 프로이트와 라캉, 말라부(Catherine Malabou)의 트라우마 개념과 비교하고, 포스트-트라우마 주체로서 바틀비의 위상, 그리고 포스트-트라우마 집단으로서 리비도 프롤레타리아(libidinal proletariat)를 살펴봄으로써 지젝의 트라우마 개념의 독특성을 밝히고자 하는 데 그 목적이 있다.

II. 트라우마: 프로이트에서 지젝까지

라카프라(Dominick LaCapra)나 말라부 등을 포함하여 많은 학자는 지젝의 '트라우마'가 라캉의 '실재'와 같은 개념이라고 주장한다.[3] 지젝이 트라우마를 "정확히 자신의 삶-세계로 몰입하는 것을 방해하는 충격적 조우이자 부적절한 것의 폭력적 침투"(*On Belief* 47), "상징화되지 않은 채 남아있는 현실의 일부"(*Mapping* 21), 혹은 "모든 상징화에 저항하는 주이상스의 환원할 수 없는 핵"("Undergrowth" 14) 등으로 정의하고 있고, 이 정의가 라캉의 실재와 거의 차이가 없어 보이기 때문이다. 라캉은 『정신분석학의 네 가지 근본 개념』에서 트라우마를 "실재와 어긋난 조우"라고 간략하게 정의하고 있기는 하지만 이후의 라캉은 실재를 정의하고자 트라우마의 개념에 거의 의지하지 않는다. 라캉의 전체 연구를 편의상 두 단계로 나눌 수 있다면 초기 단계는 아마도 프로이트를 생물학주의로 설명하려는 세력과 사투를 벌였기 때문에 "신체의 상처"라는 어원을 가진 트라우마의 개념을 어느 정도 활용했다고 해도 이후에는 트라우마가 아닌 상징계의 한계로서의 '실재'를 설명하는데 몰두했다.

반면, 라캉과 달리 지젝은 트라우마 개념을 계속 고수하고 있고 트라우마를 끊임없이 사용한다. 그러나 트라우마가 라캉의 실재와 완전히 동일하고 실재 개념으로 충분히 트라우마를 설명할 수 있다면, 굳이 지젝이 트라우마에 그렇게 자주 호출할 필요가 있을까? 따라서 지젝의

3 라카프라는 지젝의 '이데올로기의 숭고한 대상' 그 자체가 라캉의 실재, 즉 상징화할 수 없는 한계이거나 재현할 수 없는 경험의 핵으로 등장한다고 본다 물론, 지젝과 달리, 라카프라는 '실재'와 '트라우마'를 동일한 개념으로 간주하지 않는다. 라카프라의 논의는 『홀로코스트를 재현하기』(*Representing the Holocaust*)의 7장 205-23쪽 참조. 말라부에 관해서는 이 글 2장 참고하기 바란다.

트라우마가 실재와 동일한 위치에서 출현하고 실재와 겹쳐지는 것은 사실이라고 해도, 그가 단지 라캉의 실재 개념을 명확하게 하려고 트라우마를 도입한 것이 아니다. 이 용어에 대한 지젝의 강조는 라캉을 보다 정치적으로 읽기 위한 시도이며 라캉을 마르크스로 대리보충하기 위한 정치적 시도와 연결되어 있다. 앞서 말했듯이 라캉의 실재와 달리 지젝의 트라우마적 사건은 파열이나 단절을 표시하는 '혁명'의 다른 이름이다.

따라서 지젝이 말하는 트라우마 개념에 구체적으로 접근하려면 라캉에 앞서서 프로이트에서부터 출발할 필요가 있다. 대부분의 트라우마 이론이 프로이트의 정의에 기대고 있지만 프로이트의 트라우마는 시기에 따라 저작에 따라 서로 다른 두 개념이 쪼개져서 존재한다고 봐야한다. 프로이트는 몸 의학에 따라 고찰되는 물질적 몸과 관념으로 만들어진 몸, 즉 관념의 표상이자 정신적 현실로 존재하는 몸이 존재한다고 보았다(*SE* I, 169, 170-1). 후자는 이미지, 개념, 상징의 혼합으로 구성되며 심리-신체적으로 전환된 증상을 통해서 전자를 드러낸다. 이에 따라 편의상 트라우마를 크게 두 종류로 나누면 첫째는 물질적 몸에 초점을 둔 정의로 '주체의 삶에 발생한 강력한 사건이자 그것에 주체가 적절하게 대응하지 못함으로써 심리조직에 야기된 대혼란과 그것의 지속되는 효과'(Laplanche and Pontalis 465)로 정의될 수 있고[4] 둘째는 관념의 표상에 초점을 둔 정의로서 트라우마를 성적(sexual)이며 사후작용(Nachtraglichkeit)의 결과로 정의될 수 있다.[5] 전자에 방점을 두면, 프로이

4 트라우마가 인과관계에 근거한 개념으로, '외부의 강력한 충격이 정신에 가한 상처'라고 막연히 생각했던 초기 단계와 1916-17의 『정신 분석 강의 입문』(*Introductory Lectures on Psycho-analysis*)에서 트라우마는 '자극의 과도함'이라는 경제적인 의미밖에는 가지지 않는다고 설명한다(*SE* 15–6, 275). 이 시기의 트라우마는 성적인 의미가 아닌 경제적 개념으로 축소된다.

5 1893년 브로이어(Josef Breuer)와 함께 편찬한 「히스테리 현상에 대한 정신적

트의 트라우마는 개인이나 집단의 고통스런 경험이 강조되는, 경험적이고 역사적 트라우마 연구로 이어지고, 후자에 방점을 두면 트라우마는 주체 발생의 구조와 관계한다. 오늘날 대부분의 트라우마 연구는 대단히 다양하지만 크게 보면 이 두 부류 중 한 쪽에 속한다. 지젝이 주로 많이 인용하는 프로이트는 몸을 강조하는 유물론적 프로이트가 아니라 주체 발생의 구조와 관계하는 프로이트이지만 지젝의 트라우마는 정의상 구조적인 것이 아니라 구조의 질서를 뒤흔드는 것이다. 즉 지젝은 라캉의 '행위'(act)를 트라우마와 연결시켜서 기존의 경험적 트라우마와 구조적 트라우마라는 이분법을 넘어서고자 한다.

지젝의 트라우마 개념의 형성에서 지젝이 가장 많은 영향을 받은 것은 프로이트의 『쾌락원칙을 넘어서』(1920)에서 발전된 죽음 욕동(death drive)이다. 프로이트는 1920년 이전에는 삶 욕동의 일부로서 죽음을 설명했고 죽음 욕동보다는 리비도에 주목했지만, 1920년 이후 그는 '인간의 정신생활에서 자기 파괴적 경향'인 죽음 욕동에 주목하기 시작했다. 프로이트가 1926년 『억제, 증상, 불안』에서 주체의 무력함(helplessness)을 모든 트라우마적 상황의 원형으로 설명하는 것 역시 바로 이 죽음 욕동과 무관하지 않을 것이다. 프로이트는 죽음 욕동을 쾌락원칙의 오작동에 의한 비목적론적 부정성이며, 목적론도 아니고 원칙도 없는 것으로 설명했다.[6] 죽음 욕동의 이해에서 다른 트라우마 이론과 구분되는 지젝의 '혁명적 단절'로서 트라우마가 생겨난다. 다음 장에서 다시 논의

메커니즘」("On the Psychical Mechanism of Hysterical Phenomena")(*SE II*)과 1895년, 『히스테리 연구』(*Studies on Hysteria*)(*SE II*) 참조.

6 죽음 욕동에 대한 프로이트의 이러한 설명은 프로이트 이론을 체계화하고자 했던 많은 학자의 외면을 받았고, 결국 제자들에 의해 체계화에 저항하는 흔적들이 제거되고 그것을 궁극적으로 삶-욕동으로 이어지는 것으로 이론화되었다. 반면, 라캉에게 이 개념은 프로이트를 생물학주의에서 구출하게 하는 계기가 되었다고 할 수 있다.

하겠지만, 지젝은 죽음을 단순히 경험적인 것으로 환원하지 않는다. 마찬가지로, 지젝에게 트라우마는 엄청난 고통에 의해서만 발생하는 것이 아니라, 그 경험을 담는 형식, 혹은 그 경험의 기반을 이루는 쉽게 식별되지 않는 상징적 체계와 상호작용에 의해 발생한다. 그렇다면 지젝의 트라우마 논의에서 왜 경험에 앞서 그것을 담고 있는 상징적 형식이 더 문제가 되는지를 『종말을 살기』를 중심으로 더 구체적으로 점검해 보겠다.

우선 간략하게나마 이 책의 구성을 소개하면 다음과 같다. 총 504쪽으로 구성된 『종말을 살기』가 트라우마에만 초점을 맞춰져 있는 것은 아니다. 지젝은 20세기를 "새로운 주인을 기대하는 히스테리 신경증의 시대"로, 21세기를 트라우마의 시대 혹은 외상 후 스트레스 장애의 시대로 간주하고, 우리가 오늘날의 수많은 불만이나 불안에 대처하는 '부정'의 방식을 다섯 단계로 분류한다. 이 분류는 퀴블러-로스(Elisabeth Kübler-Ross)가 『죽음과 죽어감』(*On Death and Dying*)에서 죽음에 직면할 때 겪는 다섯 단계를 지젝이 오늘날 사회 문화 현상의 분석으로 활용한 것이다. 물론 이것이 순서대로 발생하는 것도 아니고 모든 사람이 각 단계를 다 겪는 것도 아니지만 편의상 단계별로 분류하면 다음과 같다.

첫 단계인 부인(denial)은 일어난 사실을 그것이 마치 일어난 적이 없는 것처럼 부인하는 것이다. 프로이트가 말하듯이 강력한 부인은 무의식적 긍정이기도 하지만, 부인을 작동시키는 것은 이데올로기이다. 그래서 이 단계에서 사람들은 체계에 저항하지 않는다. '변화는 위험이 너무 크고 사회를 더 나쁜 상태로 몰아넣기 때문에 현재의 제도는 덜 나쁜 사회를 위해서는 필요하다'는 식의 이데올로기가 진실을 감추기 때문이다. 두 번째 단계는 '분노'(anger)다. 이것은 더는 사실을 부인할 수 없을 때, 왜 이런 일이 나에게 일어났는지 질문하고 분노를 폭발시키는 시위의 형태로 등장한다. 첫 두 단계는 좀 더 나은 세상에 대한 믿음을 포기하지 않을 때 등장하지만 동시에 트라우마를 대면하지 않으려는 몸부림을 포함하고 있다. 세 번째 단계는 거래(bargaining)로서 이것은 당면한 사태를 축소하거나 연기하고자 하는 시도에서 생겨나는 협상이다. 네 번째가 리비도를 철수시킨 '우울증'의 단계로, 프롤레타리아 코기토가 부상하는 포스트-트라우마 주체의 단계이다. 다섯째는 '수용'(acceptance)으로 이제 싸우기를 포기하고 이를 위해 준비를 하는 단계이다. 이상에서 알 수 있는 바와 같이 이 책에서 트라우마와 관계되는 부분은 네번째(4장)와 다섯째 단계(5장)이다.

트라우마를 설명하기 위해, 그는 미국의 전 국방부장관인 럼즈펠드(Donald Rumsfeld)의 앎의 세 구분을 인용하고, 이에 하나의 앎의 형태를 더 추가하여 우리의 앎을 네 가지로 분류한다. 첫째는 "우리가 알고 있다는 것을 아는 것"이고 둘째는 "우리가 모른다는 것을 아는 것"이다. 이 두 가지는 명확하며, 특별한 설명이 필요하지 않다. 트라우마 논의에서 중요한 앎은 다음 두 개다(*End Times* 292). 하나는 "우리가 알고 있다는 것을 모르는 것"(unknown knowns)으로 프로이트가 발견한 무의식이 여기에 해당한다.[7] 이것은 "우리가 알고 있다는 것을 인정하기를 거부하는 믿음 혹은 부인된 믿음"으로 우리가 모르는 척하는 외설적이고 음란한 실제(obscene practices)를 포함한다. 넷째는 우리가 모른다는 것을 모르는 것(unknown unknown)으로 여기에 프로이트가 붙인 이름이 트라우마이다. 이 책에서 지젝은 트라우마를 "발본적으로 기대하지 않은 것의 급진적인 침입"이며, "주체가 절대적으로 준비되지 않은 것이자 어떤 방식으로도 통합될 수 없는 것"(*End Times* 292)라고 간략하게 정의

7 이것은 럼즈펠드가 언급하지 않은 것이며, 라캉의 무의식에 대한 정의, 즉 "알지 못하는 지식, 즉 기표와 같은 것에 기반하는 지식"("knowledge that is not known, knowledge that is based on the signifier as such)"(*Book XX* 96)이 이에 해당한다.

한다. 물론 이 정의는 지젝의 전작과 크게 다르지 않다.

이제, 다시 트라우마 논의로 다시 돌아가자면, '치유할 수 없는 상처'를 경험한 몸 보다는 트라우마의 상징적 형식에 더 주목하는 지젝과 달리, 오늘날 뇌과학의 발달과 더불어, 많은 학자들은 우울증이나 트라우마를 비롯한 모든 정신적 병증을 뇌의 신경전달 물질의 이상이나 뇌기능의 파괴와 연관되는 질병, 즉 몸의 파괴로서 설명하는 경향이 있다. 뇌과학을 정신의학에 적용한 최근의 대표적인 학자가 캐더린 말라부이다. 우선, 말라부는 주체가 치명적 트라우마를 입게 되는 사례를 다음 세 가지의 종류로 나눈다. 첫째, 외부의 물리적 폭력, 즉 테러 공격, 전쟁, 자연재해, 지진, 쓰나미 등에 의해 트라우마가 발생하는 경우, 둘째, 뇌종양, 알츠하이머 등과 같이 뇌 기능의 파괴에 의해서 발생하는 경우, 셋째, 왕따의 경우와 같이 사회적 배제에 의해 트라우마가 발생하는 경우다. 이 세 가지는 완전히 다른 계열에 속하는 폭력으로, 첫째는 외부 자연에 의한 파괴이며, 둘째는 몸의 파괴, 셋째는 상징적 파괴이지만, 말라부는 다른 계열에 속하는 파괴의 세 형태를 '트라우마'의 범주에 귀속시킨다.

지젝은 말라부가 서로 상반되고 각 극단에 있는 것들이 어떻게 트라우마라는 범주로 설명될 수 있는 지 통찰해내었다는 점에서 그녀를 높이 평가하지만, 그녀가 오늘날 많은 트라우마 이론이 종종 범하는 몇 가지 오류를 반복하고 있다고 본다. 그 중의 하나가 프로이트의 '사후작용'에 대한 말라부의 비판이다. 말라부에 의하면 프로이트는 트라우마를 일으키는 사건을 필연적인 내적 사건(*Erlebnis*)과 외부에서 우연히 발생한 사건(*Ereignis*)으로 구분하고, 트라우마가 되려면 외부적 사건은 반드시 내적 사건과 합쳐져야 하고, 외적 충격이 이미 존재하는 "정신적 상처"와 사후에 공명함으로써 트라우마가 생겨난다고 본다. 그녀는 최근의 뇌과학이나 신경 생물학의 연구를 참조하여, 우리에게 트라우마를 일으키는 것은 대뇌의 파괴와 같은 물질성이지 프로이트나 라캉의 주장처럼 외적 충격이 이미 존재하고 있던 정신적 사건이나 원초적 사건과 공명함으로써 생겨나는 것은 아니라고 주장한다. 말라부는 모든 심각한 트라우마는 외적인 사건에 의해서 일어난다고 주장하면서 내적·외적 사건의 이분법을 무너뜨리고, 외부적 사건 혹은 물질적 충격보다 정신의 구조를 우위에 두는 정신분석학을 정면으로 반박하면서 유물론적 정신분석을 시도한다.

프로이트의 트라우마의 사후성에 대한 설명은 『유아신경증의 역사』(*From the History of an Infantile Neurosis*)의 「늑대인간」("Wolf-Man") 사례에서 잘 나타난다(*SE* XVII, 7-122). 알려진 바처럼 「늑대인간」은 늑대꿈을 반복해서 꾸는 늑대신경증에 사로잡힌 세르게이라는 젊은이에 관한 이야기다. 이에 대한 프로이트의 설명은 첫째 어린 세르게이가 말을 배우기 전에 부모의 성교 장면(primal scene)을 세 번 목격했으나 목격 당시에는 그 의미를 몰랐다는 것, 둘째 아이가 성장하면서 늑대는 거세하는 아버지로 성화(sexuation)되어 거세의 공포를 상징하게 되고, 셋째 이것이 사후에 원인이 되어 외부의 자극에 적절하게 반응하지 못하고 상징화에 실패한다는 것 정도로 요약될 수 있을 것이다. 이 설명에 의하면, 트라우마는 언제나 이차적이며 외적 사건이 우리의 내적 삶에 '언제나 이미'(always already) 존재하는 어떤 것과 만나는 경우에만 트라우마가 된다. 이를 뒤집어 말하면 외부의 충격에 노출된 모든 사람이 다 트라우마에 시달리는 것이 아니라는 뜻으로 해석될 수 있다.[8]

8 여기서 우리가 유의해야 할 점은 지젝이 말라부와는 달리, 프로이트와 라캉의 '사후작용'을 긍정하지만, 그것을 섣불리 "치유"와 연결하지 않는다는 점이다. 프로이트의 '늑대인간'사례에서 "사후적으로 트라우마가 된다"는 프로이트에게 동의하기 앞서서, 지젝은 먼저 다음과 같은 질문부터 던진다. 즉 사후성을 치유와 연결하려면, "늑대인간이 실제로 본 것은 성교가 아니라, 아버지는 신문을 읽고 어머니는 소설을 읽는 것으로 수정하면 되는가?" 오늘날 트라우마

라캉 역시 「투케와 오토마톤」("Tuché and Automaton")에서 프로이트의 "불타는 아이"를 재해석하면서 프로이트의 사후성을 재승인한다(*Four Fundamental* 53-66). 프로이트는 이 사례를 소망충족(wish-fulfillment)으로 해석하지만 라캉의 재해석은 오히려 "늑대인간"에서 프로이트가 말한 "사후성"을 재도입하기 위한 것으로 보인다. 외부 사건은 촛불이 떨어져서, 죽은 아이를 덮고 있던 이불에 불이 붙고, 그 타는 냄새로 인해 아버지가 깨어나는 것이다. 그러나 트라우마는 외적 사건만으로 발생하는 것이 아니라, 그것이 주체(아버지)의 내부에서 참을 수 없는 실재와의 대면을 끌어내기 때문에 발생한다. 즉 외부의 사건이 "아버지, 내가 타고 있는 것이 보이지 않나요?"라고 꾸짖는 죽은 아이의 참을 수 없는 유령을 끌어내기 때문에, 아버지는 치명적인 트라우마를 피하고자 꿈에서 깨어난다는 것이다. 라캉에 따르면, 꿈은 실재와의 대면을 무대화하고, "실재와 본질적으로 어긋난 대면"으로 인해 트라우마가 발생한다. 즉 주체에게 발생한 외부적 사건이 "언제나 이미" 있는 실재와 만남으로써만 트라우마가 되는 것이다.

이를 더욱 자세히 설명하기 위하여 라캉은 아리스토텔레스를 따라 사건을 투케(Tuché)와 오토마톤(Automaton)으로 구분한다. 전자가 우연한 사건이라면, 후자는 끊임없는 반복 메커니즘이다. 투케가 "아고라에

적 역사를 다시 쓰려는 수많은 시도가 "상처를 극복할 수 있도록 과거를 긍정적으로 다시 쓰는 일"이라면, 아프리카는 근대 이전에 이미 과학을 발전시켰다고 말할 수도 있고, 아메리카 인디언의 찬란한 문화를 복원할 수도 있을 것이다. 그러나 치유를 위한 사후적 다시 쓰기에서 사라지는 것은 '견고한 사실'이 아니라, '트라우마적 마주침이라는 실재'(the Real of a traumatic encounter)이며, 이 실재로 인해 상징적 다시 쓰기는 저항에 부딪힌다(*Neighbor* 136). 따라서 지젝에게 프로이트의 사후성은 트라우마의 치유와 연결되지 않으며, 유토피아적 비전을 복원하기 위한 것이 아니다. 지젝이 『부서지기 쉬운 절대성』(*The Fragile Absolute*)에서 밝혔듯이, 그의 트라우마에 대한 관심은 "과거의 상처를 재발견하여 해석하는 데 있는 것이 아니다"(98).

서 친구를 우연히 만날 가능성"이라면, 오토마톤은 일출과 일몰의 반복을 지배하는 것으로, "반복 강박의 그리스 버전"이다(*Four Fundamental* 67). 라캉에 의하면, '불타는 아이'에서 투케는 촛불의 떨어져서 아이의 팔을 태우는 것이고(현실), 실재는 꿈속에서 아이의 "내가 타고 있는 것이 보이지 않나요?"라는 언어다. 라캉에게 투케는 실재인 오토마톤이 등장하기 위한 수단일 뿐이며, 따라서 진짜 사건은 투케가 아니라 오토마톤이다. 이에 대한 말라부의 설명은 다음과 같다.

> [라캉에게] 사건의 하나의 양상, 오토마톤만이 사건이며, 오토마톤에 수반되는 투케는 가면이자, 오토마톤의 가면을 쓴 판본에 불과하다…. "마치" 우연인 것처럼 발생하는 사건은 사실상, 언제나 이미 일차적 트라우마인 반복의 오토마티즘이며, 이것이 일차적 트라우마이다. 따라서 "반복되는 것은 언제나, 사실상, 우연인 것처럼 발생하는 어떤 것이다." ("Post-trauma" 231)

라캉은 꿈속에서 진정으로 타는 것이 아이의 팔인지, "아버지 내가 타는 것이 보이지 않나요?"라는 아이의 말인지 묻는다. 라캉의 답은 후자다. 즉 아이의 '언어'가 그 뜨거운 열기의 원인이다. 즉 실제 발생한 화재 즉 우연한 사건은 바로 트라우마를 드러내기 위한 이차적 사건에 불과하다. 진실은 실제로 발생한 물질적 사건에 있는 것이 아니라 "아버지 내가 타는 것이 보이지 않나요?"라는 말이며, 이 언어가 프로이트의 원초적 장면에 해당한다고 볼 수 있다. 즉 그것은 상징계에 삭제로 존재하는 트라우마(실재)이며, 이것은 언어를 통해서만 그 자체와 분리되어 드러날 수 있다. 이렇게 프로이트와 라캉에서 모두 외적 사건은 이미 존재하고 있던 정신적 상처와 우연히 만나야만 트라우마가 된다.

그러나 말라부는 "촛불이 떨어지는 것 자체를, 아이의 팔이 타는 것 자체를 트라우마로 간주할 수는 없는가? 그리고 트라우마를 설명하면서 현실에서 실재를 분리하고, 경험적인 것에서 초월적인 것을 떼어낼 필요가 있는가?"라고 질문한다. 사실 말라부의 이 질문은 많은 트라우마 이론가들의 주장을 반영하는 것이기도 하다.[9] 그녀는 과연 홀로코스트 생존자의 정신적 파괴가 내면의 무의식적 불안이나 신경증 때문에 발생하는지, 강간 피해자들이 트라우마에 시달리는 것이 내면 깊숙이 자리라고 있는 피학성 때문이라고 과연 말할 수 있는지 질문한다. 즉 말라부의 주장은 어떠한 일차적 트라우마를 입지 않았다 해도 강력한 외부의 충격을 받으면 주체가 치료할 수 없을 정도로 완전히 파괴될 수 있다는 것이다.

지젝은 말라부의 트라우마의 사후성에 대한 비판이 프로이트와 라캉의 오독에서 비롯한다고 주장하면서 프로이트와 라캉의 사후성을 옹호한다. 지젝은 그녀가 간과한 사실은 '전이'이며, 오해한 사실은 '성'과 '죽음'이라고 주장한다. 먼저, '전이'의 문제를 살펴보자면, 말라부는 주체/타자의 이분법에 의거하여, 트라우마의 주체를 주체가 아닌 타자로 상정하고, 주체와 타자 사이의 전이를 상정하지 않는다. 일 예로 알츠하이머 환자에 대한 지젝의 유명한 농담을 살펴보자. 나쁜 뉴스는 그가 알츠하이머에 걸린 것이고, 좋은 뉴스는 진단을 받고 집으로 돌아올 때 이미 그가 알츠하이머에 걸렸다는 사실을 다 잊었다는 것이다. 그렇다면, 과연 알츠하이머 환자가 고통당한다고 추측하는 근거는 어디에 있는가? 말라부는 치료자가 환자의 고통을 모아야한다고 주장하지만, 전이가 없다면 우리가 모은 자료들이 환자의 고통이 아닐 수도 있다. 그러나 말라부는 이 가능성, 즉 치료자가 환자의 축복받은 무지

9 대표적 트라우마 이론가인 라카프라는 부재와 상실 혹은 구조적 트라우마와 역사적 트라우마와 같은 서로 떼어놓아야 할 두 수준을 섞기 때문에, 홀로코스트와 같은 파국이 인간조건과 관련된 근본적 트라우마가 된다고 비판한다("Trauma," 특히 723-4쪽 참조).

를 참을 수 없는 고통으로 잘못 이해했을 수도 있다. 다시 말해, 주체와 타자의 상호작용이 없다면 트라우마는 트라우마로 간주할 수 없다. 따라서 가장 근본적 단계에서 트라우마는 전이의 산물이다.

둘째, 트라우마는 인간을 인간으로 만들어주는 상징체계를 배경으로 해서만 발생할 수 있다. 예를 들어 남성 중심 사회일수록 강간은 드러낼 수 없고 치유 불가능한 트라우마가 되며, 이차대전 당시 위안부로 끌려갔던 조선의 여자들의 트라우마는 그들이 살아 돌아왔을 때 몸을 더럽힌 그들을 받아들여 줄 수 없었던 1950년 당시의 순결을 강조하는 한국의 가부장적 체계와의 관계 속에서 고찰되어야 한다. 아우슈비츠 수용소에서 살아남은 생존자인 레비(Primo Levi)는 홀로코스트의 생존자로서 수용소의 참혹했던 삶을 이야기 하지만, 현장에 없었던 사람들은 그의 이야기에 귀를 기울이지 않았고 이야기의 진실성을 신뢰하지 않았다고 고백한다. 레비는 그의 트라우마의 고백이 재현 불가능하고 파편적이라는 사실은 인정하지만, 더 중요한 것은 이야기(즉 강간으로 살아남은 여자들의 이야기, 혹은 레비의 수용소 이야기)를 들어줄 타자가 없었기 때문에 재현 불가능했다는 것이다. 이때 타자는 특정한 인간이나 다른 사람을 지칭하는 것이 아니라 상징계의 등록소이자 나의 언어를 등록하는 곳인 대타자를 말한다. 따라서 트라우마가 발생하려면 먼저 상처를 치료 불가능한 트라우마로 만드는 상징질서가 전제되어야 한다. 구조적 차원에서 주체가 된다는 것은 상징적 법과 제도에 종속된다는 것을 의미한다. 상징적 법과 제도는 기표의 집합(the battery of signifiers)으로 이루어져 있다. 여기에 라캉이 붙인 이름이 대타자다. 대타자는 주체와 다른 주체를 매개하는 제3항이다. 따라서 트라우마가 발생하려면 그것을 재현 불가능한 것으로 만드는 어떤 상징체계를 배경으로 해서만 가능하다.

라캉에 의하면 인간은 언어 속으로 들어감으로써만 주체가 된다. 주체는 언어라는 매개 없이는 다른 어떤 인간도 타자도 만날 수가 없다. 언어적 인간이 된다는 것은 가장 근본적인 소외의 과정으로써 '인간 존재가 아닌' 타자-기표가 주체의 자리를 대신한다는 뜻이다. 자아는 기표에게 자신을 위임함으로써 주체가 되지만 그 결과로 존재는 기표 아래로 소외되어 사라진다. 인간이 언어적 존재인 이상, 사라진 존재로서의 나를 언어의 바깥에서 찾을 수는 없다. '소외된 나'는 언어의 흔적, 즉 주체의 잔여나 흔적으로 추적할 수밖에 없다. "주체가 된 '나'는 사라진 '나의 존재'를 알지 못한다. 그러나 자신의 죽음(사라짐)을 모르는 주체는 정확히 주체라고 할 수 없다. 자신이 죽었다는 고통스러운 인정만이 대타자 너머에 있는 자신의 존재를 알 수 있지만, 자신의 주체를 희생하지 않고서는 그는 비의미 혹은 비재현계를 직접적으로 만날 수가 없다. 바로 이 간극이 주체 자신의 결여($\not{S}$)인 동시에 상징계의 결여($\not{A}$)이기도 하다. 따라서 지젝에게 '트라우마의 주체는 자신의 죽음 혹은 결여를 각성한 주체'다. 그러나 말라부는 라캉의 죽음을 경험적 죽음으로 환원하는 경향이 있다.

마지막으로 지젝은 말라부가 트라우마가 성적(sexual)이라는 프로이트의 주장을 비판한 것은 오해에서 비롯한 것이므로, 프로이트의 성화(sexuation)를 재검토할 필요가 있다고 주장한다. 지젝은 프로이트의 '성'을 생물학적인 개념이 아니라 거세에 복종하고, 엄마와의 사랑을 포기하는 것은 외부와 내부 사이의 바로 그 형식적 구조이며, 외부 사건과 내적 리비도 과정의 (지양적) 통합관계를 보여주려는 것으로 이해해야 한다고 주장한다. 성은 거세에 대한 복종이 우연한 사건인 것만이 아니라, 주체의 형성과 그것을 가능하게 하는 필연적 구조로의 이행을 나타내는 표지다. 즉 프로이트의 성은 라캉의 용어로는 성화다. 주체가 자신의 바깥에 있는 세계를 내면화하고, 외부를 내부화하여 바깥에 있다고 가정되는 타자의 위협(거세)에 굴복할 때 상징적 체계 속에 들어갈 수 있다. 즉 성화는 바깥의 세계를 자아가 내적으로 인지할 수 있는 관념으로 만들 때 생겨나는 둘 사이의 간극이다. 따라서 지젝은 우리가 경험적 트라우마를 말하기 이전에, 주체성의 바로 그 차원을 구성하는 초월적 분리를 인정해야 한다고 주장한다.

그러나 지젝이 말라부의 트라우마 분석을 도입한 것은 단지 그녀를 비판하고, 프로이트와 라캉을 옹호하기 위한 것은 아니다. 말라부는 프로이트의 성적 무의식에 반대하면서 대뇌 무의식을 설정한다. 대뇌 무의식은 "대뇌의 자기-감응"(cerebral auto-affection)이며 항상성을 원칙으로 한다. 대뇌의 무의식은 리비도의 위상으로 간주되는 에너지의 개입을 전제하지 않고, 자아의 탄생과 대상관계의 탄생이 처음부터 뇌 안에서 하나의 동일한 과정으로 묶여 있다. 그러나 주체는 뇌신경체계의 바깥에 있고 그 작동을 감지하지 못한다. 그러므로 대뇌의 자기-감응이 주체성의 무의식이다(*New Wounded* 43). 프로이트의 성적 무의식 혹은 리비도의 무의식은 트라우마를 대면하게 되면, 보다 원시적 단계의 기능으로 퇴행한다. 그러나 말라부에게 대뇌과정이 손상되면 주체가 돌아갈 수 있는 더 근본적인 단계는 없다. 물적 토대가 삭제되었기 때문이다. 대뇌 신경체계의 파괴에서 살아남은 자아는 새로운 자아이며, 초기화에 의해 생겨난 새로운 정체성이며, 꿈꿀 수 있는 능력도 상실한 탈개입의 주체(disengaged subject)이다. 말라부는 프로이트의 리비도 무의식이 설명할 수 없는 과정을 대뇌의 무의식이 설명할 수 있다고 보지만, 지젝은 프로이트의 리비도의 무의식과 말라부의 대뇌의 무의식은 공존할 수 없는 것으로 본다. 대뇌 무의식을 인정하면, 리비도의 무의식은 토대를 잃으며, 라캉의 상상-상징-실재의 구도로 결코 환원될 수 없다. 뇌손상은 주체를 기억으로부터 분리한다. 트라우마를 입은 희생자의 언어는 의미가 없고, 손상 탓에 이전의 자신 기억에 대한 진실을 구성할 수 없다. 따라서 거세와 반대로, 여기에는 재현도, 현상도, 분리도 없다. 이 주체는 꿈을 꿀 수도 없고, 언어도 없기에 라캉에서처럼 실재의 숨어있는 반복을 재도입하여 의미의 부재에 반응할 수도 없다. 대뇌의 무의식과 리비도 무의식의 결정적 차이는 죽음과 관련될 때 생겨난다. 리비도의 무의식은 죽음을 모르며 절대 죽지 않는다. 프로이트의 죽음 욕동은 죽음과 관계하지만, 주체의 정신 과정을 따라 죽는 것이지 외부 사건의 결과로 죽는 것이 아니다. 그러나 대뇌의 무의식은 죽고, 외적인 충격이 가해지면, 그것은 완전히 파괴될 수 있다. 이러한 말라부의 분석이 지젝의 '근본적 단절'로서의 포스트-트라우마 주체와 어떤 관계가 있는지, 그리고 이 주체가 오늘날의 우리의 현실에 대한 어떤 통찰을 제공하는 지 살펴볼 필요가 있다.

III. 혁명적 단절로서의 트라우마

소위 포스트 시대로 불리는 오늘날, 지식인들은 구체적인 삶의 세계에 뿌리박고 있지 않은 데카르트의 코기토나 추상적 보편에 대한 모든 주장을 비판하는 경향이 있다. 포스트식민주의와 같은 문화 연구에서 많은 학자는 서구가 자신의 가치를 보편으로 주장하지만, 사실은 세계 속의 한 지역이 자신의 특권을 주장하는 데 불과하며 근대가 지향했던 보편성이란 사실은 실현 불가능한 환상(illusion)에 불과하다고 말한다. 그러나 포스트 시대에 만연된 이러한 경향에 반발하면서 지젝은 데카르트의 재해석을 통해 코기토의 복권을 주장한다. 그는 상상적 이상(imaginary ideal)과 개념적 이상성(conceptual ideality)를 구분해야 한다고 말한다(*End Times* 284). 즉 전자가 이상적 과학으로 상상계에 속하는 것이라면, 후자는 과학의 이상적 구조로서 상징계에 속한다. 전자가 특수한 삶의 세계에 의해 항상 오염되는 오인과 밀접한 관계를 맺는 불가능한 환상으로 비판받는 보편성이라면, 데카르트의 코기토나 추상적 보편이란, 개념적 이상성으로 추상적인 개념 구조(notional structure)다.[10] 즉 포스트식민주의와 같은 문화연구를 비판하는 지젝의 요점은 경험이나 역사를 무시하자는 것이 아니라, 진정한 변화는 바로 이 개념 구조에서 시작된다는 것이다.

> '실제 자유'(actual freedom)을 요구하기 위하여 나는 기본적으로 그리고 본질적으로 나 자신이 이미 자유롭다는 것을 경험해야 한다. 이러한 경험을 통해서만 예속이 인간 조건에 가치가 없다는 것을 인식하게 된다. 그러나 자유와 나의 예속의 실제성(actuality) 사이의 적대를 경험하기 위해 나는 형식적으로 자유로워야 한다. 나의 실제 자유에 대한 요구는 나의 '형식적' 자유에서만 나온다. 다시 말해 자본주의의 발전에서 자본이 생산과정을 형식적으로 포섭하는 것은 그 현실적 포섭에 선행하고 형식적 자유는 실제 자유보다 선행한다. 추상화의 힘은 유기적 삶 세계를 용해하여 사라지게 하지만, 이것은 동시에 해방적 정치학의 자원이다. (*End Times* 290)

한편, 포스트식민주의가 역사를 강조할 때, 물질/관념의 경계 역시 너무나 부서지기 쉬운 것으로서 물질은 유령 같은 관념과 대립하는 견고한 사물이 아니라는 것을 간과하고 있다고 지젝은 주장한다. 즉 상품이나 화폐와 같은 물질은 만질 수 있는 것이기에 앞서서 의식 외부에 있는 믿음의 구현체로서 정의되어야 한다. 마르크스가 『공산당 선언』에서 "모든 딱딱한 것들이 대기 속으로 녹아들어간다"고 말한 바처럼 상품 물신주의는 모든 견고한 것들이 대기 속으로 녹아들어 아무 형

10 지젝이 그의 이론적 지형 안으로 데카르트를 끌어들여서 근본적으로 재해석한 데카르트의 주체에 관해서는 이명호의 「주체의 복권과 실재의 정치」 2장 88-94쪽을 참고하기 바란다. 그리고 이 논문의 3장에서 6장까지 지젝의 한계를 비판하는 부분은 필자의 논문과는 다른 관점을 확인할 수 있을 것이다.

체도 남기지 않는 유령적 국면에서 정점에 도달한다. 다시 말해 화폐가 물질성을 벗어버릴 때, 금의 금속성도 지폐의 가시성도 없이 전자 화폐와 같이 순수한 추상적 숫자로 전환할 때 만질 수도 없고 볼 수도 없고 시공간적 위치도 없는 권리(증권), 지식(정보), 정서(감정)이 최상의 상품이자 자본으로 전환하는 가상 자본주의의 국면에서 상품 물신주의는 가장 순수하게 나타난다. 물질적인 부, 권력, 쾌락 말고는 어떤 진리도 없다는 냉소주의가 판을 치는 자본주의는 역설적으로 가장 순수한 신앙의 네트워크에 의존하고 있다. 사람들은 자신은 물질적 부가 행복을 가져다준다고 믿지 않으며, 샤넬이나 구찌와 같은 상품이 숭배할만한 가치가 없다고 단언하지만, 실제로는 자본주의 체계 속에서 그들이 화폐를 믿고 자본의 게임에 참여하며 다른 사람들 역시 그 게임에 참여하고 있다고 믿는다. 그러므로 자본주의는 사람들이 그 믿음을 내려놓을 때 작동을 멈추는 종교다. 즉 상품은 물질적으로 보이지만 이것은 일종의 종교와 같은 믿음 체계 속에서 번성한다는 것이다. 상징계는 실제로 존재하는 실체나 물질이 아니고 존재하지 않는 허구이지만, 바로 이 믿음 속에서 그것은 실제로 작동한다.

우리는 소포클레스의 『오이디푸스』에서도 유사한 사실을 확인할 수 있다. 오이디푸스의 아버지는 신탁이 내린 운명을 진심으로 믿는다. 운명을 믿었기 때문에 그는 신탁이 내린 운명을 피하고자 오이디푸스를 버린다. 한편 오이디푸스는 자신을 키워준 아버지를 죽이게 될 운명이라는 신탁을 듣고 그것을 믿는다. 그래서 이 운명에 저항하고자 이웃나라로 향한다. 이 드라마를 위기 상황으로 몰아가는 것은 운명에 대한 믿음이다. 운명을 믿지 않는다면 운명에 저항할 필요도 없다. 저항도 믿음의 일부다. 즉 오이디푸스의 운명을 작동시키는 것은 운명에 대한 믿음에서 비롯한다. 따라서 가장 근본적인 혁명은 바로 이 믿음 체계를 내려놓는 일이다.

따라서 우리가 상식적으로 성공한 혁명이라고 간주하는 것은 사실 혁명이 아니라 가능한 타협의 산물이며, 이 타협은 다른 정치적 입장을 지닌 당파적 논쟁의 산물에 불과하다. 이러한 의미에서 68사태는 실패한 혁명에 대한 애도에 불과하며, 중국의 문화대혁명조차도 진정한 혁명이라고 볼 수 없다. 단지 이것은 과거가 완전히 제거되지 않는다는 실패의 징표일 뿐이다. 과거의 낡은 기념물을 파괴한다고 해서 과거를 진정으로 부정하고 새로운 사회를 세울 수 있는 것이 아니기 때문이다. 홀로코스트 역시 아무것도 변화시키지 못했으며 그것은 진짜 트라우마를 피하고자 하는 스펙터클에 지나지 않는다. 홀로코스트는 '우연'이 아니라, 서구 문명의 잠재성이 현실화된 것이며 서구 문명의 증상이기 때문이다.

오히려 진정한 혁명을 이루어낸 것은 모든 전통적 생활양식을 소멸시킨 자본주의다. 진짜 혁명은 자본주의의 혁명과 마찬가지로 기본적 사회 형식을 발본적으로 뒤집는 것을 의미한다. 자본주의는 우리 모두의 삶을 자본을 중심으로 재편했으며 자본의 개입 없는 생존을 감지하지 못하도록 만들었다. 인식으로 환원되지 않은 것은 보이지 않고, 의미화 과정을 거치지 않은 소리는 그 소리의 크고 작음을 떠나서 지각되지 않는다. 오늘날 우리가 믿는 것만을 믿고, 보는 것을 보며, 듣는 것만을 듣는 재귀성(reflexivity)의 회로 안에 갇혀 있다. 진정한 혁명이란 바로 이 재귀성의 회로를 깨뜨리는 것이며 헤겔이 말하는 "순수 주체성의 심연인, '세계의 밤' 속으로 자아가 발본적으로 물러나서, 다음으로 새로운 질서가 명명하는 능력을 통해 출현하는 이중운동"(*Parallax* 210)이다.

바로 이 지점에서 지젝이 말라부를 비판하면서도, 포스트-트라우마 주체의 가능성을 말라부를 통해 승인하는 이유가 드러난다. 프로이트는 트라우마에서 '억압이 일어나는 구조'를 전제하지만 트라우마는 구조적인 것으로 주체 발생의 근본조건이기도 하다. 그러나 프로이트와 달리 지젝의 트라우마 정의상 구조적인 것이 아니다. 그에게 모든 트라우마는 개념상 우연적이며 예기치 않은 의미의 혼란으로 경험된다. 따라서 트라우마는 구조적인 것이 아니라 구조의 질서를 뒤흔드는 것이고, 인간 내부의 어떤 것과 공명하는 것이 아니라, 바깥에서 침투한 것이다.[11] 그러나 바깥에서 침투한다는 것은 나의 바깥에 객관적 실재가 존재한다는 뜻이 아니라 바깥에서 세계를 관찰하는 의식만이 실재를 관찰할 수 있기 때문에 내가 리얼리티의 바깥에 있다는 것이다. 이것이 바로 탈-존(ex-sistence)의 의미다. 따라서 프로이트가 보지 못한 것은 트라우마가 바로 이 형식 그 자체를 부정할 가능성이다. 트라우마를 제외한 모든 질병은 유전자 지도를 가지고 있다고 한다. 그러나 트라우마는 생물학적으로 환원될 수 없는 바깥에서 침투한 것으로 주체의 형식 그 자체를 파괴한다. 지젝이 트라우마의 예외적 위상에 주목하고 말라부의 통찰에 경의를 표하는 것은 바로 이때문이다.

따라서 프로이트의 죽음 욕동은 삶 욕동·죽음 욕동이라는 두 상반되는 힘의 갈등에 따라 이해해서는 안 된다. 프로이트의 죽음 욕동은 경험적인 것이 아니라 초월적인 것으로 반복의 고리에 사로잡혀 언제나 탈선하는 간극(gap)이며 불가능한 과잉으로 이해해야 한다. 죽음 욕동을 경험적 죽음으로 읽는다면, 그것은 동물의 본능과 구분되지 않는다. 죽음 욕동이 동물의 성과 인간의 성을 구분해주기 때문이다. 지젝에게 '포스트-트라우마 주체'가 의미 있는 까닭은 동물이 트라우마를 경험하면 동물의 삶은 완전히 파괴되지만, 반대로 인간에게 트라우마의 대면은 "인간되기"의 과정을 작동시키는 침입이며, 헤겔이 말하는 바처럼 "인간은 동물과 달리 부정과 함께 머무를 수 있는 능력이 있기

11 바로 이 점에서 지젝은 라카프라의 구조적 트라우마와 역사적 트라우마라는 이분법을 넘어선다.

때문이다"(*On Belief* 47). 따라서 지젝이 포스트-트라우마 주체를 도입한 것은 '안다고 가정되는 주체'를 설정하지 않는, 모든 위계질서를 초기화한 발본적으로 평등한 주체이기 때문이며, 진정한 변화는 바로 이 평등에서 출발한다고 보기 때문이다.

말라부에 의하면, 포스트-트라우마 주체는 상징적 죽음에서 살아남은 주체이며, 상징적 정체성을 삭제당한 채 살아남은, 살아있는 죽음(living dead)의 존재다. 알츠하이머나 뇌손상을 입은 주체의 사례에서 보듯, 트라우마 후 주체는 트라우마 이전에 그가 가지고 있었던 정체성과 아무런 연속성이 없다. 이 주체는 문자 그대로 새로이 부상한 주체로서 하이데거의 의미에서 세계 내 존재가 아니다. 그는 삶의 형태로 죽음을 산다. 이 삶은 앞서 설명한 죽음 욕동의 삶이며 리비도를 결여한 삶이다. 1차 대전과 2차 대전을 경험한 20세기 악몽이 리비도의 가학-피학성 유사물로 해석될 수 있다면, 21세기는 무젤만(Muselmann)이나, 망명자, 테러희생자, 자연재해에서 살아남은 자 등, 각종 희생자가 트라우마의 범주로 묶인다. 따라서 오늘날은 트라우마 이후의, 개입 능력이 박탈된(disengaged) 주체의 시대로 간주될 수 있다. 이 다양한 인물들에게 공통적인 것은 대파국의 원인이 리비도적으로 의미가 없으며 그 어떤 해석에도 저항한다는 것이다. 또한 트라우마적 폭력이 주체를 기억과 분리시키는 한, 트라우마 후 주체는 어떤 의미도 드러낼 수가 없다.

> 오늘날 사회정치적 트라우마의 희생자들은 쓰나미, 지진, 홍수 등의 자연재해의 희생자들이나 가정폭력, 폭발, 화재와 같은 심각한 사고의 희생자들과 같은 범주로 묶인다. 새로운 시대의 정치적 폭력은 정치적 의미에서 폭력이 될 수 없는 것에서 그 자원을 얻는다. 모든 트라우마적 사건들은 그 의도를 중립화하고, 우연한 사고에 내재해 있는 동기의 결여를 강조한다. 왜냐하면 그 우연한 사고의 특성을 해석할 수 없기 때문이다. 오

늘날, 우리의 적은 해석학이다. 이 의미의 삭제는 전쟁 중인 국가에게서 만 식별할 수 있는 것은 아니다. 의미의 삭제는 모든 곳에 있다. 선례가 없는 정신병리학이 모든 사례와 모든 상황에서 지구화된 채로 확인된다. (Malabou, *New Wounded* 155-6; *Les Nouveaux blessés* 258-9, 원문 강조)

말라부의 통찰처럼 지젝은 오늘날의 사회에서 의미의 결여 속에서 사회갈등은 정치적 투쟁의 변증법을 박탈당하고, 그들이 당한 재난은 자연재해와 같이 익명적인 것이 된다. 오늘날 사회적 정치적인 트라우마가 더는 정치로 간주되지 않고, 책임을 물을 수 없는 쓰나미와 같은 자연현상처럼 여겨지고, 생태 정치나 녹색 정치의 경우에서처럼 자연은 종종 정치의 가면을 쓰고 등장한다. 이렇게 자연과 정치의 경계는 사라지고, 자연과 정치의 전혀 상반된 혼합물은 헤겔의 무한판단[12]처럼

12 지젝은 독일어 무한판단(*unendliches Urteil*)을 칸트의 용어로 쓸 때는 무한정판단(indefinite judgement)으로 번역하고, 헤겔의 용어로 쓸 땐 무한판단(infinite judgement)으로 번역한다. 무한판단은 부정판단을 한층 더 철저화한 부정의 판단으로, 술어가 속하는 좀 더 고차적인 영역을 부정하는 것을 뜻하지만, 지젝이 무한판단이라는 용어를 사용할 때는 주로 "정신은 뼈다"와 같이 S는 P이다는 구조를 가지며, 두 양극단을 동일한 것으로 위치시킬 때이다. 반면, 무한정판단은 부정판단의 내용을 긍정판단의 형식(S=non-P)으로 제시하는 것으로, 두 항(S와 P) 사이의 분리와 간극(gap)을 드러낼 수 있다. 이 간극은 '살아있는 죽음'(living dead), '텅 빈 상태로 남아있는 대상', '어떤 지식에도 포섭되지 않고 소유할 수 없는 대상'의 자리다(*Tarrying* 2부, 특히 108-14쪽 참고). 따라서 지젝이 강조하는 헤겔의 '부정의 부정'은 칸트의 무한정판단과 공명한다고 할 수 있다.

오해를 불식하기 위해 간단히 덧붙이자면, 지젝에 의해서 다시 태어난 칸트와 헤겔은 기존의 학계의 표준적 이미지와는 완전히 다르다. 칸트는 헤겔적이 되고 헤겔은 칸트적이 되며 둘 사이의 차이는 미미해진다. 우선 지젝은 헤겔의 변증법적 합(긍정)을 헤겔에서 뺌으로써 헤겔을 칸트적으로 만든다. 즉 헤겔의 '부정의 부정'은 변증법적 합을 도출하여 칸트를 극복하자는 것이 아니라 칸트의 분리를 그 자체로 주장하는 것이라고 봄으로써 헤겔을 칸트로 되돌린다. 또한 지젝은 칸트가 물자체(*Ding an sich*)에 접근 불가능하다고 본 것이 아니라, 칸트가 "스스로 찾고 있는 것을 이미 가지고 있다는 것을 깨닫지 못했을

극단적으로 다른 것의 동일성으로 등장한다.

지젝에게 이러한 말라부의 통찰이 유효한 것은 '포스트-트라우마 주체'가 바로 믿음을 완전히 내려놓은 주체의 모습이 어떠한지를 보여준다. 포스트-트라우마 주체는 정동적 개입(affective engagement)을 결여하고 있고 세계에 무관심한 자폐적 주체이며, 리비도를 비워버린 리비도 프롤레타리아이기 때문이다. 말라부의 통찰력이 힘을 얻는 것은 프로이트와 라캉의 비판하는 방식에서가 아니라, 오늘날 부상하는 새로운 자폐적 주체의 모습을 보여줬다는 점에 있다. 이것은 영도의 주체성이며, 의미 없는 실재의 순수 외부성을 외부적 실재와 분리된 자폐적 주체의 순수 내부성으로 형식적으로 전환했기 때문이다. 말라부는 의미 없는 외부의 침입과 순수하게 분리된 주체 내부의 동일성을 통찰해냈다. 또한 트라우마를 입은 자폐적 주체는 그 자신의 이야기와 상징계를 동일화하지 않는다. 그러나 이 주체는 이웃-괴물이 아니다. 이웃이 대타자의 심연이라면 포스트-트라우마 주체는 대타자의 심연마저 빼앗긴 주체다. 그러나 모든 것이 사라졌을 때 리비도를 비워버린 순수 주체가 남는다. 포스트-트라우마 주체 혹은 탈개입 주체에게는 대타자는 없으며 상징적 질서도 없다. 내용을 완전히 비우고서 그곳에 새로운 삶의 좌표를 그려야 할 주체다.

따라서 포스트-트라우마 주체는 "원래의 맥락에서 떨어져 나와서 낯선 땅에 떨어져 자신을 재발명해야 하는 폭력적 행위의 담지자가 된다. 그는 과거와 근본적 낯섦을 도입하여, 근본적 변질을 통해 새로운 맥락에서 스스로를 재발명해야 하는 주체"다. 즉 외부의 맥락에서 스스로를

뿐"(*Parallax* 27)이라고 주장하면서, 칸트의 물자체를 헤겔의 '현상계의 한계지점'(혹은 라캉식으로 말해 상징계의 한계지점)으로 대체한다(*Interrogating* 168). 지젝은 헤겔을 "급진화된 칸트"(*Parallax* 27)로 설명하지만, 사실은 칸트와 헤겔의 지젝화라고 할 수 있을 것이다.

재발명할 때 본질 자체가 바뀌게 된다. 그러나 이것은 단지 외부의 충격에 대한 재귀적 반응이 아니다. 이것은 형식 자체에 대한 부정이자, 그 부정에 대한 바틀비적 긍정이 된다.

IV. 리비도 프롤레타리아와 바틀비의 정치학

지젝의 포스트-트라우마 주체는 자신의 죽음에서 살아난 주체이며 이전의 정체성과 단절한 주체이다. 그러나 말라부처럼 포스트-트라우마 주체를 알츠하이머 환자와 같은 "경험적" 주체와 동일시해서는 안된다. 지젝이 헤겔의 "정신은 뼈다"라고 말하는 헤겔을 반복 인용하는 것은 뇌손상을 입은 주체와 이전의 체계와 완전하게 단절하는 사건의 주체가 동일하게 드러나는 개념 구조를 말하는 것이지 특수한 경험이나 사례의 일반화를 말하는 것이 아니다.

바로 이 트라우마적 단절이 혁명으로 나아가기 위한 첫걸음이다. 즉 '포스트-트라우마 주체'가 변화의 첫걸음이라면, 이제 지젝은 여기서 한 단계 더 나아가 '리비도 프롤레타리아'로 이동함으로써 구조주의자로서의 라캉, 혹은 드골주의자의 면모를 보이는 라캉과 거리 두기를 시도한다. 만일 라캉에서 집단으로서의 실재를 삭제한다면, 라캉은 자유주의자가 되고, 정신분석의 정치는 상상적 동일화의 영역으로 가치 절하될 수 있다. 바로 여기서 라캉이 헤겔로 대리보충 되어야하고, 소문자 진리가 대문자 진리로 대리보충 되어야 할 필요성이 그리고 개인화된 증상(symptom)에서 징환(sinthome)으로 이동해야 할 필요성이 생겨난다. 개인화된 증상은 소문자 진리, 복수의 진리들을 드러낼 뿐이다. 반면, 징환은 주이상스의 포뮬러-매듭(fomular-knot of jouissance)으로 증상과는 다르다. 증상은 의미가 있지만, 징환은 그렇지 않다. 그래서 지젝은 증상에서 상징계 그 자체의 비의미적 차원의 징환으로의 이동하고, 포스트-트라우마 주체에서 리비도 프롤레타리아로 이동한다.

마르크스의 프롤레타리아가 자신이 생산한 상품에서 소외된 주체라면, 이와 달리 리비도 프롤레타리아는 '리비도를 결여하고 리비도를 빼앗긴' 집단이다.[13] 포스트-트라우마 주체가 트라우마로 인해 초기화된 주체이듯, 리비도 프롤레타리아는 리비도가 초기화된 집단이다. 이 집단은 랑시에르가 말하는 '사회에서 자신의 자리가 없는 주체', 사회 속의 일부이지만, 사회의 셈법에서 포함되지 않은 주체, 포함적 배제의 주체이며, 박탈에 의해 부정의 존재로 영락할 주체, 사회 안에 정해진 자리가 없기 때문에 매개 없이 보편성을 직접 표상할 수 있는 주체들에 상응한다. 이 리비도 프롤레타리아는 욕망하지 않고 요구한다. 욕망은 결여에서 출발하는 것이고, 요구는 요구의 간극에서, 요구 이상의 것에서 번성한다. 욕망은 법의 위반을 포함하고, 욕망의 자리는 법으로 지탱된다. 요구는 법 바깥의 타자에게 호소하는 것이기에 욕망을 질식시키며 요구에는 금지가 없다. 따라서 리비도 프롤레타리아 집단에는 상징적 법이 없다. 상징적 질서가 없다는 것은 역사적 우연성에서 면제된 질서가 존재하지 않고, 단지 우연적인 부서지기 쉬운 배치만이 존재한다는 의미다. 법이 없다면, 폭력과 법의 구분도, 정의로운 폭력과 불의의 폭력의 구분도 말 그대로 존재하지 않는다. 그들에게 이성이란, 모든 내용물을 비워낸 텅빈 코기토다. 이것이 지젝이 말하는 데카르트를 끌어들여 데카르트의 이론적 기획의 중핵을 비워낸, 코기토의 의미다.

따라서 필요한 것은 없음으로서의 상징적 법을 기능하게 하는 것이

13 서두에서 말했듯이, 리비도 프롤레타리아는 반드시 부정어법으로 접근해야 한다. 부정어법으로 읽지 않는다면, 존슨(Alan Johnson)의 경우에서 보듯 지젝의 최근의 행보는 혁명적 공산주의 전통을 계승한 과격한 블랑키즘(Blanquism)이나 스탈린주의로 손쉽게 환원해버릴 수 있다는 점을 경계해야 한다.

고 이것이 지젝이 말하는 혁명적 단절에 의한 포스트-트라우마 주체, 혹은 리비도 프로레타리아가 담당해야 할 과제이다. 상징적 법은 존재하는 그 무엇이 아니며, 결여로서 존재한다. 여기서 지젝은 프로이트가 여아의 발전 단계를 설명하면서, 무엇(something, penis)이 있을 것이라고 기대한 곳에서 아무것도 없다는 주장을 뒤집는다. 즉 그곳에 아무것도 없는 것이 아니라 무(nothing)가 있다는 것으로 전환해야 한다. 즉 바틀비의 '하지 않을 것'을 '선호하는' 긍정이 아니라면, 형식의 부정에 결코 도달할 수 없을 것이기 때문이다. 더 고차원의 형식의 부정이 실제적 변화를 가져오며 헤겔의 부정성에 의해 끊임없이 구성되는 주체를 낳는다. 그리고 바틀비는 바로 이 주체를 구현한다. 그래서 지젝은 바틀비를 수동적 공격성으로, 수동적인 폭력으로 해석한다.

지젝은 하트와 네그리처럼 제국에 저항하는 주체로서 바틀비를 구성하지 않는다.[14] 그들은 바틀비를 "노동 거부라는 오랜 전통에 맞닿아 있는 인물"(*Empire* 203-4)로 간주한다. 노동을 거부하는 저항주체는 "우리가 새로운 삶의 양식과 새로운 공동체를 건설할 필요성"에 입각해 있다. 따라서 『제국』에서 바틀비는 거부의 정치적 행동화라는 모델로서 책임을 떠안고 있다. 그러나 지젝이 읽는 바틀비는 윤리에 호소하는 주체가 아니며 바틀비는 '도덕적 의무'를 모른다. 지젝이 정치와 윤리 사이의 간극내기를 끊임없이 시도하는 까닭은 윤리가 "당위적인(ought to) 도덕적 의무"나 "추구해야 하는 어떤 이상"에 기반을 두고 있기 때문이다(*Parallax* 334). 즉 당위는 접근 불가능한 상징적 이상이고, 노력

14 지젝이 정치를 얘기할 때조차 진정으로 정치적이지 않다는 라클라우(Ernesto Laclau)가 바로 지젝의 근본적 혁명의 주장이 이러한 저항을 겨냥하지 않는다는 점을 분명히 밝히고 있다(*Contingency* 289). 그러나 필자는 라클라우가 옳거나 지젝이 틀렸다는 이분법에서 벗어나서 혹은 네그리와 하트가 틀리고 지젝이 맞다는 식의 이분법에서 벗어나서 각 주장의 통찰력에 귀를 기울일 때 우리의 딱딱하게 굳어서 화석화된 인식을 깨뜨릴 수 있다고 생각한다.

하지만 성취할 수 없는 것이며 그 위치는 상징계다. 그러나 '하지 않을 것을 선호하는' 바틀비는 이러한 당위를 모른다. 하트와 네그리의 분석과 달리, 실제로 바틀비는 거절을 결단하지 않으며 거절에 대한 긍정도 없다(69). 단지 변호사가 '~하지 않기를 선호하는 것'을 저항으로 해석할 뿐이다. 바틀비는 자신의 의견을 내세우지도 자신의 욕망을 피력하지도 않는다. "하지 않기를 선호한다"라고 바틀비가 말할 때, 영어를 모국어로 구사하는 사람이라면 이것이 영어답지 않다는 것을 안다. 들뢰즈의 주장처럼 이것은 유창성을 비틀거리게 하고 언어 속에 빈 공간 즉 진공상태를 창조하며, '예/아니오'라는 이분법의 사이, 그 간극을 드러내 보인다. 바틀비는 바로 이 간극의 위치로 말미암아 기존의 윤리로는 결코 설명될 수 없다. 그러나 비-선호는 현 체계의 작동에 참여하지 않는 매개 없는 직접적 행위를 겨냥하기 때문에 정치적이다.

하트와 네그리와 다른 의미에서 지젝이 읽는 바틀비의 장소는 상징계가 아니라 비전체로서의 상징계 즉 실재다. 바틀비가 정치적인 것은 체제에 대한 '저항'때문이 아니라, 자유주의와 전체주의라는 쌍둥이 이데올로기에 복종하지 않기를 선호함으로써, 그 사이의 빈 공간을 드러내기 때문이며, 이데올로기의 원환을 뚫고 나오기 때문이다. 바틀비는 그는 기존의 체제와 상황에서 떨어져 나와서 근본적 낯섦을 도입하는 주체이며 완전히 새로운 맥락에서 스스로를 재정의하는 주체다. 그래서 사회에서 자신의 자리가 없는 주체, 사회 속의 일부이지만, 사회의 셈법에서 포함되지 않은 주체, 포함적 배제의 주체이며, 박탈에 의해 부정의 존재로 영락할 주체이다. 그래서 오늘날의 리비도 프롤레타리아들은 바틀비의 위상을 지닌다. 이 주체들은 세계 내에 있으면서도 그 세계에 참여 자체가 봉쇄되어 있기에 윤리적일 수가 없다. 따라서 그들의 존재는 현 체계의 작동에 참여하지 않는 매개 없는 직접적 행위를 통해 등장할 수밖에 없기에 그들은 혁명적이다. 그래서 혁명이란 정의상 “다르게 할 수 없어서 어쩔 수 없이 해야 하는 어떤 것”이며, 당위가 아닌 다른 선택의 여지가 없는 필연(must)으로 정의되어야 한다 (*Parallax* 334). 이 혁명은 본질 그 자체의, 형식 그 자체의 변화를 수반할 수밖에 없다.

반면, 행위의 주체가 분출의 주체라면 바틀비는 저항의 모든 형태로부터 퇴거하는 “수동 공격성”의 주체다. 바틀비의 행위는 체계에 의해 포착되지 않는 동일성으로 환원되지 않는 형식의 저항이고 수동적 저항이다. 그의 거부에는 더 나은 세상을 이룩하려는 목적이 없다. 바틀비의 퇴거와 새로운 질서의 형성 사이의 차이는 시차적이다. 통합이나 매개가 전혀 불가능한 두 지점, 그리고 두 시점 사이의 공약불가능한 지점이 바로 새로운 공간을 여는 행위이며 바로 이 간극되기에 의해서 새로운 질서가 구성될 수 있다. 따라서 새로운 질서를 구성하는 활동은 “부정의 긍정” 혹은 부정판단을 한층 더 철저화한 부정의 판단에 의해 순수 차이로 남아 있기에 바틀비는 혁명에 대한 첫 단계가 될 수 있다 (*Parallax* 342). 다시 말해 기존의 사회 질서에서 자신을 분리해내는 행위가 수반되지 않는다면 진정한 변화가 불가능하다. 따라서 바틀비의 수동적 퇴거는 그 어떤 행동보다 급진적일 수 있으며, 이것은 현재의 적대를 조화롭게 봉합하지 않기를 선호하기 때문에 진정한 변화를 가져올 수 있고, 성좌의 좌표를 변경하고 새로운 지평을 열 수 있다.

V. 지젝 트라우마 이론의 의의

지젝은 프로이트의 트라우마 개념을 활용하여, 마르크스적 정치학을 개진하고, 혁명을 트라우마적 사건으로 간주한다. 프로이트는 트라우마에서 ‘억압이 일어나는 구조’를 전제하고, 트라우마를 주체발생의 근본 조건으로 보지만, 지젝은 말라부의 통찰을 이용하여, 다른 질병과 달리 유전자 지도를 가지지 않는 트라우마의 예외적 위상에 주목하고 트라우마가 주체의 구조 그 자체를 파괴한다는 사실에 주목한다. 지젝에게 오늘날의 자본주의 세계는 먹기만 하고 배설하지는 못하여 지독한 변비에 걸려있는 사회다. 변비를 치료하기 위해 변비약을 먹는 것은 일시적인 처방책밖에 되지 않으며, 변비약의 잦은 복용은 오히려 질병을 더 악화시킬 뿐이다. 따라서 지젝은 세계를 근본적으로 치유하려면 병증의 원인에 주목하여, 병을 일으키게 하는 그 구조적 원인을 제거해야 한다. 이러한 맥락에서 구조 그 자체를 파괴하는 트라우마가 정치적이 될 수 있고 포스트-트라우마 주체는 혁명적 주체가 될 수 있다. 즉 포스트-트라우마 주체는 자신의 죽음에서 살아난 주체이며 이전의 정체성과 단절한 주체이다. 그러나 트라우마 후 주체를 알츠하이머 환자와 같은 환자와 경험적으로 동일시해서는 안 된다. 지젝은 뇌손상을 입은 주체와 이전의 체계와 완전하게 단절하는 사건의 주체가 동일하게 드러나는 개념 구조를 말하는 것이지, 특수한 경험이나 사례의 일반화를 말하는 것이 아니다.

이러한 트라우마 개념에 의해서, '~하지 않을 것을 선호하는' 바틀비는 포스트-트라우마 주체이자 혁명적 주체가 된다. 이 사회에서 수많은 바틀비들은 트라우마에 의해서 리비도조차 빼앗겨버린 리비도를 박탈당한 주체들이자, 더 나은 삶을 갈구하는 리비도조차 없는 리비도-프롤레타리아이다. 따라서 지젝의 트라우마 개념에 의해서 전개되는 포스트-트라우마 주체에서 리비도-프롤레타리아 사회로의 이행은 마르크스나 레닌이 주장한 바와 같은 어떤 유토피아적 공동체를 약속해주지는 않지만, 동시에 전체주의라는 부작용 없이, 최소한 오늘날 세계의 병증을 치유할 가능성을 타진하고 있다는 점에서 그 의의가 있다.

인용문헌

이명호. 「주체의 복권과 실재의 정치: 슬라보예 지젝의 정신분석적 맑스주의」 『안과 밖』 32 (2012): 82-110.

정혜욱. 「지젝의 외상과 바틀비의 정치학」. 『비평과이론』. 17.2 (2012): 239-66.

Ebert, Teresa. "Globalization, Internationalism, and the Class Politics of Cynical Reason." *Nature, Society, and Thought* 12. 4 (1999): 389–410.

Freud, Sigmund. *The Complete Psychological Works of Sigmund Freud: The Standard Edition.* Trans. James Strachey and Anna Freud. London: Hogarth P, 1975. *SE*로 약기. 『프로이트전집』 총15권. 열린책들, 2004.

Johnston, Adrian. "The Weakness of Nature: Hegel, Freud, Lacan, and Negativity Materialized." *Hegel & the Infinite: Religion, Politics, and Culture*. Eds. Slavoj Žižek, Clayton Crockett and Creston Davis. New York: Columbia UP, 2011.

Johnson, Alan. "The Reckless Mind of Slavoj Žižek." *Dissent* 56. 4 (2009): 122-27.

Kübler-Ross, Elisabeth. *On Death and Dying*. London: Routledge, 1969.

Lacan, Jacques. *Ecrits: The First Complete Edition in English.* Trans. Bruce Fink. New York: Norton, 2006.

_____. *The Four Fundamental Concepts of Psycho-Analysis* Trans. Alan Sheridan. New York: Norton, 1973. 『정신분석의 네 가지 근본 개념』. 맹정현 · 이수련 옮김. 새물결, 2008.

_____. *Book XX: On Feminine Sexuality, The Limits of Love and Knowledge.* Trans. Bruce Fink. New York: Norton, 1998.

LaCapra, Dominick "Trauma, Absence, Loss" *Critical Inquiry* 25. 4 (1999): 696-727.

_____. *Representing the Holocaust: History, Theory, Trauma.* Ithaca: Cornell UP, 1994.

Laplanche, Jean and Jean-Bertrand Pontalis. *The Language of Psycho-Analysis*. Trans. Donald Nicholson-Smith. New York: Norton, 1973. 『정신분석사전』. 임진수 옮김. 열린책들, 2005.

Laclau, Ernesto, Judith Butler et al. *Contingency, Hegemony, Universality*. London: Verso, 2000. 『우연성, 헤게모니, 보편성』. 정혁현 옮김. 도서출판 b, 2009.

Malabou, Catherine. *Les Nouveaux blessés*, Paris: Bayard, 2007. *The New Wounded.* Trans. Steven Miller. New York: Fordham UP, 2012.

_____. "Post-Trauma: Towards a New Definition?" *Telemorphosis: Theory in the Era of Climate Change.* Vol. 1. Ed. Tom Cohen. U of Michigan P, 2012.

Melville, Herman. *Bartleby, the Scrivener: A Story of Wall-street.* New York: G. P. Putnam, 1853. 『필경사 바틀비』. 한기욱 옮김. 창비, 2010.

Mowitt, John. "Trauma Envy." *Cultural Critique* 46 (2000): 272–97.

Negri, Antonio and Michael Hardt. *Empire.* Cambridge: Harvard UP, 2000. 『제국』. 윤수종 옮김. 이학사, 2001.

Žižek, Slavoj. *Mapping the Ideology.* New York: Verso, 1994.

_____. *The Sublime Object of Ideology*. London: Verso, 1989. 『이데올로기라는 숭고한 대상』. 이수련 옮김, 인간사랑, 2002.

_____. *Tarrying with the Negative.* Durham: Duke UP, 1993. 『부정적인 것과 함께 머물기: 칸트, 헤겔, 그리고 이데올로기 비판』. 이성민 옮김. 도서출판b, 2007.

_____. "The Undergrowth of Enjoyment." *The Žižek Reader.* Eds. E. Wright and E. Wright. Oxford: Blackwell, 1999.

_____. *The Ticklish Subject: The Absent Centre of Political Ontology.* London:Verso, 1999. 『까다로운 주체: 정치적 존재론의 부재하는 중심』 이성민 옮김, 도서출판b, 2005.

_____. *The Fragile Absolute: Or, Why is the Christian Legacy Worth Fighting For?* New York: Verso, 2000. 『무너지기 쉬운 절대성』. 김재영 옮김, 인간사랑, 2004.

_____. *On Belief.* London: Routledge, 2001. 『믿음에 대하여』. 최생열 옮김, 동문선, 2003.

_____. *The Parallax View.* Cambridge: MIT P, 2006. 『시차적 관점』. 김서영 옮김. 마티, 2009.

_____. *Violence: Six Sideways Reflections*. New York: Profile, 2008. 『폭력이란 무엇인가: 폭력에 대한 6가지 삐딱한 성찰』. 이현우·김희진·정일권 옮김. 난장이, 2011.

_____. *Living in the End Times*. London: Verso, 2010.

Žižek, Slavoj, Eric L. Santner, and Kenneth Reinhard. *The Neighbor: Three Inquiries in Political Theology.* Chicago: U Of Chicago P, 2006. 『이웃: 정치신학에 관한 세 가지 탐구』. 정혁현 옮김, 도서출판 b, 2010.

출처: 『비평과 이론』 17권 2호 (2012)에 실린 「지젝의 외상과 바틀비의 정치학」을 책의 주제에 맞게 수정, 보완한 것임.

버지니아 울프의 『등대로』:
트라우마와 애도

박형신 _경북대학교

Virginia Woolf

To the Lighthouse

버지니아 울프의 『등대로』:

트라우마와 애도

작가소개

한국의 모더니스트 시인, 박인환이 자신의 시, 『목마와 숙녀』에서 "버지니아 울프와 목마를 타고 떠난 숙녀의 옷자락"을 통해 6. 25 전쟁 직후의 상실감과 애상을 전하며 우리에게 "버지니아 울프의 서러운 이야기"를 듣기를 청할 때, 우리는 그 서러운 이야기가 무엇인지 궁금하지 않을 수 없다.

그러나 20세기 모더니즘과 페미니즘에 관한 논의에서 빠지지 않고 등장하는 버지니아 울프의 중요성을 생각하면서 동시에 그 "서러운 이야기"를 떠올리기는 쉽지 않다. 그럼에도 불구하고 우리는 고통과 상실감으로 점철된 서러운 이야기를 이해하기 위해서 자연스럽게 관심의 초점을 울프의 예술적 성공의 이면으로 옮겨야 할 것이다. 어쩌면 그 서러운 이야기에 귀를 기울이는 것은 버지니아 울프의 삶과 예술에 대한 더 깊은 이해를 얻기 위해 꼭 필요한 일일지도 모른다.

버지니아 울프는 빅토리아 여왕의 통치하에 산업주의와 제국주의 정책을 통해 전 세계에 식민지를 경영하던 이른바 "해가 지지 않는 나라," 대영제국의 황금기에 속하는 1882년 런던의 상위 중산층 지식인의 가정에서 태어났다. 그녀의 아버지 레슬리 스티븐경(Sir Leslie Stephen)은 『국가 인명사전』(*Dictionary of National Biography*)의 편집자였고, 어머니 줄리아 스티븐(Julia Stephen)은 이상적인 빅토리아조의 여성상을 대표하였다. 아버지의 집필활동과 당시 영국사회 지식인들의 빈번한 왕래 등, 지적인 가정환경은 울프에게 작가의 맹아를 제공하였다.

그러나 빅토리아 시대 모범적인 부모의 전형이라 할 수 있는 울프의 부모님이 울프에게 있어서 단순히 애정과 존경의 대상이기만 했던 것은 아니다. 울프의 부모님은 각각 여성작가로서 자신의 길을 찾아 나아가려는 울프를 방해하기도 했기 때문이다. 울프의 아버지 레슬리경은 폭압적인 태도로 여성의 희생을 강요하는 빅토리아 시대의 가부장과 크게 다르지 않았고 어머니 줄리아는 여성의 참정권에 반대하였을 뿐만 아니라 "집안의 천사"로서의 여성의 삶을 이상화하였다. 이런 까닭에 울프에게 부모님은 본받아야 할 점과 극복해야 할 과제를 동시에 제공하는 애증의 대상이었던 것이다. 울프에게 가부장주의와 제국주의는 각각 가정과 국가에 배타적으로 적용되는 이데올로기가 아니었다. 울프의 시각에서 보자면, 딸들에게 교육과 전문직의 기회를 제한하고 아들들에게 제국의 영광을 위해서 전쟁에 참전할 것을 독려하는 영국사회는 가부장제도와 제국주의가 상호의존적으로 작동되는 사회이다.

빅토리아시대에 태어나 일차 세계 대전을 겪고 이차 세계 대전을 목전에 두고 생을 마감한 울프에게 가부장주의와 제국주의는 끈질기게 그녀를 괴롭힌 유령이었다. 그래서 우리는 울프의 트라우마의 근원을 이 두 유령에게서 찾을 수 있을 것이다. "엄청난 트라우마의 목록"에 따라 정리된 울프의 삶은 어머니, 오빠, 언니의 갑작스러운 죽음과 의붓오빠들로부터의 성적학대, 자살로 생을 마감하기 직전까지 자신을 괴롭히던 신경쇠약과 우울증 그리고 세계대전 등 실로 엄청난 충격과 고통의 연속이었다. 울프는 일생 내내 떠나지 않고 자신의 삶을 힘들게 하던 트라우마에 맞서며 끈질기게 심지어 요양 중 침대에 누워서조차 글쓰기를 멈추지 않았다. 『파도』(*The Wave*)의 마지막 부분이자 바로 울프 자신의 묘비명이 된 "너에게 대항해 굽히지 않고 단호히 나 자신을 내던지리라. 죽음이여!"라는 구절이 시사하듯이, 울프는 트라우마의 재현에 도전하면서 그로부터 벗어나기 위해서 최후의 순간까지 고군분투하였다.

작품소개

울프는 『등대로』(*To the Lighthouse*)를 구상하는 단계에서부터 소설이 아닌 "애가"(elegy)를 염두에 두었었다. 울프가 죽음이 초래한 상실의 아픔을 달래고 위로하는 전통적인 문학 형식을 소설의 다른 이름으로 생각했다는 사실로부터, 우리는 『등대로』를 통해서 울프 스스로 위안을 얻고자 하거나 또는 작가로서 독자에게 위안을 주고자 하는 특별한 목적을 가지고 창작에 임했을 것으로 짐작하게 된다. 이런 우리의 추측은 실제로 그녀의 일기와 회고록을 통해서 확인할 수 있는데, 울프는 『등대로』의 완성을 통해서 오랜 세월 애도하지 못했던 어머니의 죽음을 애도할 수 있었음을 "나는 어머니의 모습을 더 이상 보지 않고 어머니의 목소리를 더 이상 듣지 않는다"라는 말로써 고백하고 있다. 울프의 언니이자 화가인 바네사 벨(Vanessa Bell)이 『등대로』를 "감탄할 만한 어머니의 초상"으로 평가했다는 사실 또한 울프가 램지부인(Mrs. Ramsay)이라는 등장인물을 통해서 어머니를 얼마나 사실적으로 재현해냈는지를 알게 해준다.

울프는 『등대로』를 1925년 8월부터 쓰기 시작하였는데 그 해 여름 내내 울프는 심하게 아팠다. 울프는 소설 전체의 내용을 머리에 구상해두고 있으면서도 쓸 수 없는 고통을 친구에게 보내는 편지에서 토로했을 만큼 자신의 부모를 작품에서 다루어야 하는 심적 부담감에 시달렸다. 울프는 자신의 트라우마적 기억의 대상과 맞서며 글쓰기를 통해서 스스로의 위안을 구하는 한편, 작가로서 독자에게 위안을 주기 위한 글쓰기에도 도전한다. 『등대로』의 두 중심축이 되는 사건인 등대를 향한 램지(Ramsay)일가의 항해와 릴리 브리스코(Lily Briscoe)의 그림완성을 통해서 울프는 죽음, 상실 그리고 위안을 위한 과정을 재현하는 일, 즉 작가로서 애도의 의식에 참여한다. 울프는 어머니가 사망한 1895년으로부터 십년 정도의 시간 차이를 두고 작품의 시간적 배경을 1905년쯤으로 설정함으로써 2부에 의도적으로 세계대전을 포함시켜 다룬다고 볼 수 있다.

울프는 2부, "시간은 흐른다"("Time passes")에서 램지부인, 장남, 앤드류(Andrew), 장녀 푸루(Prue)의 죽음을 신문 기사를 삽입하듯이 짧게 언급하고 전쟁의 남긴 황폐함을 인적이 끊겨 황량해진 램지일가의 여름 별장을 통해 은유적으로 표현한다. 그리고 3부 "등대"에서는 등대로의 여행과 미완이 채로 남아 있던 그림의 완성과 릴리가 화가로서 자신만의 비전(Vision)을 갖게 되는 과정을 다룬다. 특히 2부, "시간은 흐른다"는 어둠과 바람의 의인화와 시간과 전쟁에 관한 은유를 통해서 죽음과 상실에 관한 "전후 애가"(postwar elegy)로서의 특징이 『등대로』의 다른 어떤 부분보다 가장 잘 부각되어 있다. 1부에서 지연된 등대로의 여행과 릴리의 그림 완성은 10년의 시간 뒤에 3부에서 재연(reenactment)된다. 울프는 『등대로』에서 두 여정－램지부인의 죽음과 전투와 출산 중에 죽은 앤드류와 푸루의 죽음을 애도하기 위한 램지씨와 캠(Cam)과 제임스(James)의 여정과 결혼과 출산을 이상화하는 빅토리아시대의 여성성에 의해 억압당한 자신의 예술에 대한 비전을 얻기 위한 릴리의 여정－을 통해서 상실의 고통으로부터 위안을 구하는 과정을 재현한다.

Ⅰ.

기억하고 애도하는 일은 트라우마로부터 회복하기 위해서 반드시 필요한 과정이다. 허만(Judith Herman)의 연구에 의하면 트라우마로부터 회복하는 단계는 "안전의 확인, 기억과 애도 그리고 사회적 연결의 복구와 같은 세 단계의 과정이 나선형의 경로"(155)를 따라 진행된다. 각

단계가 순차적으로 진행되지 않고 나선형의 경로를 따르는 이유는 의식에 통합되지 않은 과거의 기억이 보다 높은 수준의 통합을 요구하면서 트라우마를 경험한 사람의 의식으로부터 떠나지 않고 계속해서 그를 지배하기 때문이다.

막 사춘기에 접어든 13세의 나이로 버지니아 울프가 겪었던 어머니, 줄리아 덕워스 스티븐(Julia Duckworth Stephen)의 죽음은 그녀의 전기 작가이자 조카인 퀜틴 벨(Quentin Bell)의 표현을 빌리자면 “일어날 수 있는 가장 큰 재난”(40)으로 울프에게 치명적인 상처를 남겼다. 울프는 어머니의 죽음으로 인해 생애 최초로 정신쇠약(mental breakdown)을 겪었다. 뿐만 아니라 그 이후에도 어머니의 죽음과 관련된 트라우마의 기억은 30년 이상의 세월동안 울프를 사로잡고 떠나지 않았다. 『출항』(*The Voyage Out*)의 레이첼(Rachel), 『댈러웨이 부인』(*Mrs. Dalloway*)의 클라리사(Clarissa), 『세월』(*The Year*)의 댈리아(Dahlia)를 통해서 알 수 있듯이, 울프의 소설 작품에 어머니가 없는 딸들이 주인공으로 자주 등장한다는 사실 또한 어머니의 부재와 상실로부터 겪었던 트라우마로부터 회복하기 위한 울프의 반복된 시도로 이해될 수 있을 것이다.

어머니의 죽음이 울프에게 어떤 트라우마적 경험이었는지 그리고 작가로서 그녀의 삶에 어떤 영향을 끼쳤는지에 관한 보다 더 직접적인 설명은 울프 자신의 일기와 회고록을 통해서 얻을 수 있다.

> 어머니가 숨을 거두고 스텔라가 우리를 데리고 들어갔을 때 내가 어머니의 침대에서 옆으로 돌아섰던 것이 기억난다. 간호사는 울고 있었지만 나는 몰래 웃었던 것을 기억한다. 나는 그녀가 슬픈척하고 있다고 말했다. 나는 그 때 열세 살이었고 내가 충분히 느끼지 못한다는 것이 두려웠다. 그래서 이제. (*A Writer's Diary*, 216)

어머니의 죽음에 대해 “충분히 느끼지 못하고” 울기는커녕 오히려 웃었던 경험은 울프로 하여금 긴 세월동안 정신적으로 가책을 느끼게 했을 것이지만, 사실 트라우마를 겪은 사람은 감정의 마비상태를 경험하게 되므로 이러한 반응이 이상하다고 할 수 없을 것이다. "그래서 이제"로 끝난 일기는 다음의 내용이 "작가의 기질"에 관해 언급하는 내용으로 연결된다는 사실로 미루어 울프는 딸로서 어머니를 잃은 슬픔을 충분히 느낄 수 없었고 따라서 미처 다하지 못한 애도를 작가로서 소설 창작을 통해 실현하려 했던 것으로 생각해 볼 수 있다.

> 나는 정신분석가가 환자에게 행하는 것을 나 자신을 위해서 했다. 나는 아주 오래 그리고 깊이 느꼈던 어떤 감정을 표현했다. 그리고 나는 그것을 표현하면서 설명하고 그런 다음 그것을 잠재웠다. 그것을 썼을 때 나는 어머니에게 사로잡혀 있지 않게 되었다. 나는 더 이상 어머니의 목소리를 듣지 않는다. 나는 어머니를 보지 않는다. (*Moments of Being* 81)

울프는 『등대로』의 성공을 통해서 창작의 노고에 대한 예술적 성취감이라는 보상을 누리기에 앞서 아니 그 보다 더 어머니의 유령을 "잠재웠다"는 사실로부터 안도감을 느꼈을 것이다. 『등대로』의 완성을 통해서 환청과 환영으로부터 회복되었다는 울프의 고백은 약 30여 년 전 어머니의 임종 순간에 아무런 감정도 느끼지 못하고 따라서 울 수 없었던 트라우마의 경험을 다시 기억하고 애도하는 일을 행하였음을 뜻한다. 그러나 이렇게 전기적인 사실에만 기대는 해설은 『등대로』에 대한 단편적·표면적 이해에 이르게 할 위험을 내포한다.

이와 관련하여 울프가 1925년 『댈러웨이 부인』의 집필을 끝낸 후, 차기작으로 『등대로』를 구상하면서 소설이 아닌 새로운 명칭으로 "애가"(elegy)를 떠올렸다는 사실에 주의를 기울일 필요가 있다. 왜냐하면 울프가 『등대로』의 창작에 애가라는 명칭을 차용하려 했던 의도와 그 필요성을 이해할 수 있다면, 우리는 작가의 고백에 얽매어 있을 때 자칫 빠지기 쉬운 작품 해석의 함정으로부터 헤어나올 수 있기 때문이다. 울프는 애가 시인처럼 죽음, 상실 그리고 위안을 위한 사회 전체의 심리적 관행 또는 관습을 해석하는 일에 참여하고자 하였다. 울프가 『등대로』의 2부, "시간은 흐른다"에서 인류역사상 전례 없는 전면전이었던 세계대전이 초래한 파괴와 죽음에 관해 전원애가의 전통을 따르거나 변형시키면서 노래할 때, 『등대로』는 어머니를 상실한 딸의 슬픔을 노래한 사적 애가에만 머무르지 않고 유럽문명과 전쟁의 폭력성과 그로 인한 죽음과 상실을 애통해하는 공적인 애가로 그 해석의 폭이 확대된다.

울프는 자신의 개인적 상실뿐만 아니라 사회 전체의 상실을 기억하고 위안을 구하고자 『등대로』에 전통적인 문학 형식인 애가를 접목함으로써 소설의 서사기법에 새로운 실험을 행한다. 뿐만 아니라 애가의 계보가 주로 남성작가들로 이어져 왔다는 사실에 비추어 울프의 이러한 실험적인 창작활동은 문학사의 전통과 관습에 대한 모더니스트 여성작가의 도전으로 해석할 수 있을 것이다. 애가의 계보를 살펴보자면, 애가는 고대 그리스 신화로부터 시작하여서 스펜서(Edmund Spencer), 밀턴(John Milton), 셸리(Percy B. Shelley), 테니슨(Alfred Tennyson), 아놀드(Matthew Arnold) 그리고 예이츠(William Butler Yeats)로 그 맥을 이어왔다. 이처럼 애가는 다른 문학 장르에 비해서 브래드스트릿(Anne Bradstreet)이나 브론테(Emily Brontë)와 같은 작가를 제쳐 두고 살펴보자면, 유독 여성작가의 배제가 두드러지는 영역이다.

애가의 전통과 관습에 대한 울프의 도전을 논하기에 앞서 애가가 상실과 위안의 문학 형식을 대표하게 된 유래를 살펴보고자 한다. 애가라는 용어는 2행 연구(couplets)로 구성되고 통상 관악기의 일종인 아울로스(aulos) 연주가 동반되는 그리스의 가장 오래된 서정시 형태를 이른다. 애가의 주제는 전쟁 풍자, 중요 인물이나 사건 기념, 성적인 불만 등으로 다양하였다. 그러나 16세기에 이르러서 점차 애가의 주제는 죽음과 그로 인한 상실감에 집중되면서 애가의 정의도 죽음으로 인한 극도로 심각한 상실과 위안을 다루는 시로 정리되게 된다. 삭스(Peter Sacks)의 "상실은 시적인 발명(poetic inventions)의 어머니"(2)라는 진술은 상실로부터 위안을 얻기 위해서 필히 상실한 대상을 대신해줄 무언가를 고안하는 과정이 필요함을 나타낸다. 삭스가 언급한 "시적인 발명"의 구체적인 예로 그리스 신화의 목신 판(Pan)의 피리(panpipe)와 태양신 아폴로(Apollo)의 월계관을 들 수 있다.

먼저 판과 피리에 관한 신화의 내용을 간략하게 살펴보자면, 판이 님프인 시링크스(Syrinx)에게 반해서 그녀를 쫓아가 붙잡으려는 찰나 시링크스가 갈대로 변신하자 판은 그 갈대로 피리를 만들어 상실의 아픔을 달랜다. 아폴로와 월계관에 관한 신화도 이와 유사한 구조로 내용이 전개된다. 아폴로가 님프인 다프네(Daphnis)를 보고 첫눈에 사랑에 빠져 도망가는 그녀를 뒤쫓아 마침내 껴안으려는 순간 그녀가 월계수 나무로 변해버리고 아폴로는 그 월계수 잎과 가지를 엮어서 월계관을 만들었다. 잘 알려진 바대로 판의 피리는 전원을 무대로 한 애가를 그리고 아폴로의 월계관은 시인의 영광을 각각 상징한다. 갈대로부터 피리와 월계수로부터 월계관이 만들어지는 단계는 성적인 애착의 대상을 상실하고 위안을 얻기 위해 대체물을 고안하는 과정에 속하며, 동시에 자연물에서 인공물로의 변화와 함께 사회적인 의미를 함축한 상징물의 탄생과정이다. 이 과정은 흥미롭게도 프로이트(Freud)의 오이디푸스 콤플렉스(Oedipus Complex)의 해소과정과 맥락을 같이 한다.

애도의 과정과 오이디푸스 콤플렉스의 해소과정은 욕망의 좌절이라는 점에서 유사성을 갖는다. 애가에서 시인과 그의 욕망의 대상 사이의 관계를 간섭해서 중단시키는 죽음은 흔히 아버지나 시간과 관련되는데 비해 시인의 욕망의 대상은 주로 어머니나 자연 또는 뮤즈(Muse)

와 연관된다. 오이디푸스 콤플렉스는 아이가 어머니에 대한 애착을 포기하고 아버지의 법 곧, 사회의 상징질서를 따르면서 해결되는데 이 과정은 언어적 중재를 필연적으로 요구한다. 언어의 중재라는 점에서 살펴본다면 오이디푸스기 이전인 생후 6개월에서 18개월 사이에 이미 유아는 거울단계(mirror stage)와 포르트-다(fort-da) 놀이를 통해서 분리(separation) 및 상징적 거세에 대비하는 연습을 한다. 거울단계에서 유아는 통합되고 완전한 자아의 이미지를 상상하고 일차적 나르시시즘(primary narcissism)의 상태에 남아있지만 곧, 자신과 어머니/타자의 차이를 인식하고 분리와 소외를 경험한다. 이는 곧 실재계(the real)의 완벽한 충만함을 상실함을 의미한다.

거울단계를 벗어나면 아이는 자신보다 외부세계에 더 관심과 애착을 두면서 자아의 이미지가 발달하고 나르시시즘은 보다 더 정교해진다. 그러나 죽음으로 인해 자신의 자아 이미지를 지탱시켜준 존재를 상실한 아이는 일차적 나르시시즘의 상태로 다시 되돌아가려는 경향이 강하게 나타난다. 왜냐하면 죽은 이에게 향했던 애정을 철수시켜 다른 어딘가에 다시 부여하지 못하고 바로 자기 자신에게로 되돌렸기 때문이다. 프로이트는 "애도와 우울증"(Mourning and Melancholia)이라는 자신의 에세이에서 이것을 이차적 나르시시즘(secondary narcissism)이라 칭하며 건강한 애도와 상대되는 병적인 우울증을 설명하는 핵심적인 개념으로 삼는다. 프로이트가 설명하는 건강한 애도의 예로서 앞서 살펴보았던 판과 아폴로의 경우를 들 수 있다. 판과 아폴로는 각각 그들의 상실을 인정하고 애정의 대상, 시링크스와 다프네에게 향했던 자신들의 애정을 거두어들인다. 그리고 상실한 애정의 대상을 대신하는 피리와 월계관에 애정을 재부여한다. 이때 새로운 애정의 대상에 사회적·언어적·상징적 의미도 함께 부여되는데, 이런 과정을 통해서 거울단계의 일차적 나르시시즘과 우울증적인 이차적 나르시시즘으로부터 자신들의 정체성을 지키면서 성공적인 애도를 수행한다.

포르트-다(fort-da) 놀이를 이해하는 것은 애가의 이해를 위해 대단히 중요하다. 왜냐하면 포르트-다 놀이에 반영된 아이의 심리적 변화 과정이 욕망하는 대상을 포기하는 대신 언어적 중재를 통해서 상실로부터 위안을 구하는 애가의 진행 절차와 유사하기 때문이다. 프로이트는 십팔 개월 된 손자가 나무로 된 실패를 던지고 당기며 "포르트"와 "다"를 반복하는 것을 관찰하면서 그로부터 놀라운 사실을 통찰한다. 아이는 실패를 어머니로 삼아서 던질 때 "저기"를 뜻하는 언어, "포르트"(fort)를, 그리고 당길 때 "여기"를 뜻하는 언어, "다"(da)를 각각 말하며 어머니가 부재한 상황과 존재하는 상황을 각각 연출한다. 아이는 절대적인 존재인 어머니의 부재와 존재의 의미를 "포르트"(fort)와 "다"(da)라는 소리의 차이와 결합시켜서, 다시 말해, 부재를 재현하고 부재를 존재하게 하는 훈련을 하면서 언어의 규칙을 수용한다. "놀이를 통해 트라우마를 초래한 사건을 재연할 수 있다"(76)는 허먼의 진술처럼, 아이는 포르트-다 놀이를 통해서 자신의 상실에 대한 보상을 스스로 한다. 이것은 애도와 애가의 재연에서 알 수 있듯이, 아이의 언어 진입, 즉 상징질서로의 편입을 나타낸다.

울프의 주요 창작 활동 시기인 20세기 초반부는 인류역사상 전례 없는 대격변의 시기였다. 근대화, 제국주의, 파시즘, 그리고 세계 대전은 엄청난 고통과 상실을 초래했고 울프는 고통과 상실의 경험, 즉 트라우마를 재현하기 위한 방법을 모색하였다. 특히 주목할 점은 인류사에서 최초로 세계 대전이 초래한 엄청난 파괴를 경험한 이후 사람들의 죽음에 대한 생각과 태도가 개변되는 상황은 전통적인 애가의 신화와 의식을 쉽사리 믿을 수 없는 것으로 여기게 했고 애가가 갖는 위안을 주는 특성을 약화시켰다는 것이다. 『등대로』는 이러한 시대적 상황 하에서 개인 및 사회가 겪은 트라우마에 대해 애도하기 위한 울프의 시도이자 모더니스트이자 페미니스트로서 전통적인 문학 형식 중 하나인 애가에 대한 실험으로 해석할 수 있다. 울프는 더 이상 전통적인 애가의 형식으로써 애가 본연의 목적을 달성할 수 없는 불리한 상황을 전후 애가인『등대로』에서 "애가의 현대화"(Froula 125)를 통해 극복하고자 했을 것이다.

사실 울프에게 죽음으로 인한 상실로부터 위안을 구하는 글쓰기는『등대로』만이 아니다. 울프는 전 9편의 소설 가운데 6편에서 자기 가족의 죽음을 작품의 "결정적인 핵심"(a decisive crux, Know-Show 707)으로 구성하였다. 그러나 이러한 소설을 분석할 때, 작가에 관한 전기적인 사실과 작품에 나타난 애도 과정의 관련성으로만 편향된 시각은 울프의 소설에 내포되어 있을지도 모르는 사회 참여적인 공적 애도의 의의를 간과하게 할 수 있다. 구체적으로 살펴보자면, 울프는『제이콥의 방』(*Jacob's Room*),『댈러웨이 부인』(*Mrs. Dalloway*),『등대로』(*To the Lighthouse*) 그리고『막간』(*Between the Acts*)에서 개인적인 상실의 경험뿐만 아니라, 세계 대전의 여파로 파괴된 유럽문명과 사회에 대한 애도와 위안에 적합한 언어를 찾는 작업을 지속해왔다. 물론 울프가 "기죽게 하는 트라우마의 목록"(Davis Eberly and Suzette Henke 1)에 포함된 고통스러운 경험과 상처들로 인해 자기 자신을 위한 "쓰기치료법"(Scriptotherapy)을 시행했던 것은 분명해 보인다. 쓰기치료법이란 헨케(Suzette Henke)가 트라우마를 경험한 이들에게 그 트라우마의 기억에 관한 글쓰기가 어떤 긍정적인 결과를 가져올 수 있는지를 설명하기 위해 사용한 용어이다. 헨케의 설명을 따르면 트라우마에 관한 기억을 되살려 이야기로 구성하는 것, 즉 트라우마에 관한 글쓰기는 트라우마를 경험한 이들에게 힘(agency)과 통제의식(a sense of control)을 회복시키고 그 결과 병리적인 우울증의 고착된 마음에 변화를 일으킨다. 요컨대 헨케의 쓰기치료법은 고통과 상실의 경험을 이야기로 구성하고 기록하는 것으로 트라우마로부터 회복하기 위한 한 단계인 애도하는 일에 상당한다.

울프가 죽음, 상실 그리고 위안을 위한 사회 전체의 심리적 관습을 해석하고 재현하기 위해서 "공공의 애가"(communal elegy, Froula 158)로서 『등대로』를 창작했다면, 이는 쓰기치료법의 적용범위를 확장시킨 것으로 볼 수 있을 것이다. '울프는 어떻게 개인뿐만 아니라 사회 전체의 트라우마에 관한 기억과 경험을 글로써 구성하는가?'라는 질문은 트라우마의 재현과 애도라는 점에서 반드시 제기해야 할 문제이다. 왜냐하면 트라우마는 라캉(Jacques Lacan)의 설명에 의하면 "비재현적"(unrepresented)인 "실재계"(the real)에 속한 것으로 언어화에 저항하는 존재이기 때문이다. 라캉은 상징과 실재라는 관점에서 트라우마를 상징적 재현 체계에 생긴 균열과 이 균열의 틈으로 비재현적 체계에 속한 실재계가 침투해 들어오는 것으로 설명한다. 실재계는 의식에 통합되지 않고 이질적인 존재로 남아 있기 때문에 허먼의 표현을 빌리자면 "트라우마를 재구성하는 것은 야심 찬 작업"(176)이라 하지 않을 수 없다.

II.

트라우마를 서사화하려는 도전은 1920년대 모더니스트 작가들에 의한 문학의 형식과 내용 양면에서 시도되었던 실험에서 찾을 수 있다. 일차 세계 대전이 끝난 후 십년(1918-28) 동안에 출간된 많은 모더니스트 문학 작품은 드미스터(Karen DeMeester)에 의하면 "그 형식이 트라우마 생존자의 손상된 정신을 자주 정확히 복제하고 그 내용은 트라우마 생존자 특유의 방향상실과 절망을 묘사한다"(77). 이러한 드미스터의 주장은 울프의 작품에서 확인할 수 있다. 전후 10년 동안에 출판된 울프의 소설들, 『제이콥의 방』(1922), 『댈러웨이 부인』(1925), 그리고 『등대로』(1927)는 전쟁으로 인한 죽음과 상실이 중심 모티브(leitmotif)가 되고 트라우마를 서사화하려는 울프의 다양한 실험을 보여주는 작품들이다.

세계 대전처럼 파괴적인 충격을 가하는 트라우마는 "전통적인 가치체계와 문화적 질서의 파괴," "안전 및 안정감 약화," "정체성과 자존감 붕괴" 그리고 "해석의 적법성에 대한 의문제기와 의미의 훼손 또는 파괴"(DeMeester 78)에 이르는 정도로 그 영향이 개인 및 사회 전체에 넓고 깊게 미친다. 전쟁으로 인한 트라우마의 영향은 개인의 심리적 경험의 차원뿐만 아니라 사회적인 차원에서 파악되어야만 한다. 이런 관점에서 크로스드웨이트(Paul Crosthwaite)는 '어떻게 외부와 내부사이, 주체와 세상사이, 그리고 경험과 시간성에 있어서까지 공적 영역과 사적 영역의 구분이 트라우마의 영향으로 해체되는가?'라는 문제에 주목한다. 그는 이 문제에 대한 답을 찾는 과정에서 사후성(Nachträglichjeit)의 개념이 갖는 중요성을 확인한다. 프로이트의 시간과 기억에 관한 이론에서 중요한 개념인 사후성은 내부 대 외부, 사적 영역 대 공적 영역, 판타지(Fantasy) 대 현실 등에 의문을 제기하는데 있어서 유용하다. 뿐만 아니라 사후성의 개념은 잃어버린 기억을 회복하는 것만이 아니라 과거를 회고적으로 재구성하는 것까지를 포함한 심리적 기제를 설명할 때도 이용된다.

카루스(Cathy Caruth)가 사후적으로 구성될 수 있는 가능성이 있는 역사를 "트라우마의 역사"(a history of trauma, 18)로 정의하였듯이, 울프를 비롯한 모더니스트 작가들은 일차 세계 대전이라는 역사적 사건을 예술적 혁신을 통해서 트라우마의 역사로 사후적으로 재현하고자 하였다. 모더니스트 작가들이 사용한 혁신적 기법 중 하나인 의식의 흐름

기법은 정확한 시간적 위치를 파악하기가 불가능한 트라우마의 경험을 재현하기에 적합하다. 크로스드웨이트도 지적하듯이 의식의 흐름 기법은 "공적 시간의 선형성(linearity)과 파편성(fragmentariness)에 도전하며 유기적 사적 시간성을 포착"(13) 하기에 효과적이다. 크로스드웨이트는 조이스(James Joyce)의 『율리시스』(*Ulysses*)와 울프의 『댈러웨이 부인』을 각각 직접 내적 독백(direct interior monologue)과 간접 내적 독백(indirect interior monologue)를 사용한 예로 들면서 트라우마에 의한 공적 시간과 사적 시간의 구분의 해체와 그에 관한 재현 방식을 비교한다.

조이스의 직접 내적 독백은 서술자의 공적인 목소리와 등장인물의 내면적인 생각인 사적인 목소리를 통해서 공적 경험과 사적 경험을 분리시킬 뿐만 아니라, 공적인 영역보다 사적인 영역에 특권을 부여한다. 대조적으로 울프의 간접 내적 독백은 공적인 사건과 서술자의 공적인 목소리를 등장인물의 사적인 생각, 지각 그리고 기억과 복잡하게 서로 섞어 놓는다. 예를 들면 울프는 댈러웨이 부인이 세인트제임스 공원(St James' Park)으로 향해가는 장면에서 런던의 부산함, 전쟁, 법과 같은 외부적인 사건의 공적인 분야와 전쟁으로 죽은 이에 대한 슬픔과 공감 등, 등장인물의 내적인 생각이나 감정의 사적인 영역을 서로 밀접하게 연결시킴으로써 공·사의 경계를 지운다. 조이스의 직접 내적 독백은 사적 영역을 공적 영역보다 우위에 두면서 "암울한 역사적 현실에 대한 전치"(displacement of the grim historial realities, Crosthwaite 118)를 보이는 일종의 소극적인 방어기제로 볼 수 있다. 대조적으로, 울프의 간접 내적 독백은 공·사의 영역을 넘나드는 서술자의 공적 목소리와 등장인물의 사적 목소리를 통해서 세계 대전과 같은 역사적인 사건의 재현에 도전하는 실험적인 수사기법으로 기능한다.

트라우마의 역사를 재현하려는 울프의 도전에도 불구하고 그녀의 모더니즘 소설은 역사로부터 자유로운 미학적 탈출이라는 비판을 받아왔다. 미학적 영역에서 울프의 모더니즘 서사 형식은 개인의 기억과 소외를 강조하고 파편화된 비선형적 플롯을 이용하여 "트라우마의 경험을 재현하기 위한 이상적인 매체"(Moran 3)라는 평가를 받는 반면에, 역사를 기록하고 비판하는 면에서는 부정적인 평가를 받아왔다. 예컨대 울프의 모더니즘 소설은 제국주의와 세계 대전과 같은 정치적인 문제에 관해서 거리를 둔다는 것이다. 그러나 이미 살펴보았듯이 울프의 간접 내적 독백과 같은 서사 기법이 트라우마의 기억을 재현하기에 효과적이라는 점을 고려하면서 동시에 울프가 『등대로』에서 구사하는 서사 전략을 이해한다면, 역사와 정치적인 문제에 관한 부정적인 비평을 재고할 수 있을 것이다.

데코벤(Marianne Dekoven)은 『등대로』에 나타난 "억압된 역사적 지시대상"(138)을 지적하며 울프의 모더니즘 소설이 역사로부터 탈출하거나 역사를 거부 또는 부정하는 것이 아니라 역사를 억압한다고 보았다. "역사적 지시대상은 모더니즘 소설로부터 제거된다기보다 혼란스럽게 인식된다"(Crothwaite 13; Dekoven 149)는 두 비평가의 견해는 울프가 "현대소설"(Modern Novels)이라는 에세이에서 밝힌 소설가의 주된 과제와 서로 연관시켜 생각해볼 수 있다. 울프가 밝히는 현대소설가의 과제는 "아무리 겉으로 단절되고 일관성이 없어 보이는 것이라도 각각의 광경이나 사건이 의식에 기록되는 양식을 추적"(trace the pattern, however disconnected and incoherent in appearance, which each sight or incident scores up the consciousness, 34)하여 삶을 구성하는 것이다. 이 글에서 언급하는 현대 소설가가 구성하는 삶을 전쟁과 관련된 삶으로 국한하여 생각한다면 겉으로는 무관한 듯 보이고 혼란스럽게 구성되어져서 비록 분명하게 드러나지 않는 주변적인 것이긴 하지만, 역사는 분명히 『등대로』의 등장인물들의 삶 속에 자리하고 있음을 확인할 수 있다.

일관성이 없이 의식에 기록된 대로 사건에 관한 혼란스러운 내용으로 구성된 울프의 소설은 역설적이게도 바로 이 혼란스러움으로 인해서 강력한 힘을 갖게 된다. 구체적으로 『댈러웨이 부인』과 『등대로』에서 현대 사회와 문명을 황폐하게 만든 세계 대전은 댈러웨이 부인이 주최하는 런던의 파티장면이나 램지 일가의 여름 별장에서의 일상과 함께 엮어져서 서사가 구성됨으로써, 역사적인 사건은 주변적인 위치에 놓이게 되고 심지어 부재한 듯 가려지게 된다. 가려진 채 존재하는 역사는 직접적인 재현이 주는 것보다 더 강한 영향을 발휘한다. 왜냐하면 선명하게 제시하며 어떤 해결의 환상을 주기보다 동화되지 않고 계속해서 불협화음을 내며 혼란스럽게 하기 때문이다. 가려진 역사는 마치 눈에 띄지는 않지만 분명히 어딘가에 박혀 있다가 계속해서 괴로운 통증을 유발하는 가시랭이처럼 자신의 존재를 확인시킨다. 바로 이런 이유 때문에 가려진 역사는 이해되고 동화되는 역사보다 더 전복적인 힘을 갖는다.

울프의 『등대로』에서 램지일가의 평범한 일상은 서사의 전면에 배치되는 반면에 역사적 지시대상인 전쟁은 "넌지시 던지는 방식"(in throwaway asides, Dekoven 149)으로 은밀하게 제시되고 서사의 표면으로부터 억압된다. 이러한 구성에 담긴 울프의 서사 전략은 '왜 울프가 실제 사건의 발생 년도를 변경시킴으로써 한 가족의 일상 속에 의도적으로 트라우마의 역사인 전쟁을 끌어 들이는지'를 이해할 때, 분명하게 드러난다. 울프의 전기적인 요소를 참고하자면 울프의 어머니가 돌아가신 1895년 이후 울프의 가족들은 램지일가의 여름 별장의 모델이 된 세인트 아이브즈(St. Ives)의 탈란드 하우스(Talland House)를 찾지 않다가 아버지 레슬리 스티븐(Leslie Stephen)이 죽은 다음 해인 1905년에 다시 그곳을 방문한다. 이러한 사실과 연관시켜 생각하면 『등대로』의 2부, "시간은 흐른다"에서 다뤄지는 세계 대전은 1914년에 시작되어 1918년에 끝났기 때문에, 실제로는 약 10여년의 시간 간격을 넘어 작품에 포함된 것이다.

‘『등대로』에서 왜 울프가 의도적으로 자신의 사적 역사와 함께 세계대전의 공적 역사를 다루는 서사전략을 구사하는가?’는 모더니즘 소설가의 보다 더 실제에 가까운 삶의 재현이라는 면보다 오히려 파괴적인 전쟁을 초래한 사회와 문화에 대한 비판이라는 면에 초점을 둘 때, 더 용이하게 이해될 수 있을 것이다. 어둠과 혼돈으로 시작되는 2부 “시간은 흐른다”는 일견 전원 애가처럼 시간의 파괴적 성질을 노래하는 듯 보이지만, 실은 램지일가의 여름별장과 영국사회, 나아가 유럽 전체에 미친 전쟁과 그로 인한 죽음과 상실을 재현하고 애도하기 위한 울프의 전후애가로서 그 특징을 포함하고 있다.

III.

『등대로』는 울프의 다른 어떤 소설보다도 작가의 전기적 요소들이 소설이라는 직물에 일관성 있게 짜여 들어가 예술 작품으로 창조된 과정을 분명하게 보여준다. 뿐만 아니라 울프의 회고록, 『존재의 순간들』(*Moments of Being*)에 수록된 “과거의 스케치”(A Sketch of the Past)에서 확인할 수 있듯이, 『등대로』는 어머니에 대한 애증이 병존하는 복잡한 감정에 사로 잡혀 있는 우울증의 상태에서 어머니의 죽음을 애도하기 위한 한 과정으로서 쓰여진 울프의 대표적인 애가소설이다. 울프에게 애도는 소설 창작의 과정과 분리될 수 없는 과정이다. 우울증은 죽음으로 인해서 사랑의 대상을 상실한데 기인하는 것 이외에 사랑하는 대상으로부터 실망과 분노를 느끼는 상황으로 인한 갈등도 중요한 우울증의 전제 조건이다. 울프의 경우 어머니에 대한 애증 병존이라는 양가감정으로 혼란스러워 했고 어머니의 죽음으로 대상관계가 깨지고 난 뒤에도 어머니에게 집중되었던 리비도를 철회해서 다른 대상에게로 재부착시키는 것이 불가능했다. 프로이트(Freud)는 이런 상태를 우울증의 핵심인 이차적 나르시시즘(the secondary narcissism)으로 설명한다.

그러나 이미 언급하였듯이, 작가 개인의 애도와 예술적 성취에 집중한 『등대로』 읽기는 작품이 갖는 사적 의미에 치중함으로써 문화적·역사적인 보다 더 큰 의미를 놓치게 할 수 있다. 모더니스트이자 페미니스트로서 울프가 자신의 소설, 『등대로』에 "애가"라는 새로운 명칭을 부여하고자 했던 것은 애가 장르에 속해 있는 어떤 특성을 소설의 서술 전략에 활용하려는 의도 때문이었을 것이다. 따라서 울프의 애가와 소설의 접목 실험에 대한 분석은 교양소설(bildungsroman)로서 읽기로부터 전통적인 애가와의 관계를 비롯하여 『등대로』의 역사성과 정치성 등 다양한 독해의 가능성을 제공한다.

1927년에 출판된 『등대로』는 울프가 자신의 일기와 회고록에서 밝히고 있듯이 부모님에 대한 기억과 애도가 창작의 동인이 됨을 확인하는 것은 그리 어렵지 않다. 또한 울프의 페르소나(persona)라 할 수 있는 여주인공인 릴리가 인상주의 남성화가에 의해 지배되는 기존의 예술계에 반발하는 동시에 자신의 예술에 대해 회의하면서 마침내 "나의 비전(236)을 찾기까지 과정, 즉 릴리 또는 울프의 탐구 여정(Journey-Quest)에 집중하면서 『등대로』를 페미니스트 모더니스트 예술가의 성장소설로 분류하는 것도 전혀 낯설지 않다. 죽음과 상실이라는 주제에 집중하며 『등대로』의 애가적 특징을 분석한 연구는 일찍이 울프가 『등대로』에서 자신을 놓아 주지 않는 어머니의 유령을 잠재우는 의식을 했다는 홀트비(Winifred Holtby)의 연구를 비롯하여 울프 사후에 출판된 일기, 편지 그리고 회고록 등 다양한 자서전적 글들에 기초하여 1970년대에 시작된 신경쇠약, 우울증과 같은 울프의 병리적 증상들을 애도의 실패로 읽는 연구까지 다양하게 있어 왔다.

전기적 사실에 기초한 이러한 연구들의 공통점은 울프의 증상에 초점을 두고서 『등대로』를 신경증적 애도의 사례사(case history)로 읽는다는 것이다. 그러나 이런 환원적 읽기를 통해서는 울프가 기존의 소설 형식으로써 충분하지 않다고 생각하고 애가의 특징들을 이용하여서 표현하려고 했던 것들에 내포된 의미들을 온전하게 파악하기 어렵다. 울프의 애가소설은 과거에 있었던 죽음이나 그와 관련된 사건이 중심적 위치에 놓인다는 점에서 역사와 결코 무관하지 않다. 오히려 역사는 소설의 애가적 특징을 위한 중요한 부분이 된다. 이러한 점에서 『등대로』는 죽음과 전쟁에 관한 애가이며 녹쇼가 규정하듯이 "분명한 의미에서 역사소설"(700)이다. 울프는 대재난의 역사적 사건인 세계대전과 자신의 부모의 죽음을 함께 애도하고자 1부 "창문"과 3부 "등대"를 연결하는 "통로"(corridor)로서 2부 "시간은 흐른다"를 구성한다.

울프는 "애가의 구조에 대한 산문체 등가물"(Greenwald 669)을 위해서 『등대로』에서 형식의 혁신을 꾀하고 애도의 과정을 불러들인다. 『등대로』가 갖는 애가적 특성은 1부 "창문"에서 향수를 불러일으키는 램지 부인(Mrs. Ramsay)의 존재가 2부 "시간은 흐른다"에서 사라지거나 부재로 나타나고 3부 "등대"에서 부재하던 램지 부인의 존재가 예술적으로 복원된다는 점이다. 그러나 이 설명은 2부 "시간은 흐른다"에서 램지 부인, 앤드류 그리고 푸루의 죽음과 세계 대전을 풀 수 없이 얽혀진 것으로 재현하는데서 확인할 수 있듯이, 가족의 죽음이라는 사적인 사건을 역사적 문맥에 따라 위치시키려는 울프의 서사전략을 간과하게 할 수 있다.

화가인 릴리에게 "그림 전체의 매스(mass)"와 관련해서 "해결해야 할 공간의 문제"(194)가 있다면, 작가 울프에게 램지 부인의 죽음 이전과 이후 그리고 세계 대전 이전과 이후의 개인 및 사회의 삶의 변화와 계속성을 이어주는 중간 지대가 필요하다. 울프는 바로 이 통로에 해당하는 2부 "시간은 흐른다"에서 램지일가의 구성원 중 세 명, 램지 부인, 앤드류 그리고 푸루의 죽음을 다룬다. 또한 유럽전쟁이라 불리는 일차 세계 대전의 폭력성을 재현하려 하면서도 오히려 무심한 세월이 램지가족의 여름별장에 가한 공격을 전면에 배치한다.

울프는 시간의 파괴력에 의해서 전쟁의 파괴력을 후면에 가려지게 함으로써 독자로 하여금 서로 별개인 "두 가지 이야기를 동시에 읽는 느낌"(Woolf 1953, 98)을 갖도록 하였다. 울프는 『삼기니』에서 강한 논조로 영국의 가부장제도, 제국주의 그리고 전쟁의 폭력성을 비판한데 비해서 『등대로』에서는 그것들이 강요한 희생을 잠깐 괄호속에 삽입해서 다룰 뿐(145, 149, 150)이다. 비록 울프가 『삼기니』에서처럼 '어떻게 전쟁을 막을 수 있는가?'라는 질문을 직접적으로 던지지 않는다 할지라도, 『등대로』의 2부는 가부장제도와 제국주의 그리고 전쟁이 같은 뿌리에서 기인했음을 증명하기 위한 자리로 기능한다. 빅토리아 시대의 애도관습을 거부했을 뿐만 아니라 전통적인 애가와 다른 애가를 생각했던 울프의 혁신은 『등대로』의 2부에 사적 애도와 공적 애도의 장을 마련한다.

전통적인 애가에서 시인은 사별에 대한 슬픔을 토로하고 죽은 자를 칭송하고 그 죽음이 자연에 미치는 영향에 관해서 세부적으로 설명하다가 결국 죽음의 불가피성을 수용하고 불멸을 희망한다. 그런데, 클레웰(Tammy Clewell)이 지적하듯이, 세계 일차 대전이라는 대격변의 트라우마는 울프로 하여금 『등대로』를 전통적인 애가와 다른 "애도의 재창조"(197)로 이끈다. 전쟁은 오랫동안 서구문명을 떠받쳐 왔던 폭력적인 욕망을 억제할 수 있는 인간의 이성의 힘과 개인과 국가의 진보에 관한 믿음을 한순간 사라지게 했다. 전쟁이 초래한 이런 상실을 기록하는 일에 관한 울프의 생각은 "거리에서 본 전쟁"(The War from the Street)에서 확인할 수 있다.

울프는 1914년 8월 4일의 중대한 사건에 관한 남성 역사가들의 "글로 표현된 역사"와 실제 "살고 있는 그대로의 역사"(Woolf, *The Collected Essays III*, 3)는 일치하지 않고 역사는 항상 남성의 역사가 될 운명이지 우리들(여성)의 역사가 아니라고 주장한다. 울프는 사실을 기록하려는 충동을 더욱 세심하게 다스려서 여성의 입장에서 본 역사를 서술하고자 한다. 여성의 역사라는 점에서, 울프는 전쟁과 같은 중요한 사건의 정치적인 의미를 명확하게 표현하기보다 삶의 다양한 양상들과 혼란스럽게 얽혀 있는 것으로 포괄적으로 다루기를 선호한다. 울프는 『제이콥의 방』에서 복잡하게 진행된 서사의 끝부분에 주인을 잃은 구두를 통해서 전쟁으로 인한 제이콥의 죽음을 드러내고, 『댈러웨이 부인』에서 셉티머스와 댈러웨이 부인의 영적인 만남을 위한 파티를 전쟁뿐만 아니라 남성지배사회의 폭력성과 그로 인한 상실을 조용하지만 힘이 있는 목소리로 전달한다.

울프의 정치적인 문제로부터 거리두기, 정치적 무관심에 관한 비판에 대한 반박은 주로 울프의 소설 창작과정을 단계별로 비교 검토하는 연구를 통해 이루어져왔다. 대표적인 예로서 『출항』(*The Voyage Out*)의 개정과정－1908년의 『멜림브로시아』(*Melymbrosia*)로 부터 1920년 두 번째 미국 판이 출판되기까지의 과정－에 특별히 삭제되거나 수정된 부분을 찾아서 그러한 선택에 숨겨진 울프의 서술전략을 파악하고자 했던 드살보(Louise L. DeSalvo)의 연구를 들 수 있다. 『출항』을 비롯한 울프의 다른 작품들처럼 『등대로』도 여러 차례 개정되는 과정을 통해서 창작 초기에 가졌던 울프의 의도는 삭제되거나 가려진다. 특히 2부에서 남성성과 전쟁의 폭력성의 상관관계에 관한 울프의 비판은 초안, 자필본, 타자본을 거쳐 최종 출판본에 이르는 과정 중에 가장 두드러지게 수정되거나 삭제되어버린다. 이런 변화에 주목한다면, 출판된 『등대로』의 2부에서 전쟁에 관한 직접적인 언급은 줄어들고 전쟁과 남성의 파괴적인 면과 성적 잔인성을 직접적으로 동일시하는 표현들이 사라지고 대신 램지가의 여름별장에서 허드렛일을 하던 "매크냅부인(Mrs. McNab)이 복구하고 재생하는 힘을 대표하는 늙지 않는 예언자"(Haule 724)로 등장함을 확인할 수 있다.

2부, "시간은 흐른다"에서 램지가의 여름별장은 상실과 부재의 공간으로 존재한다. 울프는 자신의 일기에 적고 있듯이, 『등대로』의 "가장 어려운 추상적인 글"에 해당하는 2부를 사람의 특징이 없는 "빈집, 시간의 흐름, 알아보게 하는 것이 전혀 없는 눈이 없고 특징 없는 모든 것들"로 구성한다(Woolf, *A Writer's Diary*, 87). 그래서 엄청난 어둠이 집어 삼킨 그 집은 "육체나 정신을 그대로 간직하고 있는 것"(142)이 모두 사라지고 없다. "아무 것도 아닌 것"(nothing)은 암흑의 홍수를 이겨내지 못할 것 같았다"(142). 다만 의인화된 "잔바람"(little airs)만이 1944년에 출판된 "귀신이 나오는 집"(A Haunted House)에 등장하는 유령들처럼 "무작정 한바탕 비통함을 토로"(143)한다.

부재와 상실을 의미하는 "아무 것도 아닌 것"은 결코 재생의 가능성을 제시하지 못한다. 루벤스타인(Roberta Rubenstein)은 『등대로』의 서사에서 빈번하게 활용되는 부정적 말투(locution)가 "더 드러나지 않는 소설의 언외의 의미"를 역설적으로 조명하고 "서사에서 중심적 요소가 되는 것을 강화"(37) 하는 것으로 해설한다. 그녀의 설명을 따르면 "아무 것도 아닌 것" 같은 부정하는 말투로써 부재를 가리키는 것은 역설적이게도 죽음을 통해서 상실했거나 부재한 누군가를 부재하는 존재로 인정하는 것으로 통한다.

울프는 1부, "창문"으로부터 십 년의 시간이 흐르며 맞게 된 죽음과 상실을 애도하기 위해서 애가의 미학적 특성을 도입하면서도, "감성적?, 빅토리아 시대풍?"(Woolf, *A Writer's Diary*, 98)이라는 비평을 받을 가능성을 염두에 둔다. 울프는 비평적 반응에 대해 세심한 주의를 기울이며, 애가의 형식을 따르거나 거스르면서 문학 형식과 애도 형식 사이에 관련성을 통찰력 있게 표현하고자 한다. 메팜(John Mepham)이 평가하듯이, 울프는 2부, "시간은 흐른다"에서 "순전히 개인적인 의미만을 가진다기보다 문화적이자 역사적인 의미를 가지는"(143) 애가의 특징들을 소설에 차용함으로써 사적 애도와 공적 애도의 경계를 지우려고 한다.

> 하지만 밤은 밤으로 이어진다. 겨울이 준비된 그 밤을 한 묶음 쥐고서 피로를 모르는 손가락을 놀려 공평하게 골고루 나눠주고 있다. 이어 밤은 길어지고 어두워진다. 때로 그것은 환한 접시 같은 맑은 유성을 높이 떠받든다. 가을철의 나무들은 비록 황량해지긴 했지만 전사자들의 이름과 멀리 인도의 모래사장에서 전사자들의 유해가 썩어서 하얗게 바래고 혹 불타고 있음을 금빛 글씨로 새긴 대리석 비석이 있는, 차갑고 어두운 성당 지하 묘지에서 밝게 비추면서 누더기가 되어 버린 깃발들의 빛을 받아들인다. (143-4)

밤과 낮, 겨울에서 봄으로 이어지는 계절의 순환이 정지되어 버린 이유는 누군가의 죽음 때문이다. 전통적인 애가에서처럼 죽음이 불러 온 상실의 고통 때문에 자연의 순환질서는 깨어지고 밤은 밤으로 이어지고 겨울은 가을로 그 질서를 역행한다. 자연세계도 사별한 사람과 같이 슬퍼하는 듯이 표현된다. 이처럼 애도하는 이의 감정을 자연물에 투사하는 것과 자연세계를 의인화하는 것은 애가의 중심적인 수사법으로 "감정적 허위"(pathetic fallacy)에 해당한다. 자연계의 순환적 과정은 성장, 성숙, 쇠퇴, 그리고 재생으로 이루어진 질서에 죽은 자를 포함시킴으로써 애도하는 이에게 죽은 이의 부활을 약속하고 위안을 준다.

이것이 전통적인 애가에서 중심적 위치를 차지하는 내용이다. 그러나 대재난의 역사적 사건인 전쟁을 다루는 울프의 애가에서 자연과 인간의 친밀한 관계는 깨어지고 감정적 허위와 같은 전통적인 애가의 관습은 효과를 상실한다. 따라서 자연은 전쟁으로 인한 죽음과 상실에 위안을 줄 수 없다. "전사자들"의 무공을 기념하는 "금빛 글씨로 새긴 비석"은 가을철 나무에 풍요로운 수확을 약속하는 밝은 달빛대신 "누더기가 되어 버린 깃발"의 빛을 취하게 할 뿐이다.

울프는 이어지는 3장에서 램지일가의 안주인, 램지 부인의 죽음을 그리고 6장에서 장녀 프루와 장남 앤드류의 죽음을 "괄호에 넣은 채 대단히 절제된 진술문"(Rubenstein, 43)을 통해서 차례로 알린다. 홀의 지적처럼, 울프는 소설의 개정과정을 통해 전쟁에 대한 "개인적인 진술문"을 "파괴를 무릅쓰는 인간의 성취에 관한 진술"(732)이 되도록, 다시 말해, 정치적 주장을 담은 진술문의 미학적 발전을 꾀하기 위해서 끊임없이 노력한다. 울프는 램지 부인, 프루, 그리고 앤드류의 죽음에 관해서 가부장제도, 제국주의 그리고 전쟁의 폭력으로 인한 희생자라는 직접적인 언급을 피하고 애가의 형식을 빌려서 애도함으로써 페미니스트적 관점의 한계로부터 벗어나 예술적 보편성을 얻고자 한다.

울프는 결혼과 출산을 여성의 미덕으로 독려하던 램지 부인의 죽음에 관해서 "흰 화환을 이마에 걸고 보랏빛의 부드러운 들판과 히아신스와 백합의 꽃밭 사이를 총총히 걷다가 사라지는 모습"(205), 즉 전통애가에 나타나는 특징적인 표현을 사용한다. 또한 출산과 관련된 병을 얻은 프루의 죽음을 애도하기 위해서 감정적 허위라는 전통적인 애가의 관습을 따른다.

> 부드럽고 유순한 봄은 윙윙대는 꿀벌과 춤추는 각다귀 떼 사이에서 그녀의 망토를 벗어 내던지고, 베일로 눈을 가리고 머리를 돌린 채, 기울어가는 그늘과 이따금 지나가는 부슬비 속에서 인류의 슬픔을 알 책임을 지고 있는 듯이 보였다.

〔그해 여름, 푸루 램지는 출산과 관련된 병으로 죽었고, 그것은 정말 비극이라고 사람들은 말했다. 행복을 위한 모든 것이 너무 잘 보장되어 있었는데, 하고 그들은 말했다.〕(149)

6장에서 울프는 처음으로 "전쟁"이라는 단어를 직접적으로 언급하며 결혼, 출산, 그리고 죽음과 관련된 구절을 괄호 안에 넣어 자연에 관한 서정적인 묘사와는 별개의 사실적인 기록인양 전한다. 아이러니하게도, 재생과 성숙의 시기인 봄과 여름은 푸루의 결혼과 출산의 실패와 죽음의 계절이 된다.

의인화된 봄은 결혼과 출산으로 딸을 잃은 "인류의 슬픔"을 공감하여 눈물을 흘리듯 "부슬비"를 내린다. 전통적인 애가의 수사법인 감정적 허위로 설명하자면, 봄은 푸루와 태어나지 못한 아기의 죽음을 애도할 "책임"이 있기 때문에 애도하는 이들은 봄으로부터 재생의 약속과 위안을 받을 것이다. 그러나 울프의 실험적 글쓰기에서 전통적 애가의 자연이 주던 위안은 순간적인 위안으로 대체될 뿐이다. 리는 애가의 특징을 소설에 적용하려는 울프의 새로운 글쓰기에 대해서, "실험적인 것과 향수를 불러일으키는 것 사이에 존재하는 특이한 긴장"(Lee, "To the Lighthouse: 'Making Shapes Square Up'", 752)이 황폐해진 여름별장을 중심으로 조성된다고 보았다. 리의 주장은 울프가 죽음에 관한 애가의 서정적인 수사법과 전쟁에 관한 은유적 표현들을 함께 사용하는 6장에서 잘 확인할 수 있다.

〔포탄이 작렬하였다. 프랑스에서 2, 30명의 젊은이들이 폭사하였고, 그 속에는 앤드루 램지가 끼여 있었다. 그는 비통하게도 현장에서 즉사하였다.〕(150)

유쾌하고도 차분한 자연과는 어울리지 않는 그 무엇인가를 생각해야만 했다. 유령같은 조용한 잿빛의 배가 나타났다 사라진다. 물속에서 무엇인가가 끓다가 피를 흘린 듯 평온한 바다물 표면에 자주색 얼룩이 보이기도 한다. 침입자가 가장 고상한 성찰에 적합하고 가장 낙관적인 결론을 유도하기에 알맞은 이 장면에 뛰어들어 그들의 발걸음을 막는다…. 외부세계의 아름다음이 내면세계의 아름다움을 반영한다고 감탄하기를 계속하기란 매우 어려웠다. (151)

포탄에 의한 앤드류의 죽음은 울프의 다른 등장인물들의 죽음과 마찬가지로 영웅시되지 않는다. 『댈러웨이 부인』에서 세인트 제임스공원에 있는 "청동으로 만든 영웅들의 조각상"(17)과 셉티머스가 "전쟁을 통해서 배운 것"(73)을 통해서 애국심과 명예를 위한 전쟁이 갖는 허상을 드러내고자 했듯이, 울프는 『제이콥의 방』의 제이콥, 『파도』(*The Waves*)의 퍼시벌(Percival)의 죽음을 통해서 전쟁에 참전한 남성들의 죽음을 기념하기를 거부한다. 한편 울프는 서정적인 풍경을 묘사하면서 푸루의 죽음을 소개했던 것과 달리 앤드류의 죽음은 의인화된 자연, "바람이 보낸 스파이"(149)와 전투 이미지 "쇠망치로 규칙적으로 때리는 듯 불길한 소리"(150) 등을 암시적으로 사용하는 도중에 소개한다.

인간의 슬픔에 공감하고 위안을 주는 애가의 자연은 이제 적진을 정탐하는 전투원으로 변한다. 울프는 "무력과 소유욕"(Woolf, 1992, 193)을 표출하는 전쟁터에서 맞은 앤드류의 죽음의 묘사에 있어서 감정적 허위의 사용을 거부한다. 이에 관해서 "전쟁과 같은 인간이 대량으로 생산한 죽음의 정치학과 공포를 냉정하게 맑은 정신으로 대면하기 위해서, 보상적인 문학 수사들은 예술로부터 제거되어야만 한다."(220)는 크레웰의 주장은 공적 영역의 애도와 관련하여 주목할 만하다.

문학적 수사가 개인의 애도를 넘어서는 전쟁과 같은 역사적인 사건에 대한 공적인 애도에 부적절하게 사용되었을 때, 자칫 전쟁의 파괴적 폭력성에 대한 주의를 흐리고 경계심을 완화시킬 수 있기 때문이다. 울프가 크레웰이 주장하듯이 전쟁이 초래한 죽음과 상실을 대면할 때, “안이한 위안에 반대하는 애도의 실행”(the anticonsolatory practice of mourning, 198)을 위해서 앤드류의 죽음에 대한 전통 애가의 위안을 거부했다면, 애도에 관한 공·사의 구분을 흐리고 지우려는 울프의 복잡한 서사전략의 정치적인 면은 더욱 분명해질 것이다.

울프는 “등대불빛의 이 아름다운 애무의 중단”, “늘어진 숄 자락”, “금이 간 찻잔들, “반복되는 불길한 소리의 충격”(150)과 같은 표현을 통해서 앤드류의 목숨을 앗아간 포탄의 폭력성을 암시적으로 표현한다. 울프는 이장의 맨 끝부분에서 카마이클씨(Mr. Carmichael)의 시집의 성공 소식을 전하는 부분에 이르러서야 “전쟁”(151)을 직접적으로 언급한다. 울프에게 전쟁은 제국주의와 마찬가지로 가부장제도로부터 기인하는 것이다. 따라서 성차별주의는 영웅주의와 파시즘의 토대를 제공하는 것으로 이해된다. 울프는 『삼기니』에서 공적영역에서 여성을 소외시키는 가부장제도는 아이러니컬하게도 제국주의와 군국주의에 대한 여성의 참여를 촉진시켜서 여성은 “의식적으로 ‘우리의 찬란한 제국’을 열망하고 “무의식적으로 ‘우리의 찬란한 전쟁’을 갈망”(208)하게 된다고 주장한다.

『등대로』에서도 이런 울프의 주장은 확인될 수 있다. “참호에서 포탄에 의해 죽은 앤드류의 죽음은 그의 어머니와 누이의 죽음보다 더 고귀하지 않다”(154)는 메팜의 지적처럼, 출산과 양육을 통해 제국을 담당할 일꾼을 생산하는 램지 부인과 푸루와 같은 여성의 죽음은 전투에서 맞는 남성들의 죽음과 마찬가지로 제국의 영광에 봉사하는 것이다. 이런 맥락에서 전쟁은 고대 그리스 이래로 유통되어 온 가정/여성/사적인 영역과 사회/남성/공적 및 정치적인 영역의 구분을 해체하는 한편, 죽음에 대한 애도를 개인적이자 공적인 감정이 되게 한다.

1부에서 논의되고 진행되던 두 가지 중요한 사건, 등대에 가는 여행과 릴리의 그림 완성은 3부에서 다시 시작된다. 그 사이 10년의 세월과 전쟁을 다루는 2부는, 녹쇼의 시각에서 보자면, 램지 부인의 죽음으로 인한 "서사의 연속을 중단시킴으로써 충격을 받아 마비된 상태에 상당하는 것을 "시간은 흐른다"에서 애가의 형식으로 상연하는"(702) 무대가 된다. 녹쇼의 "충격을 받아 마비된 상태"라는 표현은 울프에게 어머니와 때 이른 사별의 충격이 대재난에 비견되는 트라우마가 되었다는 전기적 사실에 비추어 전쟁과 죽음을 다루는 2부에 적절하다 할 수 있을 것이다. 인간 행위자가 사라진 2부 애도의 무대에 등장해서 전쟁 이전의 램지 부인과 가족에 대해 기억하고 애도하는 일은 매크냅부인에 의해서 수행된다. 스미스(Susan Bennett Smith)는 매크냅부인의 애도를 릴리의 예술로 표현되는 애도와 다르고 제도나 관습 등과 같은 인식으로부터 자유로운 방식의 애도라고 설명한다.

> 매크냅의 비전이 예술가의 현현은 아니지만, 그녀의 일은 일종의 애도하는 일로서 그것과 관련된 일에 의해서 죽은 자들을 불러일으킨다…. 그녀의 일은 릴리의 그림처럼 관습이나 의식에 의해 오염되지 않는다. 그것은 물 자체이다. 매크냅이라는 인물을 통해서 울프는 현재를 위해 과거를 구조하는 애도에 중재되지 않는 무의식적 이상을 대표하게 한다. (Smith 320)

홀의 연구에 의하면, 자필본에서 매크냅부인은 램지 부인의 유령을 보는 예언자이자 "쇠락해가는 우주에 질서를 복원시키는 사람"(727)이지만, 출판본에서 허드렛일을 하는 노동자계층의 한 사람으로 개정된다. 그럼에도 불구하고, 울프는 매크냅부인의 원래 역할을 완전히 포기하지 않아서 그녀의 일에 정신적인 면은 유지된다. 울프는 오래 비워두어서 황폐해진 집에서 먼지를 떨고 빗질을 하는 매크냅부인을 통해서 "엄숙한 의식과 노래"(156)를 수행하게 하고 죽음과 상실에 대한 일종의 애도의식을 벌이게 한다. 그러나 애도의 의식은 끝나지 않고 3부에서 릴리에 의해 계속 수행된다.

IV.

릴리의 의문, "그렇다면 그것이 무엇을 뜻하고, 그 모든 것이 무엇을 의미할 수 있단 말인가?"(What does it mean then, what can it all mean?, 161)로 시작되는 3부에서 릴리는 램지 부인의 죽음에 대해 아무 것도 느낄 수 없고 따라서 그 상실감에 대해서 "표현할 수 있는 것이 전혀 없는"(nothing that she could express at all, 161) 불가능한 애도의 상태를 보여준다. 죽은 이를 이상화하고 애도함으로써 위안을 구하는 전통적 애가의 애도자와 달리 울프의 애가소설에서 여주인공 릴리는 무기력하기만 하다. 사실 릴리는 램지 부인의 죽음과 전쟁이 초래한 변화를 쉽게 받아들이고 타협할 수 없다. 3부에서 릴리는 2부에서 제기된 "왜 이것을 받아들이고, 이것에 만족하고, 묵인하고 체념하지 않는가?"("why not accept this, be content with this, acquiesce and resign?, 160)라는 질문에 대한 답을 구하는 과정과 램지 부인의 죽음을 애도하는 과정을 병행한다.

전통적인 애가에서 어둠으로부터 빛으로의 전환은 중요한 의미를 가진 채, "밀턴이나 셸리가 위안을 구하는 과정에 등장하는 생존, 밀턴의 부활의 환상, 하디(Thomas Hardy)의 죽은 첫 부인에 관한 기억, 그리고 아킬레스(Achilles)의 분노로 되찾은 전투력"(Sacks 34) 등으로 다양하게 변화되어 왔다. 그러나 이러한 다양한 변화의 근저에 "어둠의 저쪽 끝에 있는 어떤 원래의 빛의 이미지나 부재의 공간에 존재를 상정하는 것과 관련된 강력한 모순된 것들의 유산"(a heritage of powerful contradictions associated with the original positing of any imagery of light on the far side of darkness or of presence in the space of an absence, Sacks 34)이 작용하고 있다. 『등대로』의 2부 마지막 장에서 "몇 겹이나 되는 어둠의 커튼"(160)에 싸인 밤으로부터 "태양이 커튼을 쳐드는 새벽"(160)으로의 변화는 전통적인 애가에서 어둠으로부터 빛으로의 전환에 상당한다. 또한 죽음으로 인해 부재한 램지부인의 존재를 "등대로"에서 되살리는 것은 "부재의 공간에 존재를 상정"하는 것이자 "강력한 모순된 것들의 유산"을 상속하는 것, 다시 말해, 애가의 전통을 수용하는 것이다.

그리고 이제 욕구에서 기인한 고통과 쓰라린 분노가 사그라졌다. 남아 있는 비통함은 그녀에게 그 자체로 위안인 안심, 해독제를 제공하고 또한 더 신비스럽게도 누군가 거기 있다는 느낌, 램지 부인이 거기 있다는 느낌을 주었는데 그 느낌은 잠깐 동안 세상이 그녀에게 지워 놓은 짐의 무게를 덜어주었다. 가볍게 그녀 곁으로 와서 (이런 면을 가진 이가 온갖 미모를 갖춘 램지 부인이기에) 죽을 때 함께 가져갔던 흰 꽃 화환을 이마에서 들어올렸다 …. 그녀가 보랏빛에 부드러운 들판과 히아신스와 백합의 꽃밭 사이를 평소처럼 빨리 걸으며 사라지는 램지 부인이 본 일은 분명히 이상했다. (205)

"애가의 전통은 『등대로』의 3부에서 변형되지만 계속된다. 전원애가에서 꽃은 죽은 자에 대한 존경의 의미 외에도 "공간적 시간적 중단(respite)"을 나타내는 표현이자 "산자와 죽은 자의 경계(demarcations)"로서 (Sacks 19) 기능한다. 울프는 죽은 자와 산자를 구분 짓는 경계인 흰 꽃 화환을 램지 부인의 머리로부터 벗겨서 부인을 부활시킨다. 그러나 죽음을 순환하는 자연의 질서에 통합시켜 애도하는 이에게 죽은 이의 부활을 약속하고 위안을 주는 전통적인 애가와 달리, 울프의 애가소설, 『등대로』는 릴리로 하여금 잠깐 동안 램지 부인이 거기 있다는 느낌을 갖도록 함으로써 순간적인 위안만을 제공할 뿐이다. 뿐만 아니라 전통적인 애가에서 죽은 자의 부활이 애도자에게 위안을 제공하는데 비해서 『등대로』에서 램지 부인의 부활은 릴리에게 하나가 되기를 원하는 갈망의 대상과의 고통스러운 재회의 기회를 제공한다.

1부 창문에서 "각기 다른 용기에 담긴 물을 한 개의 항아리 속에 부었을 때처럼"(56) "자신과 램지 부인이 하나"(56)가 되기를 바라는 릴리의 욕망은 램지 부인의 죽음에도 불구하고 계속된다. 하지만 "원하지만 가질 수 없는 것－원하고 또 원한다는 것－그것이 얼마나 가슴을 쥐어짜는 일인가!"(to want and not to have－to want and want－how that wrung the heart, 202)라는 릴리의 한탄을 통해서 울프는 램지 부인과 일심동체가 되고 싶은 릴리의 욕망의 좌절을 나타낼 뿐만 아니라 상실에 대한 위안을 얻지 못하는 "무력함"을 드러낸다. 애도자로서 릴리는 램지 부인의 부활로부터 위안을 얻지 못한다.

애도자에 의해서 죽은 이가 이상적인 인물로 표현되는 전통적인 애가와 달리 『등대로』의 3부에서 릴리는 램지 부인을 이상화하지 않는다. 램지 부인에 대한 릴리의 감정은 "가장 아름다운 사람, 가장 훌륭한 사람"(54)이라는 긍정적인 평가와 함께, "남의 운명을 늘 변함없이 태연하게 좌우하려는"(55) 강압적인 태도에 대한 분노하는 것에서 알 수 있듯이 양가적이다. 심지어 릴리는 기억을 통해 되살려낸 램지 부인에게 폴과 민타의 실패한 결혼을 들려주며 부인을 조소하는 자신의 모습을 상상하기도 한다. 릴리는 결혼을 하지 않으면 인생의 중요한 부분을 놓치게 된다면서 결혼을 독려하던 "램지 부인의 소망을 짓밟을 수 있고 부인이 가졌던 단점이 많은 구식 생각을 뜯어 고칠 수 있다고 생각한다"(We can override her wishes, improve away her limited, old-fashioned ideas, 198).

전쟁 이후에 램지일가와 유럽 사회의 "삶은 완전히 바뀌고 말았다"(Life has changed completely, 198). 전쟁으로 인해 급격하게 변화된 삶은 애가에 관해서 갖고 있던 위안에 대한 믿음으로부터 불신으로 애가의 위상을 추락시켰다. 색스의 설명에 의하면 세계 대전 또는 대량학살과 같이 엄청난 충격을 주는 사건은 사람들로 하여금 죽음을 터무니없고 무의미하고 비인간적인 것으로 여기게 한다. 이러한 죽음에 대한 태도 변화로 인해 작가들이 애도에 관한 글을 쓰는 것은 어렵게 되고 따라서 "위안이라는 애가의 목적과 수단이 전복되고 전통적인 애가는 더 이상 옛날의 위상을 가질 수 없게 된다"(Sacks 299).

애가의 역사상 20세기에 들면서 나타난 이러한 경향은 전통적인 애도의 절차를 포기하고 의도적으로 이상화되지 않는 인물을 택함으로써 죽은 자만이 아니라 사라진 애도 의식과 위안까지도 애가의 주제로 포함시키는 것이었다. 울프는 『등대로』의 3부에서 전쟁 이전의 삶과 전쟁 이후의 삶의 변화를 누구보다도 민감하게 의식하는 후기 인상주의 여성화가, 릴리를 통해서 역사상 유례없는 애도의 필요성에 직면한 채, 애도의 의식에 참여하려 하지만 애도가 불가능해져 버린 모더니스트 작가의 무기력한 처지를 투사하고 있다.

릴리가 『등대로』에 등장하는 시인인 카마이클에게 계속해서 무언의 질문을 하는 이유는 일차 세계 대전 이래로 "애가 장르에 맞서는 힘을 모아왔던 의문과 시도들의 불편하게 하는 압박감"(the discomforting strain of queries and forays that have been gathering force against the genre, Sacks 305) 때문일지도 모른다.

> 그렇다면 그녀는 아무런 불행도 깨닫지 못하고 램지 부인을 위해 울고 있는 것이었을까? 그녀는 다시 한 번 카마이클 노인에게 묻고 있었다. 그렇다면 이게 무엇입니까? 그 의미는 무엇일까요? 사물이 손을 뻗어 우리를 붙잡을 수 있고, 칼날이 처음으로 움켜잡은 것을 잘라 낼 수 있나요? 안전성이라고는 전혀 없나요? 이 세상의 방식들을 암기할 수는 없나요? 안내자도 없고, 피신처도 없고, 모든 것은 다만 기적일 뿐, 탑의 위쪽 첨탑으로부터 공중으로 뛰어 내리는 것뿐인가요? 노인들에게 조차도 이것이-이런 놀랍고, 예기치 않은, 미지의 것들이 인생인가요? … "램지 부인!" 하고 외쳤다. "램지 부인!" 눈물이 그녀의 얼굴에 흘러내렸다. (203-4)

울프는 "전쟁이 시에 대한 사람들의 흥미를 부활시켰다"(The war, people said, had revived their interest in poetry, 151)라고 카마이클의 시집이 성공한 이유를 괄호로 처리하여 밝혔는데 이는 전쟁으로 인하여 상실에 대한 애도와 위안의 필요성이 커졌음을 은연중 암시하는 것이다. 릴리가 자신의 연이은 의문에 대해 답을 구하는 대상이 카마이클인 것도 그의 시집의 성공이 얼마간 애도와 위안의 필요성을 충족시켰을 가능성 때문일지도 모른다. 하지만 릴리는 분명하게 자신의 의문을 표현할 수가 없다. "우리는 아무에게도 아무 말도 전할 수 없다"(one could say nothing to nobody, 202)는 릴리의 절망은 "안내자"나 "피신처"도 없고 예측할 수도 없는 삶과 그로 인한 상실과 그 상실을 위로할 수단과 목적마저도 찾기 어려운 지경에 이른 모더니스트 예술가의 한탄을 나타낸다. 램지 부인의 죽음과 삶에 대한 의문의 답을 발견하고 그것을 통해서 애도를 완결하려는 릴리의 바램은 전쟁으로 인해 불가능한 꿈처럼 보인다.

릴리는 다시 카마이클과 대화를 통해서 자신을 괴롭히는 의문, "그 의미는 무엇일까요?"에 대한 답을 구하고자 한다. 릴리는 인생, 죽음 그리고 자신의 예술의 의미에 관해서 무언으로 질문한다. 카마이클은 "'당신'이나 '나' 그리고 '부인'은 죽어서 사라진다. 영구히 남는 것은 아무 것도 없다. 모든 것이 변화하지만 글과 그림만은 예외"(how "you" and "I" and "she" pass and vanish; nothing stays; all changes; but not words, not paint, 203)라고 대답한다. 사실 릴리와 카마이클의 대화는 두 사람 사이의 영적 교감으로서 이를 통해 릴리는 "다락방 속에 걸리거나 똘똘 말린 채로 소파 밑에 처박힐 것"(it would be hung in the attics, she thought; it would be rolled up and flung under a sofa, 203)이라는 자신의 그림에 대한 불안을 얼마간 극복한다.

릴리에게 그림이 완성되는 과정과 애도의 과정은 서로 밀접하게 연관되어 있다. 스미스(Susan Bennett Smith)의 "릴리는 예술과 애도 두 가지 면에서 모두 모더니스트"(322)라는 주장에서 알 수 있듯이, 릴리가 자신의 그림에 대해서 확신을 갖는 것은 램지 부인에 대한 애도를 위해서 꼭 필요한 일이다. 다시 말해 릴리가 램지 부인을 애도하기 위해서 먼저 자신의 그림에 대해서 회의와 불안을 불러일으키는 텐슬리(Charles Tansley)의 되풀이되는 주문 – "여성은 그림을 그릴 수 없다. 여성은 글을 쓸 수 없다"(53, 95, 101, 180, 181) – 으로부터 풀려나야만 한다.

> 다행스럽게도 그 사람은 그 층계 위에다 이상한 모양의 삼각형 그림자를 던져 주었다. 그것이 그림의 구도를 약간 바꿔놓았다. 흥미로운 일이었다. 그것은 도움이 될지도 몰랐다. 옛날 그녀의 심경이 되돌아오고 있었다… "램지 부인! 램지 부인!" 하고 그녀는 외쳤다. 예전의 그 두려움 – 간절히 원하면서도 그것을 차지하지 못하는 그 두려움이 되살아나는 것을 느꼈다. 그녀는 아직도 괴로움을 안길 수 있을까? 그러자 조용히, 마치 그녀가 자제하기라도 한 듯이, 그것마저도 의자나 탁자와 마찬가지로 통상적 경험 차원의 일부가 되었다, 램지 부인은 – 그것은 부인의 완벽한 선함의 일부였다 – 조용하게 거기에 앉아서 뜨개바늘을 놀리며 붉은 갈색의 양말을 뜨면서 그녀의 그림자를 투사하고 있었다. 거기 그녀가 앉아 있었다. (228)

"이상한 모양의 삼각형 그림자"가 릴리에게 도움이 되는 이유는 1부 "창문"에서 제임스(James)에게 책을 읽어 주고 있는 램지 부인을 "보랏빛 삼각형"(58)으로 표현했던 일을 상기시켰기 때문이다. 그때 뱅크스(Bankes)에게 램지 부인과 제임스는 만인의 존경의 대상인 성모자상을 대표하는 모델이었다. 그러나 릴리가 그림에서 두 사람을 표현할 때 매스(mass)와 명암의 상호관계에 의해서 모자는 전혀 불경스럽지 않게 "하나의 그늘"(58)로 압축된다. 릴리가 1부와 3부에서 램지 부인을 생각하고 표현할 때 등장하는 "삼각형"은 "모든 주체의 조건인 분리와 상실을 끌어내는 자주색 삼각형"(the triangular purple shape abstracts separation and loss as every subject's condition, Floura 144)과 밀접하게 연관된다. 릴리의 "간절히 원하면서도 그것을 차지하지 못하는 두려움"은 램지 부인의 죽음 이전에 존재했던 어머니로부터 분리됨에 대한 두려움이자 상실의 고통을 나타낸다.

릴리가 자신만의 예술적 언어로 램지 부인을 표현하는 과정은 램지 부인을 애도하는 과정과 병행된다. 전통적인 애가에서 시인과 자연 또는 어머니의 합일된 조화로운 상태를 파괴하는 존재로서 등장하는 죽음, 시간, 그리고 아버지로 이루어지는 삼각관계는 애도를 필요로 하는 상실을 형상화한다. 프로이트의 오이디푸스 삼각형도 완전한 통일체로서 어머니와 아들이 아버지의 법, 즉 언어의 중재에 의해서 분리되고 그 결과 인류가 최초로 겪게 되는 상실을 삼각관계를 통해서 설명하고 있다는 점에서 애가의 삼각관계와 유사하다. 애가의 시인이 주로 남성이듯이 프로이트의 오이디푸스 삼각형에서도 딸은 배제되고 남성에 특권이 부여된다. 프로이트의 오이디푸스 삼각형은 성별화된 개념으로 딸의 소외와 상실에 대해서는 설명하고 있지 않다.

릴리는 "이상한 모양의 삼각형 그림자"에 의해서 상기된 램지 부인에 관한 기억을 남성성에 관한 추상적 개념 중 하나인 어머니와 아들의 오이디푸스 삼각형 안에 포함시켜야 한다. 다시 말해, 딸이 포함된 어머니와 아이의 삼각형으로 재구성해야만 한다. 릴리는 1부에서 램지 부인에 대한 갈망과 두려움 그리고 3부 부인의 죽음으로 인한 상실감을 모두 그림의 완성을 통해서 그 해결이 시도한다. 애가에서 시인이 시를 통해서 사자를 부활시키고 영원성을 부여했다면, 릴리는 그림을 통해서 되살려낸 램지 부인은 영원성을 담보하지 못한다. 릴리는 램지 부인을 떠나보내야만 하고 "나 만의 비전"(236)을 얻어야만 한다. 램지 부인의 상실에 대한 릴리의 애도 과정에는 릴리가 나만의 비전을 찾는 과정과 램지 부인과의 또 다른 분리의 과정이 동반된다. 이와 관련하여 "오이디푸스 콤플렉스의 해결과 애도의 과정 사이에 존재하는 중요한 유사성"(8)에 관한 색스의 설명은 '왜 릴리의 그림의 완성과 애도의 과정에 부재하던 램지 부인의 존재가 필요하고 그로 인한 삼각형 그림자가 중요한지?에 관한 이해에 도움이 된다.

프로이트가 아이의 위대한 문화적 성취라고 보았던 포르트-다 놀이는 아이가 실패를 던지며 어머니의 존재와 부재를 언어로 상징화하는 과정, 즉 아이가 대상의 사라짐과 귀환을 스스로 통제함으로써 상실에 대한 원시적 반응을 스스로 통제하며 자기 자신에게 보상을 제공하는 과정이자 애도의 원형을 보여주는 예이다. 이 원시적 애도의 형식에 의해서 아이는 최초의 애정 대상의 부재와 타협할 뿐만 아니라 언어를 통해서 부재함을 존재하게 만들거나 부재를 재현하는 것을 배운다. 한편 오이디푸스 단계에 이르면 아이는 어머니와의 분리와 상실을 묵인하도록 강제하는 아버지와 같은 권위 있는 인물에게 복종함으로써 거세의 위협으로부터 벗어나고 보상적인 성적 힘(compensatory sexual power)인 팰러스(phallus)를 소유하게 된다.

"지배적인 남성 문화의 산물"(12)인 팰러스가 보상적인 성적 힘으로서 배타적으로 남성에게 더 잘 적용될 수 있는 개념이지만, 색스는 애도과정에 있어서 양성에 따른 차이는 없다고 주장한다. 그는 애도의 과정에 관한 이해를 위해서 "팰러스를 부재한 것, 즉 (처음에 어머니와 함께하는) 재결합에 관한 소망의 표현으로 볼 것"(12)을 제안한다. 릴리에게 그림은 램지 부인의 상실에 대한 보상이자, 램지 부인과의 재회의 소망을 표현하는 것이다. 램지 부인은 "영원히 끊임없는 사라짐과 흐름이 고정된 안정성으로 갑자기 바뀌기 시작하는"(183) 릴리의 그림을 통해서 더 이상 사라지지 않고 "영원히 살아남는다"(203).

램지 부인과 일심동체가 되려는 욕망의 좌절로 인한 릴리의 "공포"

는 트라우마와 관련된 경험처럼 "모든 감각 기능이 마비되고 표면이 모두 얼어붙은"(227) 상태이다. 릴리는 삼각형그림자로써 환기된 램지 부인의 상실과 괴롭게 대면하면서 램지 부인에 관한 고통스러운 집착을 "이것은 탁자다, 저것은 의자다"와 같은 일상적인 경험에 통합시켜야만 한다. 죽음으로 인한 상실의 고통으로부터 위안을 구하는 애가의 과정에 반복이 중요하게 기능하는 것과 죽음에 관한 트라우마적 경험이 반복된다는 점은 서로 일치한다. 릴리는 "아무 것도 느낄 수 없는" 램지 부인의 죽음에 관한 사실을 기억하고 되풀이한다. 1부에서 시작된 릴리의 그림은 3부에서 계속되고 램지 부인을 어떻게 재현할지에 관한 고민은 반복된다. 릴리가 램지 부인을 그림에서 재현하는 과정은 비록 언어가 아닌 공간, 색체 그리고 매스(mass) 등 회화적 수단을 통한 과정이지만 작가가 트라우마적 기억을 서사적 기억으로 바꾸는 과정과 크게 다르지 않다.

릴리는 전원 애가적 장면 - 머리에 화환을 쓰고 백합과 히아신스 핀 들판을 잰걸음으로 걸어서 사라지는 램지 부인의 모습-을 반복적으로 상기한다(205, 227). 또한 릴리는 3부 전체에 걸쳐서 반복적으로 램지 부인의 이름을 부른다. "반복은 트라우마에 대한 심리적인 반응"(Sacks 23)이라면, 릴리는 이런 반복에 의해서 소급적으로 자신의 트라우마를 처음 야기했던 그 충격적인 사건을 재연함으로써 상실에 대한 위안을 구하고자 하는 것이다. 또한 색스의 지적처럼 "반복 그 자체가 의식(ceremony)의 느낌을 창조하는데 이용될 수 있다"(Sacks 23)면 릴리는 램지 부인에 관한 기억과 그 재현을 반복함으로써 애도의 의식을 수행하고 있는 것이다.

V.

누구든 뜻하지 않게 사랑하는 이의 죽음으로 영원한 이별을 경험한다면 어찌 슬프지 않겠는가? 그런데 어떤 이들은 갑작스러운 상실의 충격이 너무나 극심하여서 오히려 슬픔을 느낄 수 없는 감정의 마비상태, 회상, 악몽 그리고 환청과 환각이 동반되는, 이른바 플래시백(flashback)을 경험하게 된다. 이것은 상실의 경험이 트라우마를 초래했기 때문인데, 트라우마를 가진 사람들이 흔히 앓는 우울증의 증상도 이와 다르지 않다. 물론 사별로 인한 상실감뿐만 아니라 과거에 상실한 것들, 예를 들면, 성폭력 희생자들에게서 발견되는 어린 시절에 상실한 순수성, 처녀성, 인간적 존엄성 그리고 미래의 꿈 등이 우울증의 원인이 될 수도 있다. 우울증은 과거 기억에 스스로를 얽어매어서 자신의 현재의 삶을 살아가지 못하고 과거의 유령에 사로잡혀 있는 상태를 말한다. 아이로니컬하게도 우울증은 스스로 자신을 과거에 가둠으로써 과거로부터 자신을 지키려고 하는 상태를 나타낸다. 다시 말해, 우울증은 자신의 의지와 상관없이 현재 자신의 생활을 방해하는 과거의 고통으로부터 자신을 지키려는 일종의 수동적인 방어책 또는 실패가 예견된 전략으로 볼 수 있을 것이다. 대조적으로 애도는 과거의 기억으로부터 거리를 둠으로써 상실을 상실 그 자체로 인정하는 것이며, 현재의 삶을 다시 시작하기 위해서 관심과 애정을 쏟을 대상을 찾아내는 능동적인 과정이다. 또한 애도는 안전 확인과 사회의 연결 복구와 함께 트라우마로부터 회복하기 위해서 반드시 거쳐야 할 단계이다.

필멸의 존재인 인간의 삶에 이미 내재되어 있는 이별과 상실의 고통을 달래고 위안을 구하려는 시도는 어쩌면 선사시대에도 존재했을 것이다. 살아남은 자들은 어떻게든 상실의 고통을 달래고 다시 삶을 시작하기 위해서 장례의식과 같은 의례와 그에 필요한 악기 연주와 노래 가

사 등이 필요했을 것이고, 이미 살펴보았듯이 애가는 거기서부터 유래를 찾을 수 있다. 애가는 고대 그리스 신화뿐만 아니라 우리나라의 신라 향가인 제망매가에서 볼 수 있듯이 동서양을 막론하고 유구한 전통을 자랑하는 문학 형식인 것이다. 우리가 학창 시절에 배웠던 내용을 상기하자면, 누이를 잃고 인생의 무상함과 상실감을 느끼는 오빠(시의 화자)가 극락세계에서 누이와 재회를 기약하며 슬픔을 달래는 제망매가는 서양의 애가와 그 내용 전개가 유사하다.

이 글은 버지니아 울프의『등대로』를 읽고 분석함으로써 트라우마와 그 회복을 위한 단계 중 하나인 애도에 관한 이해를 얻는 것을 목적으로 하였다.『등대로』에서 여주인공 릴리가 램지부인의 죽음과 전후 영국 사회에 불어 닥친 변화로 인한 상실감과 불안으로부터 예술적 창작을 통해 위안을 구하고 궁극적으로 자신만의 새로운 비전을 찾아 가는 과정은 바로 우울증의 고착 상태로부터 풀려나 애도로 나아가는 단계를 생생하게 재현한 것으로 볼 수 있다. 따라서『등대로』는 울프의 전후 애가로서 트라우마와 애도 사이에 존재하는 정신적 메커니즘을 이해하기에 적합한 텍스트임을 확인할 수 있었다. 울프를 비롯하여 전후 세대들은 전쟁으로 인한 대량 살상과 파괴를 겪은 후 죽음을 대하는 태도가 변하게 되었고 전통적인 애가의 신화와 의식을 믿지 못하게 되었다. 위안을 주는 애가의 기능이 약화되었을 때, 울프는 새로운 형식의 애가가 필요했을 것이다. 울프는『등대로』에서 전통적인 애가의 관습에 도전하면서 애가의 현대화를 꾀했던 것이다.

트라우마 이론은 서사적, 역사적 그리고 윤리적 차원에서 고통과 언어 사이의 관계, 곧 재현의 문제와 관련된다. 울프는『등대로』쓰기를 통해서 자신의 어머니의 죽음에 대한 사적인 애도와 약 900만 명이라고 하는 엄청난 수의 전사자를 초래한 제일 차 세계 대전으로 인한 죽음에 대한 공적인 애도를 구분 없이 동시에 진행한다. 이러한 구성을 통해서 울프는 『등대로』의 등장인물 개개인의 죽음과 상실의 고통은 사회, 문화 그리고 역사로부터 분리된 개인적인 것이 아니라 공동의 것임을 주장한다. 이렇듯 울프의 1927년 작, 『등대로』는 사적 애도와 공적 애도의 과정을 불가분 연결된 것으로 재현함으로써 1997년에 출간된 허먼의 『트라우마와 회복』(*Trauma and Recovery*)에 나타난 주장－트라우마로부터 회복하기 위해서 개인적 차원의 기억과 애도만으로는 충분하지 않고 "사회와의 연결 상태를 복구하는"(155) 사회적 과정이 필요하다－을 확인하게 해준다. 우리는 허먼보다 70여 년이나 앞서서 트라우마로부터 회복에 필요한 애도 과정을 통찰해낸 울프의 혜안에 감탄을 금치 못한다. 『등대로』에서 울프는 트라우마로부터 회복하기 위해서 개인적인 차원의 기억과 애도가 아니라 사회 전체가 참여하고 공감할 수 있는 공적인 애도 의식이 필요함을 역설하고 있는 것이다.

인용문헌

Caruth, Cathy. *Unclaimed Experience: Trauma, Narrative, and History*. Baltimore: Johns Hopkins UP, 1996.

Clewell, Tammy. "Consolation Refused: Virginia Woolf, The Great War, and Modernist Mourning." *Modern Fiction Studies* 50. 1 (2004): 197-224.

Crosthwaite, Paul. *Trauma, Postmodern, and the Aftermath of World War* II, New York: Palgrave Macmillan, 2009.

Dekoven, Marianne. "History as Suppressed Referent in Modernist Fiction." *ELH*, 51. 1 (1984): 137-52.

DeMeester, Karen. "Trauma, Post-Traumatic Stress Disorder, and Obstacles to Postwar Recovery in *Mrs. Dalloway.*" Henke, Suzette and David Eberly. 77-93.

DeSalvo, Louise. *Virginia Woolf's First Voyage: A Novel in The Making*. London: Macmillan, 1980.

Froula, Christine. "Picture the World: The Quest for the Thing Itself in *To the*

Lighthouse." *Virginia Woolf and the Bloomsbury Avant-Garde: War, Civilization, Modernity*. New York: Columbia UP, 2004. 129-71.

______. "Mrs. Dalloway's Postwar Elegy: Women, War, and the Art of Mourning." *Modernism/ modernity* 9. 1 (2002): 125-63.

Greenwald, Elissa. "Casting Off From 'The Castaway': *To the Lighthouse* as Prose Elegy." McNees. 663-80.

Haule, M. James. "*To the Lighthouse* and the Great War: The Evidence of Virginia Woolf's Revisions of 'Time Passes'." McNees. 722-34.

Henke, Suzette. *Shattered Subject: Trauma and Testimony in Women's Life-Writing*. London: Macmillan, 1998.

Henke, Suzette and David Eberly, eds. *Virginia Woolf and Trauma: Embodied Texts*. New York: Pace UP, 2007.

Herman, Judith Lewis. *Trauma and Recovery*. New York: BasicBooks, 1992.

Holtby, Winifred. Virginia Woolf. London: Wishhart, 1932.

Knox-Show, Peter. "*To the Lighthouse* as Elegy." McNees. 699-721.

Lee, Hermione. "*To the Lighthouse*: 'Making Shapes Square Up'." McNees. 735-55.

______. *Virginia Woolf*. New York: Knopf, 1997.

Leys, Ruth. *Trauma: A Genealogy*. Chicago: Chicago UP. 2000.

Lilienfeld, Jane. "Could They Tell One What They Knew?: Modes of Disclosure in *To the Lighthouse*." Henke, Suzette and David Eberly. 95-122.

McNees, Eleanor, ed. *Virginia Woolf: Critical Assessments vol* Ⅲ, *Critical Responses to the Novels from* The Voyage Out *to* To the Lighthouse. East Sussex: Helm Information Ltd., 1994.

Mepham, John. "Mourning and Modernism." *Virginia Woolf: New Critical Essays*. Eds. Patricia Clement and Isobel Grundy. London: Vision and Barnes & Noble, 1983. 137-56.

Moran, Patricia. *Virginia Woolf, Jean Rhys, and The Aesthetics of Trauma*. New York: Palgrave Macmillan, 2007.

Phillips, J. Kathy. *Virginia Woolf Against Empire*. Knoxville: Tennessee UP, 1994.

Rubenstein, Roberta. "I meant nothing by *The Lighthouse*: Virginia Woolf's Poetics of Negation." *Journal of Modern Literature*. 31. 4 (2008): 36-53.

Sacks, M Peter. *The English Elegy: Studies in the Genre from Spenser to Yeats*.

Baltimore: Johns Hopkins UP, 1985.

Smith, Bennett Susan. "Reinventing Grief Work: Virginia Woolf's Feminist Representations of Mourning in *Mrs. Dalloway* and *To theLighthouse*." *Twentieth Century Literature* 41. 1 (1995): 310-27.

Tylee, M. Claire. *The Great War and Women's Consciousness: Images of Militarism and Womanhood in Women's Writings, 1914-64.* London: Macmillan, 1990.

Woolf, Virginia. *A Room of One's Own, Three Guineas*. Ed. Morag Shiach. Oxford; Oxford UP, 1992.

______. *A Writer's Diary*. Ed. Leonard Woolf. New York: Harcourt Brace, 1953.

______. *Moments of Being: Unpublished Biographical Writings.* Ed. Jeane Schulkind. New York: Harcourt Brace Jovanovich, 1979.

______. *Mrs. Dalloway*. Ed. David Bradshaw. New York: Oxford UP, 2000.

______. *The Collected Essays of Virginia Woolf*. Ed. Andrew McNeillie. 3 vols. New York: Harcourt Brace Jovanovich, 1986-88.

______. *To the Lighthouse*. New York: Harcourt Brace, 1990.

출처 : 『근대영미소설』 19집 3호 (2012)에 실린 「『등대로』: 공과 사의 경계를 넘은 기억과 애도를 위한 서사」를 책의 주제에 맞게 수정, 보완한 것임.

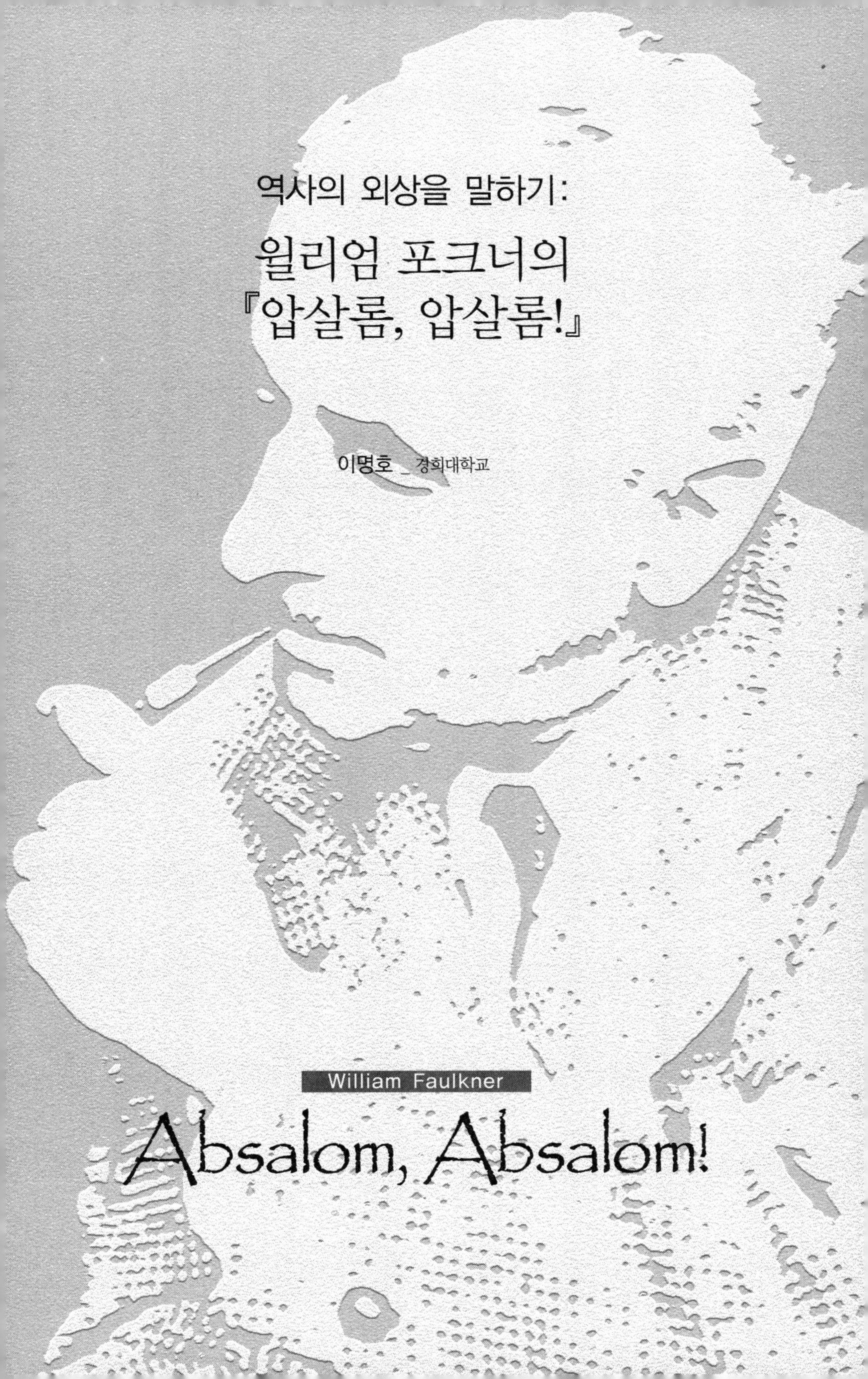

역사의 외상을 말하기:

윌리엄 포크너의 『압살롬, 압살롬!』

이명호 _ 경희대학교

William Faulkner

Absalom, Absalom!

역사의 외상을 말하기:
윌리엄 포크너의『압살롬, 압살롬!』

작가소개

윌리엄 포크너(William Faulkner, 1897~1962)는 헤밍웨이, 피츠제랄드와 함께 20세기 미국 모더니즘 문학을 이끈 대표 작가이다. 하지만 뉴욕, 파리 같은 북부 대도시와 유럽을 작품의 배경으로 삼았던 헤밍웨이, 피츠제랄드와 달리 포크너는 남부 시골 마을 사람들의 삶과 역사를 작품의 소재로 하고 있다. 그는 '요크나파토파 카운티'(Yoknapatawpha county)라고 스스로 이름을 붙인 가상의 미시시피 지역을 배경으로 하여 그곳의 대표적인 가문들의 역사를 재현하고 있다. 윌리엄 포크너는 1897년 미국 남부 미시시피주 뉴 올바니에서 아버지 머리 쿠스버트 포크너(Murry Cuthbert Falkner)와 어머니 모드 버틀러(Maud Butler) 사이에서 4형제 중 맏아들로 태어났다. 아버지는 부친이 경영하던 철도회사에서 재무 관련 업무를 보지만 가문의 사업을 물려받지는 못한다. 실망한 아버지는 여러 사업을 전전하다가 윌리엄이 5살 되던 무렵 미시시피주 옥스퍼드로 이사와 정착한다. 윌리엄은 크게 성공하지는 못했지만 바깥활동으로 바쁜 아버지보다는 예술적 소양이 풍부한 어머니와 외할머니, 그리고 캐롤린 바(Caroline Barr)라는 이름의 흑인 유모에게서 깊은 영향을 받는다. 어린 시절 흑인유모로부터 들은 구술 이야기와 어머니와 외할머니에게서 물려받은 문학적 소양은 후일 작가로 성장하는데 풍요로운 밑거름이 된다. 미시시피대학에 입학한 포크너는 학업에 별 흥미를 느끼지 하고 결국 학업을 그만둔다. 하지만 대학시절 그는 필립 스톤(Philip Stone)이라는 4살 연상의 열렬한 문학청년을 만나 깊은 영향을 받는다. 필립 스톤을 통해 포크너는 제임스 조이스 같은 유럽 모더니즘 작가들의 작품을 접하게 된다. 평생 문학을 하겠다는 결심을 굳힌 것이 이 무렵이다. 처음에 포크너는 시를 쓰기 시작하지만, 자신의 재능이 소설에 있음을 발견하고 소설로 옮겨간다. 포크너가 쓴 첫 소설이 1925년 발표된 『병사의 보수』(*Solder's Pay*)이다. 이 소설에는 남부문학에서 처음으로 모더니즘 스타일을 선보인 셔우드 앤더슨의 영향이 짙게 남아있다. 젊은 시절부터 포크너는 남북전쟁 때 참전한 자기 집안의 영웅적 선조들의 이야기를 비롯하여 남부의 역사에 깊은 관심을 보인다. 남북전쟁 이전의 남부, 이른바 구남부에 대한 향수, 흑백 인종갈등, 전후 남부의 피폐한 경제적 상황과 정신적 방황 등 후일 포크너 문학의 주요 주제들은 모두 그가 평생 거의 떠나지 않았던 남부 미시시피 주 고향마을의 역사와 깊이 연동되어 있다. 남부 역사를 깊이 천착한 그의 대표작들로는 『소리와 분노』(*The Sound and the Fury*, 1929), 『내 누워 죽어갈 때』(*As I Lay Dying*, 1930), 『성역』(*Sanctuary*, 1931), 『팔월의 빛』(*Light in August*, 1932), 『압살롬, 압살롬!』(*Absalom, Absalom!*, 1936), 『마을』(*The Hamlet*, 1940), 『내려가라 모세야』(*Go Down, Moses*, 1942), 『우화』(*A Fable*, 1954) 등이 있다. 미국비평계에서 포크너 문학의 재평가에 지대한 역할을 한 인물이 말콤 카울리(Malcolm Cowley)이다. 그가 1946년 편집, 출판한 『휴대용포크너』(*The Portable Faulkner*)는 포크너문학의 재평가에 기폭제 역할을 한 책으로 유명하다. 포크너는 1949년 노벨문학상을 수상한다.

작품소개

우리가 아래에서 집중 살펴볼 『압살롬, 압살롬!』은 흑백 인종갈등으로 얼룩진 남부 역사에 대한 작가의 대결의식이 모더니즘 형식실험과 동반된, 명실공히 포크너의 대표작이면서, 20세기 미국문학이 이룩한 가장 위대한 성취 중의 하나로 평가해도 지나치지 않을 걸작이다. 난해하기로 악명 높은 이 작품의 줄거리는 의외로 간단하다. 작품은 네 명의 화자가 미국 남부 미시시피주 제퍼슨 지역에 한때 거대한 농장을 일구었지만 비극적 종말을 맞게 된 써트펜 가문의 몰락사를 이야기하는 형식으로 구성되어 있다. 첫 장에서는 토마스 써트펜의 처제인 미스 로자가 화자로 등장하여 서술한다. 1장에서 중단된 그녀의 서술은 5장에서 다시 이어진다. 2. 3. 4장에서는 제퍼슨에 살고 있는 콤슨씨가 이 집안의 이야기를 서술한다. 마지막으로 콤슨씨의 아들인 퀜틴이 하버드대 친구 슈리브에게 이 가문의 이야기를 들려주고, 둘이 함께 이야기를 주고받는다. 써트펜 가문을 일군 창시자는 토마스 써트펜이다. 그는 웨스트 버지니아 산간지방의 가난한 백인소년이었다. 어린 시절 그는 아버지의 심부름으로 백인 농장주의 집에 갔다가 흑인하인으로부터 앞문으로 들어오지 말고 뒷문으로 들어오라는 말을 듣고 심한 모욕감을 느낀다. 이 모욕감을 보상하기 위해 그는 부유한 농장주가 되기로 결심하고 흑인에 대해서는 인종차별적 태도를 갖게 된다. 정치적 격동에 휩싸인 아이티로 건너가 재산을 모으던 중 써트펜은 율라리아란 이름의 첫 아내로부터 아들을 얻는다. 하지만 그 아들의 몸속에 흑인 피가 흐르고 있다는 것을 나중에 알게 되자 미련 없이 버린다. 그는 미시시피주로 돌아와 가난한 백인여성 엘렌과 다시 결혼하여 헨리와 주디스 두 남매를 두고, 써트펜 헌드레드라는 대농장을 건설하는데 성공한다. 하지만 그가 버린 첫 아들 찰스 본이 돌아와 아들로 인정해주기를 요구한다. 흑인피를 지닌 아들을 백인 가계 속에 들일 수 없었던 써트펜은 이 요구를 거절한다. 찰스 본은 자신을 아들로 인정해주지 않는 아버지에게 복수하기 위해 이복동생 주디스와 결혼을 감행하려고 한다. 이를 알게 된 남동생 헨리가 근친상간과 이종잡혼이 될 이 결혼을 막기 위해

형을 죽인다. 집안의 대를 이을 아들을 잃게 된 써트펜은 남북전쟁에서 돌아온 후 늙은 나이에 다시 아들을 얻기 위해 백인하녀와 성관계를 맺는다. 하지만 태어난 아이가 아들이 아니라 딸이라는 사실을 알게 되자 아이와 그 어머니를 함께 버린다. 자신의 딸이 아들을 낳기 위한 써트펜의 계획에 이용당한 것을 알게 된 하녀의 아버지가 써트펜을 낫으로 찔러 죽인다. 작품에서 서술을 끌고 가는 화자들은 왜 써트펜 가문의 비극이 일어났는지를 각기 자신의 제한된 시각에서 서술한다. 화자 중 퀜틴 만이 본의 몸속에 흑인 피가 흐르고 있다는 것을 알고 써트펜 집안의 형제살인의 비밀을 푼다.

I. 『압살롬, 압살롬!』에 이르는 길: 남부의 역사적 외상을 만나기까지

『소리와 분노』에서부터 시작된 포크너의 현란한 형식 실험은 말할 수 없는 것을 말하기 위한 노력이었다. 포크너는 『소리와 분노』에서 의식의 흐름 수법을 위시한 실험적인 모더니스트 기법을 동원해 말해지지 않은 것을 표현해보려 했지만, 이 작품을 쓰고 난 다음에도 여전히 그것을 말하는데 실패했다고 고백하지 않을 수 없었다. 버지니아 대학 학생들과 나눈 대화에서 『소리와 분노』에 대한 질문을 받았을 때, 포크너는 자신이 이 작품을 네 번이나 고쳐 썼지만 결국 제대로 쓰지 못한 채 포기해 버렸다고 대답하면서, 『소리와 분노』를 가리켜 "가장 찬란한 실패"(the most splendid failure)라 불렀다(*Faulkner in the University* 61). 같은 대화에서 포크너는 작품을 쓰는 동안 형언하기 힘든 육체적 "황홀감"(ecstasy)을 느꼈다고 고백하고 있다. 한 편에선 성적 쾌감에 가까운 황홀감을 느꼈다고 고백하면서 다른 한편에서 실패라 부르기를 주저하지 않는 이 모순을 어떻게 이해해야 할까? "찬란한 실패"라는 말을 포크너 연구의 핵심 어구로 격상시킨 앙드레 블레카스탕(Andre Bleikasten)에 따르면, 포크너가 "실패"를 인식하게 된 것은 창작과정에서 표현의 한계를 느꼈기 때문이고 이는 진정한 작가가 되기 위해 거쳐야 하는 관문을 성공적으로 통과했음을 보여주는 증거라고 한다(41-6). 블레카스탕은 작가란 말할 수 없는 것을 말하려는 불가능한 시도를 감행하는 존재인데, 이 불가능성에 대한 자의식을 통해 비로소 언어를 다룰 줄 알게 된다고 본다. 그가『소리와 분노』를 포크너의 작가적 여정에서큰 획을 긋는 분수령으로 보면서 이 작품에 이르러 진정한 의미의 "작가 포크너"가 탄생했다고 보는 것도 언어적 표현의 한계를 넘어서기 위한 다양한 형식 실험과 그 실패에 대한 자의식을 작가로서의 성장에서 중요한 진전으로 판단하기 때문이다.

하지만 포크너가 말한 "찬란한 실패"의 의미가 창조 행위 시 경험되는 환희와 그에 필연적으로 수반되는 좌절감의 표현에 불과한 것일까? 블레카스탕의 해석과 달리, 필자는 포크너의 모순적 진술을 '남부의 마음'을 표현하려는 작가적 기획의 실패를 드러내는 증상으로 읽어내면서 이를 이후 작품들에서 이루어지는 남부 역사에서 '말해질 수 없고 말해지지 않은 채 남아있는 것'과의 대결이라는 관점에서 이해하고자 한다.『팔월의 빛』(1932),『압살롬, 압살롬!』(1936),『내려가라 모세야』(1942)로 이어지는 포크너의 전성기 소설의 맥락에서 놓고 볼 때,『소리와 분노』는 작가가 남부 역사에서 말할 수 없는 것으로 남아있던 것, 즉 '이종잡혼'(miscegenation)이 남부의 마음에 던지는 파장을 어렴풋이 보긴 했지만 감히 말하지는 못한 작품으로 보인다. 이 작품의 주요 내용을 형성하고 있는 여동생 캐디(Caddy)의 처녀성에 대한 퀜틴의 집착은 무의식적 근친상간의 욕망을 표현한 것일 뿐만 아니라, 더 중요하게는, 한때 존재한 적이 있긴 하지만 남북전쟁에서 남부의 패배 이후 상실되었다고 남부인들의 마음속에 "상상되는" 처녀지(virgin land)에 대한 집착이다. 퀜틴의 마음속에서 캐디의 처녀성은 전전(戰前) 남부라는 순수의 공간과 동일시되고, 전자를 지키지 못한 그의 무능력은 후자를 잃어버린 무능력과 동일시된다. 전후(戰後) 남부인들에게 흔히 나타나듯, 퀜틴의 심리 속에서 전전 남부는 더럽혀지지 않은 순수의 땅으로 신비화되고 이 땅의 상실과 함께 그의 남성적 정체성도 붕괴되어 버렸다고 상상된다. 퀜틴이 캐디의 처녀성에 그토록 집착하는 이유가 이것이다. 캐디의 처녀성을 잃는 것은 남북전쟁을 통해 현실적으론 이미 잃어 버렸지만 남부인들의 의식 속에서는 여전히 살아있는 구남부를 다시 한 번 잃는 일이다.

하지만 백인 여성의 성(sexuality)은 백인 남성이 만들어 놓은 통제된 공간 속에 갇히지 않는다. 그녀는 대농장 정원에 핀 흰 백합이 아니라 백인 남성의 성적 욕망을 자극하는 짙은 향의 인동덩굴이다. 『소리와 분노』에서 퀜틴의 의식은 점점 더 "그 지랄 같은 인동덩굴 향"(97)에 질식당한다. 캐디라는 인동덩굴을 담장 안에 가둠으로써 누이의 성을 억압하려는 오빠 퀜틴의 노력은 성공하지 못한다. 오히려 그의 남성적 정체성이 인동덩굴 향에 압도되어 버린다. 아버지처럼 캐디의 성적 더럽힘에 중립적 거리를 유지하지도 못하고 그렇다고 그 충격적 사실을 대면하지도 못한 채 퀜틴은 죽음 이외의 다른 선택지를 찾지 못했다. 죽음 속에서만 여동생의 처녀성을 되찾을 수 있었고 점점 가속화되는 정체성의 위기에서 놓여날 수 있었다. 퀜틴은 캐디와 근친상간적 결합을 이룸으로써 누이의 몸이 성적으로 더럽혀지는 것을 막으려고 한다. 물론 이 시도는 불가능하다. 그녀와 근친상간적 결합을 이룬다는 것은 그녀가 더럽혀진다는 것을 의미하기 때문이다. 하지만 캐디와 성적 결합을 이룸으로써 지옥에 떨어졌다고 "상상하는" 퀜틴의 의식 속에서, 자신들이 저지른 죄의 심판을 받는 지옥 불조차 "깨끗한 불꽃"(clean flame

74)으로 나타난다. 누이의 순결에 대한 퀜틴의 집착은 현세를 넘어 내세에까지 계속되고 있는 것이다.

『소리와 분노』를 구성하고 있는 네 개의 서술은 캐디의 "상실"에 대한 콤슨가 세 형제들과 흑인 유모의 기억으로 이루어져 있다. 캐디는 이 네 서술이 반복해서 돌아가는 부재하는 중심이다. 포크너 자신의 말처럼 이 소설은 캐디의 상실을 말하려는 네 번의 실패한 시도다. 하지만 네 번에 걸친 반복적 시도에도 불구하고 무엇인가가 말해지지 않고 있다. 에릭 선퀴스트(Eric Sundquist)가 적절히 지적하듯이 "소설에서 가장 흥미로운 심리는 벤지의 심리도 퀜틴의 심리도 제이슨의 심리도 딜지의 심리도 아닌 일종의 봉쇄의식으로서 소설의 심리다"(9). 선퀴스트의 진술을 좀 더 발전시켜본다면, 우리는 소설의 심리가 남부의 마음을 드러내지 못하고 그 안에 갇혀 버렸다고 말할 수 있을 것이다. 소설의 형식은 캐디에 대한 주인공-화자들의 집착에만 맞춰져 있기 때문에 그녀의 상실을 에워싸고 있는 더 넓은 역사적 맥락은 수면 위로 떠오르지 못하고 있다. 이런 점에서 포크너가 말한 실패는, 블레카스탕의 설명처럼, 창작의 성공을 보여주는 증거라기보다는 남부의 이데올로기를 비판적으로 들여다보지 못하고 그 이데올로기에 봉쇄당한 것에 대한 때늦은 자인으로 해석되어야 할 것이다.

소설의 수면 아래에 가라앉아 있는 것이 바로 이종잡혼(miscegenation)이다. 소설에서 이종잡혼의 가능성은 벤지의 기억을 통해 희미하게 포착된다. 외할머니의 장례식날 일곱 살 난 캐디는 흙 묻은 속바지를 벗기 위해 흑인노예 버쉬(Versh)에게 젖은 옷 단추를 풀라고 하고 현장에 함께 있던 퀜틴은 발작적으로 그만두라고 고함을 지른다. 이 장면은 기억으로 이루어진 이 소설 전체의 기억 중에서도 가장 기억되기 어려운 장면, 즉 프로이트적 의미의 원초적 장면이다. 이 사건이 퀜틴에게 견딜 수 없는 외상으로 경험되는 것은 캐디가 욕망하는 사람이 다름 아닌

"흑인 남자아이"이기 때문이다. 백인여자가 흑인남자를 욕망하는 것은 남부의 성적 금기를 정면으로 위반하는 것이다. 남부의 순수를 위해 순결한 처녀로 남아있어 줘야 할 백인여성이 검은 얼굴의 남자를 원한다면 이는 남부 그 자체를 잃는 것이기 때문이다. 따라서 흑인 남자아이에 의해 백인 여동생의 앞가슴이 헤쳐지는 것을 목격하는 것은 퀜틴으로선 도저히 묵과할 수 없는 금기 위반이자 남부 이데올로기의 근간을 건드리는 근본적 위협이었을 것이다. 소설에서 이 장면이 퀜틴의 의식에는 잡히지 않은 채 백치 벤지의 의식(혹은 무의식)에 의해 전달되는 것은, 그 사회적 폭발성이 여전히 묻혀 있으며, 그것이 지닌 사회적 의미도 누이의 몸에 대한 백치의 육체적 반응 이상으로는 탐색되지 못하고 있음을 보여준다.

이런 점에서 이 장면에 대한 작가 포크너의 반응도 벤지의 그것을 넘어서지 못한 것으로 보인다. 자신의 "마음의 연인"인 백인 누이가 흑인 남자에 의해 더럽혀질지 모른다는 공포, 아니 남부 자체가 인종적 오염 위에 서있을지 모른다는 불안을 어렴풋이 느끼고 있으면서도, 포크너는 그것이 지닌 사회적·역사적 파장을 정면에서 대응할 준비가 되어 있지 못했다. 포크너는 역사에 관통당하지 않은 백치의 전(前) 상징적 공간으로 후퇴함으로써 남부의 이데올로기를 폭파하는 이 외상적 사건에서 도망칠 수 있었다. 그는 이 공간 속에서 아직 소외를 알지 못하는 상상계의 아이처럼 감각의 쾌락을 향유할 수 있었다. 소설을 쓰면서 포크너가 느꼈다고 고백한 황홀감은 첫 벤지 장에서 나왔을 것이다. 하지만 첫 장을 넘기면서 그는 백치의 감각적 반응으로는 감당할 수 없는 착잡한 역사적 상황을 만났을 것이며, 이와 함께 황홀감도 그 반대 감정으로 바뀌었을 것이다. 캐디의 성적 더럽힘이라는 공포에 직면하여 그녀에게 뒤틀린 증오감을 드러내면서 오염의 가능성을 발작적으로 부인하는 퀜틴처럼, 포크너도 부인과 증오가 뒤섞인 복합적 감정에 빠졌을 것이다. 이런 심리적 갈등은 소설의 공간 안에서는 구체적인 표현을 얻을 수 없었다. 포크너가 자인한 실패는 작품에 희미하게 그림자를 드리우고 있는 이 역사적 공포를 제대로 대면하지 못했다는 인식에서 나온 것으로 보인다. 남부의 순수라는 백색 이데올로기의 핵심을 건드리면서 남부인들에게 가장 커다란 공포를 불러일으키는, 백인 여자와 흑인 남자의 성적 결합이라는 문제는 소설에서 충분히 말해지지 못하고 있다. 이 역사적 공포를 대면하려면 전전 남부가 순수의 땅이었다는 이데올로기적 환상을 벗겨내고, 전전과 전후를 가로질러 남부를 더럽히는 오염의 실체, 양키의 침략 이전에 이미 더럽혀질 대로 더럽혀진 남부의 역사적 모순을 정면으로 바라봐야 한다. 그것은 『소리와 분노』(1929)를 발표한 지 13년 후 출판한 『내려가라 모세야』(1942)에서 주인공 아이크 맥캐스린(Ike McCaslin)의 입을 빌어 던진 질문, "왜 신은 남부가 전쟁에서 패하도록 했는가?"라는 질문을 스스로에게 던지도록 요구한다.

『압살롬, 압살롬!』은 『소리와 분노』에서는 제대로 대면하지 못한 이 문제, 남부의 외상에 해당하는 이 이슈를 정면에서 다룬 작품이다. 이 문제를 다루기 위해 포크너는 『소리와 분노』에서 이미 죽은 퀜틴 콤슨을 다시 살려내 그로 하여금 남부의 역사를 듣고 말하도록 한다. 『소리와 분노』가 캐디의 상실이라는 외상을 말하는 네 편의 이야기로 구성되어 있듯이, 『압살롬, 압살롬!』은 네 명의 화자와 청자들이 써트펜가의 몰락이라는 남부의 외상적 사건을 '말하는 형식'으로 되어 있다. 하지만 화자들의 심리적 외상을 형성하고 있는 사회적, 역사적 맥락이 흐려져 있는 『소리와 분노』와 달리, 『압살롬, 압살롬!』은 이 상처의 역사적 심부에 도달한다. 이런 점에서 『압살롬, 압살롬!』은 일종의 역사소설이다. 하지만 흔히 이해되는 것과는 다른 차원의 역사소설이다. 이 소설에서 역사는 화자들의 심리 바깥에 덩그러니 놓여 있는 외부 세계가 아니라 화자들의 내적 세계 속에 깊숙이 들어와 있다. 소설에서 강조되는 것은 '거기 바깥에' 객관적으로 일어난 사건 그 자체, 소위 말하는 '사실적 역사'가 아니라 역사 속에 살았던 사람들이 어떻게 그 역사를 경험하고 말하는가 하는 점, 즉 주체에 의해 경험되고 서술된 역사이다. 어떤 사건이 외상으로 경험되는 것은 사건 그 자체의 성격 때문이라기보다는 주체가 그 속에 살고 있는 지배적인 상징 질서와의 관계 때문이다. 다시 말해, 한 사건이 주체에게 외상으로 경험되는 것은 그것이 주체가 편입되어 있는 지배 이데올로기의 근원적 모순과 파국을 드러내기 때문이다. 하지만 이것이 역사를 개인의 내면으로 환원하는 것은 아니다. 차라리 그것은 역사와 탯줄로 얽혀있는 사람들의 경험이라는 주체적 차원을 역사에 부여하는 것이다.

제1차 세계대전에서의 외상적 경험을 강박증적으로 반복하는 프로이트의 환자처럼 작품의 화자들은 써트펜 가문의 비극적 몰락이라는 이야기를 반복한다. 50년도 전에 일어난 써트펜 가문의 몰락이라는 이야기가 왜 그들을 사로잡는 것일까? 왜 그들은 그 이야기를 말할수밖에 없는 것일까? 이런 질문들은 이 작품의 핵심에 놓여 있는 써트펜 이야기 못지않게 중요하다. 어느 인터뷰에서 포크너가 말했듯이, 작품의 중심은 말할 것도 없이 "아들을 갖기 원했지만 너무 많은 아들들을 갖게 되는 바람에 그 아들들에 의해 파멸되는" 토머스 써트펜의 이야기이다. 하지만 작품은 써트펜 이야기 이상의 것이기도 하다. 그것은 "자기가 사랑하는 남부의 부정적 면모들에 대해 퀜틴 콤슨이 보이는 증오의 이야기"이기도 하다(*Faulkner in the University* 79). 『압살롬, 압살롬!』의 구상 초기에 쓴 한 편지에서, 포크너는 이 소설에서 "누이 때문에 자살하기 직전의 퀜틴 콤슨"을 이용하겠다고 말한 적이 있다. 이어서 그는 "퀜틴이 남부와 남부인들에게 증오의 형태를 빌어 투사한 신랄함을 이용해서 (써트펜의) 이야기 자체에서 역사소설이 끌어낼 수 있는 것보다 더 많은 것들을 끌어내겠다고 했다"(*Selected Letters* 79). 포크너는 남부 역사에 대한 단순한 고발이나 사실적 재현을 의도했던 것이 아니라 이런 고발의 신랄함을 이용해서 써트펜 이야기 이상을 말하는 소설, 다시 말해 써트펜의 이야기에 대해 퀜틴을 비롯한 작중 화자들이 보이는 심리적·이데올로기적 반응도 함께 이야기하는 소설을 의도했던 것 같다.

II. 애도와 우울증

『압살롬, 압살롬!』은 로자(Rosa)가 자기 이야기를 하기 위해 퀜틴을 소환하는 장면으로 시작한다. 어떤 불가항력적 힘에 이끌리듯 퀜틴은 로자의 명령을 따른다. 왜 그가 남북전쟁에서의 패배 이후 죽었지만 여전히 죽기를 거부하는 "수다스러운 유령들" 중의 하나인 그녀의 이야기를 들어야 하는지 의아해하면서, 퀜틴은 그 자신 역시 이런 유령의 일부이기 때문이라고 이해한다. 언제나 과거로 퇴행해 들어가는 이 유령들은 그를 과거의 상처에 고착시킨다. 아픈 상처에 고착되는 것이 결코 즐거운 일은 아니지만 피할 수는 없다. 상처를 대면해서 뚫고 나아가지 않는 한 상처는 아물지 않을 것이며 과거 회귀적 움직임도 멈추지 않을 것이다. 과거의 상처를 마주해서 그 고통을 몸으로 겪어내는 일이 남부의 후손들에게 특히 어려운 것은 그것이 양날의 작업이기 때문이다. 그들은 남북전쟁의 패자인 동시에 노예제를 실시한 가해자이기도 하다. 따라서 그들은 패전으로 인해 발생한 남부의 집단적 나르시시즘의 상처를 극복해야 하는 동시에 그들이 노예제의 희생자들에게 가한 역사적 고통 또한 반성해야 한다. 이런 이중적 위치는 그들에게 두 가지 과제를 요구한다. 첫째, 그들은 백인 남자 후손들에게 일종의 문화적 "자아이상"(ego-ideal)의 역할을 담당해왔던 남부의 강력한 아버지상이 남북전쟁에서의 패전으로 인해 무너져 내리는 것을 목도해야 하며, 이 아버지상과의 동일시를 통해 형성된 백인 아들들의 성적, 인종적 정체성 역시 와해되는 나르시시즘의 상처를 극복해야 한다. 이 아버지상과의 동일시를 제대로 단절할 때에야 비로소 그들은 노예제 하에서 희생된 역사적 타자들, 즉 흑인 노예들의 상실과 슬픔을 애도할 수 있다. 이것이 그들 앞에 놓인 두 번째 과제다.

상실된 대상에 대한 적절한 심리적 대응은 프로이트가 우울증(melancholia)과 대립하여 애도(mourning)라 부른 것에 의해 수행된다. 거칠게 말해 애도란 주체가 상실된 대상을 떠나보내는 심리적 작업이다. 대상(사랑하던 사람 혹은 따르고 숭배하던 이념)의 상실이라는 외상적 사건에 직면하여 주체는 상실된 대상에게 투여되었던 리비도를 회수하여 다른 대상에게 옮긴다("Mourning" 243-58). 이 회수의 과정은 상당한 시간과 심리적 에너지를 요구한다. 인간은 리비도적 위치를 결코 쉽게 포기하려 하지 않기 때문이다. 하지만 '현실 테스트'(reality test)는 사랑하던 대상이 더 이상 존재하지 않는다는 현실을 보여주면서 대상에 대한 애착을 철회하도록 요구한다. 여기서 '현실'이란 단순히 사랑하던 대상이 더 이상 존재하지 않는다는 사실 그 자체를 의미하는 것이 아니라 주체의 의지에 저항하는 타자의 존재를 가리키는 것으로 확대 해석되어야 한다. 타자는 주체로 환원되는 자아의 연장이 아니라 자기 자신의 고유한 욕망을 갖고 있는, 그 자체 고유한 단독적인(singular) 존재이다. 현실 테스트라는 프로이트의 용어를 재해석하자면, 그것은 타자가 자기 이외의 다른 존재에 대한 욕망을 갖고 있다는 현실을 대면하는 것이다. 나의 주관적 환상을 넘어 타자의 타자성을 받아들이는 것은 주체로 하여금 타자를 떠나보내도록 해주며, 타자를 떠나보냄으로서 이제 주체 자신도 나르시시즘적 고착에서 벗어난다.

애도와 대조적으로 우울증은 주체가 대상을 떠나보내지 못하거나 떠나보내기를 거부하는 심리 상태를 가리킨다. 대상을 잃는 대신 자아는 대상을 자기 속으로 합체(incorporate)하여 대상과 자신을 동일시한다. 자아의 내부로 합체된 대상을 이제 자아의 한 부분인 초자아가 학대, 비난한다. 프로이트에 의하면 우울증 환자들에게 흔히 나타나는 자기비난과 학대는 실상 자기 자신에게 가하는 것이라기보다는 자아 속으로 합체된 대상을 향한 것이다. 그런데 왜 자아는 사랑했던 대상을 비난하는 것일까? 자아가 대상을 비난하는 것은 애초 대상에 대한 사랑이 나르시시즘적이었기 때문이다. 자아는 대상을 주체로 환원되지 않는 대상 그 자체로서 사랑했다기보다는 자아의 연장으로서 사랑했기 때문에 대상을 떠나보내는 것은 곧 자기 자신을 떠나보내는 것이 된다. 따라서 그는 나르시시즘적 사랑이 투여된 대상의 떠남을 받아들일 수 없다. 프로이트의 설명에 의하면 우울증은 나르시시즘적 대상 선택에서 나르시시즘으로 퇴행해 들어가는 심리상태다. 우울증 환자들이 대상의 상실을 진심으로 애도를 하기 전에 먼저 수행해야 하는 것이 바로 나르시시즘의 극복이다. 나르시시트에게 대상 혹은 타자란 존재하지 않기 때문이다. 애도의 과제는 자아의 나르시시즘을 넘어 대상 자체는 떠나보내더라도 대상에 대한 욕망은 유지하는 것이다. 슬라보예 지젝에 의하면, 애도자를 우울증 환자와 구분시켜주는 결정적 차이는 전자가 대상을 잃는 대신 욕망의 대상 원인(object cause of desire)을 유지하는 반면, 후자는 대상은 유지하되 욕망을 잃는 것이다. 지젝에게 우울증자는 "대상을 욕망하게 만들었던 원인이 철회되어 효력을 상실했기 때문에 그것에 대한 욕망을 상실해버린 주체이다. 우울증은 대상을 박탈당한, 좌절된 욕망의 극단적 상황을 드러내는 것이 아니라, 그보다는 차라리 그에 대한 욕망이 제거된 대상 그 자체의 현존을 대변한다" (228). 우울증 환자의 전형적 예라 할 수 있는 햄릿의 경우처럼 우울증 환자들은 욕망을 잃어버린 자이다. 이들은 욕망을 잃어버리는 대신 자아의 연장인 대상을 움켜쥐고 있다.

소설의 첫 부분에서 퀜틴은 남부의 아들들에게 강력한 아버지상으로 군림해왔던 토마스 써트펜의 유령에 사로잡혀 있으며 이 유령과의 동일시에서 벗어나지 못하고 있다. 써트펜은 남부의 아들들에게 인종적·계급적 정체성과 집단적 나르시시즘을 부여해주었던 남부의 자아 이상이자 구남부의 이념을 대변하는 인물이었다. 남북전쟁에서 남부가 패배하면서 남부의 이념은 상실되었지만 퀜틴을 비롯한 남부인들에게 이 이념은 죽지 않고 유령으로 존재한다. 그들은 '잃어버린 대의'(Lost Cause)로 불리는 남부의 이념이라는 연인에게 우울증적으로 집착하고 있다. 그런데 써트펜이라는 유령에 대한 심리적, 역사적 탐색을 통해 퀜틴은 찰스 본(Charles Bon)이라는 또다른 유령을 만난다. 찰스 본은 써트펜의 백색 정체성을 흐리는 검은 얼룩, 억압되었지만 되돌아와 순수 백색 계보를 세우려는 써트펜의 기획을 전복시키는 인종적 타자이다. 그런데 이 인종적 타자를 받아들이는 것은 써트펜이 대변하는 남부의 이념과 양립할 수 없다. 남부의 이념적 기획은 이 타자들의 억압, 배제, 착취에 기반을 두고 있기 때문이다. 남부의 이념이라는 연인에 대한 나르시시즘적 사랑—그들에게 집단적 정체성과 나르시시즘을 부여해준다는 의미에서—을 극복한 다음에야 비로소 소설의 화자들은 본을 사랑할 수 있고 그의 상실과 슬픔을 애도할 수 있게 된다. 타자를 사랑하는 것은 쉬운 일이 아니다. 그의 상실을 애도하는 것은 더더욱 어렵다. 그것은 자기문화가 억압하고 있는 것과의 고통스러운 대면을 요구하는 것이며, 자신의 이데올로기적 정체성이 와해되는 심리적 외상에 봉착하는 것이기 때문이다. 남부인들이 애도의 과제를 달성할 수 있는 것은 노예제 기반 위에 이루어진 남부의 역사적 기획에 내재한 모순을 인정하고, 그 기획에 의해 억압된 흑인노예들의 슬픔을 공유할 수 있을 때 가능할 것이다. 소설의 화자들은 써트펜과 본이라는 남부의 역사에서 결코 화해할 수 없는 두 유령을 대면하여 그들을 제대로 묻어주어야 한다. 이런 점에서 이 소설은 사자(死者)를 떠나보내는 애도의 의식이라 할 수 있다. 사자들은 적절한 상징적 의식과 역사적 기억을 부여해주기 전까지는 잠들지 못하고 유령으로 돌아와 살아 있는 자들을 괴롭힌다. 과연 소설의 화자들은 떠도는 유령들의 넋을 위로하고 그들을 잠재울 수 있을까? 작가 포크너는?

리처드 킹(Richard King)은『남부 르네상스』(*Southern Renaissance*)에서 1차 대전 후 프로이트가 유럽문명을 대상으로 수행한 정신분석학적 애도작업과 비슷한 것을 포크너가 남부사회를 대상으로 수행하고 있다고 말한 적이 있다. 프로이트는 세계 대전을 경험하면서 유태인이라는 인종적 타자가 아리안 순수주의의 희생 제물로 바쳐지는 것을 목격했다. 1914년에서 1930년 사이에 발표된 프로이트의 논문들, 예를 들어 「나르시시즘에 관하여」, 「애도와 우울증」, 『쾌락원칙을 넘어서』, 『문명과 그 불만』 등은 서구문화가 자행해온 파시즘적 폭력의 심리적 기원에 관한 치열한 이론적 분석이자 그 폭력으로 인해 희생당한 유태인들의 죽음을 슬퍼하는 애도행위였다. 프로이트는 쾌락원칙을 넘어선 더 근원적인 죽음충동이 인간에 내재해있음을 발견함으로써 홀로코스트의 백색 불꽃 속으로 타들어간 동료 유태인들의 죽음을 애도했다. 포크너의 입장이 프로이트와 같지는 않다. 포크너는 유태인이었던 프로이트처럼 인종적 순수주의의 피해자라기보다는 바로 그 이데올로기를 자행한 가해자의 후손이기 때문이다. 가해자의 반성과 성찰이 자기 사회가 저지른 근원적 죄에 대한 통찰로 이어지고 그 사회에 의해 희생당한 타자들의 고통을 공감할 수 있을 때 애도작업은 이루어질 수 있을 것이다. 문제는 킹이 생각하듯 포크너가 애도작업을 성공적으로 수행한 '남부 최고의 역사가'라는 칭호를 받을 수 있는가 하는 점이다. 이 문제에 대한 대답은 결국 포크너의 작품에 담겨진 역사의식에 대한 평가에 달려있을 것이다. 이 글에서 내가 시도해 보려는 것이 이것이다.

III. 향수와 우울증적 고착

로자는 남북전쟁에서 돌아온 써트펜으로부터 한 쌍의 개처럼 교배를 해본 다음 그렇게 해서 생긴 아이가 아들일 경우에만 결혼하자는 제안을 받는다. 이 무례한 제안은 남부의 귀부인 이데올로기에 사로잡혀 있던 그녀의 자아에 치유 불가능한 상처를 안겨주었고, 퀜틴을 불러 써트펜의 이야기를 들려주는 43년이 지난 지금까지도 그녀는 이 상처를 극복하지 못하고 써트펜에 대한 분노와 증오에 사로잡혀 있다. 그녀가 퀜틴을 소환하여 처음 내뱉은 말이 "그는 신사가 아니었다"(9)이다. "그"가 누구를 가리키는지 말할 겨를도 없다. "그"에게 삼키지 않으려면 서둘러 "그"를 내뱉는 수밖에 없다. 자신의 형부이자 한때 장래 남편감이 될 뻔했던 남자 토머스 써트펜은 로자의 일생을 사로잡고 놓아주지 않는다. 써트펜은 이미 죽은 지 오래되었지만 그녀는 그를 묻지 못하고 있다.

써트펜의 상실에 대한 로자의 우울증적 대응은 그녀의 담론을 폭포수처럼 쏟아질 듯 급하고 수다스럽긴 하지만 이상할 정도로 텅 비게 만든다. 이런 점은 특히 1장에서 두드러진다. 소설에서 로자는 써트펜 왕조의 상승과 몰락을 목격한 유일한 증언자이고, 피터 브룩스(Peter Brooks)의 설명처럼 증언자로서의 위치가 그녀의 서술을 특징짓는다(293). 그녀는 되풀이해서 내 눈으로 직접 보았다고 주장하면서 목격자이자 증인으로서의 위치가 자신의 서술에 해석적 권위를 보장해준다고 생각한다. 하지만 브룩스가 설득력 있게 보여주었듯이, 그녀의 서술에서 해석적 실마리는 그녀가 '본 것'이 아니라 '보지 못한 것'에 놓여 있다.

우리는 이런 실마리 가운데 하나를 1장의 마지막 대목에서 찾아볼 수 있다. "하지만 난 그곳에 없었어. 그곳에서 써트펜 가의 두 얼굴-한번은 주디스(Judith)의 얼굴을 또 한번은 그녀 옆에 서 있는 검둥이 계집아이의 얼굴-을 보지는 못했어(…)"(26). 이 구절은 써트펜이 흑인노예들과 웃통을 벗어 던지고 레슬링을 하는 장면을 이복 자매인 주디스와 클라이티(Clytie)가 다락에서 내려다보는 순간이다. 여기서 로자가 보지 못했다고 말하는 써트펜 가의 두 얼굴에는 이후 써트펜가의 몰락을 초래하는 흑백 혼혈의 흔적이 새겨져 있다. 하지만 이 흔적은 이 단계 로자의 서술에서는 잡히지 않은 채 하나의 단서로 남아 있을 뿐이다.

로자의 서술 속에 무엇인가가 설명되지 않은 채 남아 있다는 것은 그녀의 심리 속에 해석을 가로막는 장애, 즉 보고 싶지 않은 것을 보지 않으려는 심리적 방어기제가 작동하고 있다는 것을 말해준다. 그녀가 보고 싶지 않은 것은 무엇일까? 앞서 우리는 써트펜에게서 받은 모욕이 그녀의 서술에 빈 구멍으로 남아 있다고 말했다. 남부 귀부인으로서 자신의 정체성에 메울 수 없는 구멍을 뚫어놓은 이 상처를 그녀는 지워버리려고 하는 것이다. 이 상처는 써트펜에게서 받은 모욕이라는 개인적 상처일 뿐 아니라 '남부 여성'으로서 그녀가 내면화하고 있는 '남부의 순수성'이라는 이데올로기에 생긴 상처다.

로자가 자신의 나르시시즘적 상처를 은폐하기 위해 채택하는 전략은 써트펜을 악의 화신으로 만들면서 그의 등장 이전에 존재했다고 가정되는 순수를 옹호하는 것이다. 로자는 써트펜이라는 악마에 맞서 자신과 자신의 집안, 더 나아가 하나의 확대된 가족으로서 남부의 순수를 옹호한다. 그녀에게 악은 안에 있지 않고 밖에 있다. 로자는 안과 밖을 대립시키면서 밖에서 온 써트펜이라는 악마에게 자신과 자신의 가족과 남부를 몰락시킨 책임을 떠넘기는데, 이런 이분법적 전략은 그녀의 연인인 전전 남부를 구제하려고 할 때 되풀이해서 활용되는 수법이다.

앞서 지적했듯이 남부의 순수를 그것을 파괴하는 외부 세력으로부터 분리해내는 로자의 시도가 실패하는 장면은 써트펜 가의 두 얼굴에 대해 말하는 순간이다. 로자는 이 장면을 직접 보지 않았다고 두 번이나 거듭 말하고, 곧이어 그녀의 서술은 돌연 중단된다. 그녀의 이야기가 끊어진다는 것은 그녀가 어떤 강한 심리적 충격에 직면했다는 것을 말해준다. 써트펜 가의 두 얼굴을 대면했을 때 남부의 순수와 순수하지 못한 예외라는 구별은 무너진다. 주디스 옆에 서 있는, 명백히 써트펜을 닮은 검둥이 계집아이의 존재는 이 분리에 '시각적으로' 도전하기 때문이다. 그것은 남부의 백색 계보 속에 이미 깨끗하지 못한 검은 흔적, 흑백 혼혈이라는 더러운 오염물질이 새겨져 있음을 보여주는 가시적 증거이기 때문이다. 이 충격으로부터 자신을 방어하려면 서둘러 부인하는 수밖에 없다. 가장 좋은 부인방법은 이야기를 중단하는 것이다.

5장에서 다시 이루어지는 로자의 두번째 서술은 그녀가 서둘러 부인한 이 공포를 다시 만나는 것으로 시작된다. 로자는 와시 존스(Wash Jones)로부터 본이 헨리(Henry)에 의해 살해당했다는 기별을 받고 급히 '써트펜 헌드레드'(Sutpen Hundred: 써트펜 저택의 이름)로 달려간다. 그곳에서 로자는 자신이 만나리라 예상했던 충격(본의 죽음)이 아닌, 전혀 예상치 못했던 또 다른 충격(클라이티의 접촉)을 만난다. 본의 시체가 놓인 2층 방으로 올라가려고 계단을 오를 때 그녀를 가로막는 클라이티의 검은 손은 로자를 공포로 몰아넣는다. 로자는 이 예상치 못한 충격에 깜짝 놀란다. 프로이트의 설명처럼 '놀람'(fright)은 주체가 급작스럽게 닥친 충격을 미처 흡수할 준비가 되어 있지 못할 때 보이는 심리적·육체적 반응이다. '써트펜 헌드레드'로 달려가던 순간을 돌이켜보면서 로자는 자신이 그곳에 "너무 늦게" 도착한 것이 아니라 "너무 빨리" 왔다고 말하며, 클라이티의 검은 손이 몸에 닿는 순간 너무나 놀란 나머지

"충격이나 분노를 표시할 겨를도 없었다"(144)고 회상한다.

하지만 이런 방어적 놀람 속에서도 로자는 클라이티를 이 접촉의 주체적 소유자로 어렴풋이 인식하고 있었다. 클라이티와의 살과 살의 접촉은 자신을 감쌌던 "달걀껍질"로부터 그녀를 해방시키면서 두 사람을 한순간 "쌍둥이 자매"로 만들어주었던 것이다.

> 살과 살의 접촉에는 장식적 배열이라는 구불구불하고 섬세한 통로를 날카롭게 곧장 가로지르며 지워버리는 무엇인가가 있어. 연인들뿐 아니라 원수들도 이를 알지. 그건 그들을 하나로 만들어주기 때문이야. 그건 "나는-이다"라는 사적 성채들 사이에서 이루어지는 살과 살의 접촉이지. 정신이나 영혼이 아니야(…)살과 살이 부딪치도록 내버려둬 봐. 그러면 계층과 피부색이라는 달걀껍질 같은 온갖 구별들이 무너져 내리는 것을 보게 될 거야. 그래, 나는 죽을 것처럼 멈춰 섰지. 여자의 손도, 검둥이의 손도 아닌 분노한 불굴의 의지를 제어하고 인도하는 재갈 물린 고삐 때문이었어. 내가 매달려 운 것은 그 여자가 아니라 바로 그 고삐였어. 그 고삐를 가로질러 나는 그 검둥이, 그 여자에게 말했지(…) "손 치워, 이 검둥아!" (144)

이 대목은 로자가 클라이티를 인종적 타자로 만나는 순간이다. 이 만남은 주체가 거울에 비친 이미지와 맺는 관계처럼 상호인정과 경쟁을 벌이는 상상적 타자(imaginary other)와의 만남도 사회적 삶을 인도하는 상징적 대타자(symbolic Other)와의 만남도 아닌, 라캉적 의미의 '실재 타자'(the Real Other), 즉 상상적·상징적 관계를 넘어선 지점에 존재하는 타자와의 만남을 말한다. 클라이티와의 접촉은 로자를 감쌌던 계층과 피부색이라는 이데올로기적 껍질을 깨면서 그녀를 타자로 만날 것을 요구한다. 타자를 만나는 것은 언제나 외상적이다. 그것은 주체를 감쌌던 이데올로기적 방어막이 와해되는 것이기 때문이다. 로자는 이 외상적 심리상태를 극복하지 못하고 백인여성이라는 안락한 인종적 외피

속으로 기어들어간다. "손 치워, 이 검둥아!"라는 최후 발언은 타자와의 육체적 접촉을 이데올로기적 대응으로 회피하는 방어적 진술이다.

남부의 신사가 아니라는 이유로 써트펜을 혐오해 마지않던 그녀가 전쟁에서 돌아온 그에게 마음을 열게 된 것은 그가 전전 남부의 영광을 복구시켜줄 강력한 아버지로 받아들여졌기 때문이다. 전전 남부의 순수와 영광이라는 이데올로기는 바로 그 가부장적 남부사회에서 가난한 여성으로서 자신이 겪어야 했던 경제적 고난과 육체적 억압에 대한 의식을 무화시킨다. 그녀가 조카 주디스의 장래 남편감이 될 찰스 본에게 느꼈던 욕망, 그녀가 "진실보다 더 진실한, 일어났으면 좋았을 세계" (a might-have-been which is more true than truth, 148)라 불렀던 꿈과 욕망의 세계는 가부장적 남부사회에서 여성으로서 자신의 성적 욕망을 분출하는 계기였다. 자신을 가로막는 클라이티의 손 때문에 본의 시신이 놓인 2층 방으로 올라가지 못한 채 로자는 처음으로 자궁의 갈망을 느꼈던 등꽃 피던 어느 해 여름을 기억한다. 로자의 어린 시절은 문을 열어줄 빛을 만나지 못하고 컴컴하게 닫혀 있는 자궁과 같다. 문이 열릴 기회를 얻진 못했지만 로자는 자궁의 욕망만은 잃지 않고 있었다. 등꽃향기 진동하던 그해 여름 그녀가 주디스의 서랍장 위에 놓인 본의 사진을 보고 느낀 사랑은 자궁의 문을 열어줄 빛에 대한 성적 갈망이었다. 본에 대한 사랑은 실현되지 못한 채 마음속에서만 가능한 사랑, 주는 사람에게는 전부이지만 받는 사람에게는 아무것도 아닌 사랑이었다. 하지만 그녀는 아무런 보상의 기대도 없이 그 사랑을 주었다. 후일 로자는 자신이 사랑을 준 사람은 본이 아니었다고 말한다. 그렇다면 누구에게 주었던 것일까? 그녀 자신의 자궁이 아니었을까? 현실적 대상은 본이었을지 모르지만 로자의 사랑은 본을 넘어선다. 그것은 그녀 자신의 자궁의 욕망이자 몸의 갈망이었다. 그녀의 자궁은 한번도 욕망을 충족시킬 수 있는 기회를 갖지 못했다. 가부장적 남부사회에서 그녀의 자궁은 욕망을 박탈당한 출산의 도구에 지나지 않았기 때문이다. 하지만 퀜틴에게 이야기를 들려주는 40년이 지난 지금까지도 로자는 자신의 욕망을 포기하지 않는다. 거부당하긴 했지만 포기한 적은 없는 그녀의 성적 욕망은 "진실보다 더 진실한 일어났으면 좋았을 세계"로 남아 있다. 그녀의 꿈이 실현되지 못한 이 욕망을 담고 있는 한 그것은 여성의 욕망을 거부하는 가부장적 남부사회에 대한 저항의 씨앗을 담고 있다.

전쟁 기간 동안 본이 헨리에 의해 살해당하면서 로자의 꿈은 저항의 씨앗에서 도피의 수단으로 변모한다. 본의 시신을 묻던 그해 "여름 오후의 여섯 시간"은 로자의 삶을 중단시켜버린다. 비록 본의 얼굴을 살아서도 죽어서도 보진 못했지만, 본의 죽음은 그녀 자신의 욕망의 죽음을 의미했다. 한순간 싹을 틔웠다가 영원히 "잊혀진 채 잠들어야"(149) 하는 욕망의 씨앗이 정말로 자기 안에 살아 있는지 확인이라도 하듯이, 그녀는 온 힘을 다해 본의 시신이 담긴 관을 들어 올린다. 하지만 자신의 욕망의 존재도 본의 존재도 확인하지 못한 채 본의 관을 나르던 순간은 영원히 그녀의 마음속에 각인되어 있다. 이 순간 이후 로자는 욕망을 지운 채 '일어났으면 좋았을' 꿈의 세계로 도망친다. 꿈에 매달리는 것이 죽음 같은 현재를 견디는 유일한 길이었기 때문이다.

남부의 패전 이후 애초 가부장적 남부사회에 대한 저항의 씨앗을 담고 있던 그녀의 꿈은 전전 남부에 대한 '이상화'(idealization)로 떨어진다. 로자에겐 전전의 남부가 일종의 사랑의 대상이었다. 그녀는 남부라는 연인을 사랑함으로써 남부인으로서 집단적 나르시시즘적 정체성을 유지할 수 있었다. 하지만 패전 이후 이 연인은 사라졌다. 써트펜은 꿈속에서만 존재하는 이 연인에 대한 사랑의 욕구를 충족시켜주는 존재였다. 써트펜이 그녀의 육체를 출산의 도구로 이용하고 있을 뿐이라는 것을 알게 되면서 사랑은 증오로 바뀌지만, 그녀가 그의 제안에 함축되어 있는 가부장적이며 인종차별적인 의미를 제대로 파악하고 있는 것은 아니다. 구 남부는 순수의 땅이었다는 그녀의 환상은 노예제라는 남부 사회의 역사적 모순을 은폐, 억압했을 경우에만 유지될 수 있다. 그녀가 찰스 본의 흑인 피를 끝내 알지 못하고 그의 시신이 놓인 방으로 들어가지 못한 것은 이 억압의 자연스러운 결과다. 본의 시신이 놓인 방은 로자의 담론이 들어가지 못한 금지된 공간이다. 이 공간으로 들어서는 순간 구남부에 대한 그녀의 이상화는 여지없이 무너진다. 그녀가 클라이티와의 접촉에 방어적 공포로 대응했듯이 로자의 담론은 본의 흑인 피라는 금지된 대상의 접근에 방어적 억압으로 대응한다. 로자의 서술의 마지막 대목에서 청자 퀜틴은 더 이상 그녀의 이야기를 듣지 않는다. 화자와 마찬가지로 청자 역시 금지된 것을 넘지 못했기 때문이다.

Ⅳ. 아이러니적 회피

로자에 이어 서술의 과제를 떠맡는 사람이 콤슨 씨(Mr. Compson)이다. 콤슨 씨는 제퍼슨에서 써트펜과 가장 가까웠던 아버지 콤슨 장군과 아들 퀜틴을 이어주는 인물이다. 그는 로자처럼 써트펜에 대한 개인적 원한에 매여 있는 것도 퀜틴처럼 써트펜의 유령에 사로잡혀 있는 것도 아닌 중립적 시각을 견지하고 있는 것으로 보인다. 하지만 그의 표면적 중립성이 그가 서술대상에 대해 심리적 · 이데올로기적으로 연루되어 있지 않다는 것을 의미하는 것은 아니다. 그가 취하는 일견 중립적인 듯한 태도는 대면해야 할 외상적 사건을 회피하려는 은밀한 방어전략에 가깝다. 써트펜 가의 몰락의 비밀을 밝혀내고자 하는 탐정으로서 콤슨 씨는 다른 작중 화자들과 마찬가지로 본의 살인의 이유를 밝히고자 한다. 그러나 비밀의 해독에 성공하기는커녕 이 탐정-화자는 "그건 믿을 수 없는 일이야. 그건 결국 설명될 수 없어"(102)라고 읊조리면서 해석의 불가능성을 토로한다.

리처드 모어랜드(Richard Moreland)는 콤슨 씨의 서술의 특징을 아이러니로 파악한다(39~76). 모어랜드의 지적에 의하면 신비평에 의해 현상과 본질의 괴리를 꿰뚫어보면서 현실에 대한 성숙한 통찰을 보여주는 문학적 장치로 특권화된 아이러니는 실상 현실적 모순을 회피하는 무력한 지식 이상이 아니라고 한다. 아이러니스트가 획득했다는 '성숙한 통찰'은 현실을 개혁하려는 어떤 실천으로부터도 거리를 유지함으로써 이루어지는 것이며, 이런 '거리 유지'는 기존 체제에 대한 저항이나 부정으로 나아가기보다는 패배주의적 긍정으로 떨어지고 만다는 것이다. 모어랜드의 지적과 같이 아이러니 일반이 그런 보수적이고 패배주의적인 기능만 담당하는 것인지에 대해서는 논란이 있을 수 있겠지만, 콤슨 씨의 아이러닉한 제스처, 아니 냉소적이라 부르는 것이 더 적절해 보이는 자세가 남부사회의 역사적 모순을 회피하는 것만은 사실이다.

써트펜이 제퍼슨에 도착하여 '써트펜 헌드레드'라는 대농장을 건설하고 콜드필드 가(家)의 맏딸 엘렌과 결혼하기까지의 과정을 서술하는 2장에서 콤슨 씨가 비판적으로 드러내는 것은 자신들의 고유한 경계 안으로 들어오는 써트펜에 대해 제퍼슨 사람들이 보이는 배제 메커니즘, 줄리아 크리스테바(Julia Kristeva)의 용어를 빌리자면 일종의 '비체화'(abjection)이다. 콤슨 씨의 아이러니컬한 시선이 예리하게 포착한 바에 따르면, 우리가 몸속에 들어 있는 더러운 똥을 밖으로 밀어냄으로써 깨끗한 몸을 유지하듯 제퍼슨 사람들은 그들의 청결한 도덕적 울타리 안으로 들어오는 써트펜이라는 오물을 밖으로 밀어낸다. 이 오염물 버리기 과정이 절정에 도달하는 것은 써트펜과 엘렌의 결혼식 장면이다. 마을 사람들은 더러운 이방인인 써트펜이 정숙한 남부여성인 엘렌을 아내로 맞이함으로써 합법적으로 그들의 경계 안으로 들어오는 것을 받아들일 수가 없었다. 강력한 거부의사를 표명하는 방법으로 그들은 결혼식을 마치고 나온 이 신혼부부에게 오물을 집어던진다. 오물 던지기라는 치사한 방법을 통해서라도 자신들의 경계를 지키고 싶었던 것이다. 하지만 아무리 열심히 밖으로 밀어낸다 해도 몸 안에 들어 있는 똥을 완전히 없애버릴 수는 없듯이, 써트펜이란 오물을 완전히 밀쳐낼 수는 없다. 오물은 그들 자신 속에 이미 깊숙이 들어와 있기 때문이다. 그들이 써트펜을 오물로 취급하면서 그 냄새나는 이물질로부터 자신들을 분리하고자 하는 것은 써트펜의 더러운 치부과정－흑인노예의 노동력을 착취함으로써 대저택을 건설하고, 치카소 인디언과 더러운 거래를 통해 토지를 매입하는 과정－이 실상 그들 자신의 축적과정과 크게 다르지 않다는 것을 너무도 잘 알고 있기 때문이다.

그렇다면 마을 사람들이 써트펜에게 보여준 심리적 반응을 이처럼 적확하게 묘사하는 콤슨 씨 자신의 입장은 어떤 것이었을까? 콤슨 씨의 서술에서 부각되는 것은 마을 사람들의 '순진한' 반응과 냉정할 정도로 담담하게 이 반응을 꿰뚫어보는 자신의 '섬세한' 안목 사이의 대비다. 콤슨 씨는 마을 사람들의 순진한 반응에서 자신을 분리시켜내면서 그들의 어리석음을 비판적으로 읽어내긴 하지만, 그들과 자신이 공유하고 있는 지점, 즉 그들 모두가 서 있는 물질적 토대를 '비판적으로' 대면하지는 않는다. 앞서 언급했듯이 실상 그들 모두가 서 있는 물질적 토대는 '써트펜 헌드레드'의 그것과 크게 다르지 않다. '써트펜 헌드레드'라는 웅대한 '남부의 집'은 흑인 노동력의 착취를 통해 건설되었지만 그 집에 살고 있는 백인 거주민들은 바로 그 흑인이라는 검은 얼룩을 지워내고자 한다. 예리한 통찰력에도 불구하고 콤슨 씨의 서술은 전전 남부를 오염시킨 역병이라 할 수 있는 노예제에 관해서는 침묵한다. 그는 써트펜의 상승과 몰락에 응축되어 있는 남부사회의 역사적 모순, 그 역병의 원인을 비판적으로 읽어내지 못한 채 콤슨 장군이 써트펜의 '실

수'라 불렀던 것에 함축되어 있는 역사적 차원을 초역사적 차원으로 바꿔버린다.

콤슨 씨의 눈에 비친 써트펜은 자기가 무대 위의 주인공인 양 우쭐거리지만 실은 "운명, 숙명, 응보, 아이러니"(72)라는 '무대 연출가'에 의해 조종당하는 순진한 바보에 지나지 않는다. 물론 이 순진한 바보가 '써트펜 헌드레드'를 일구어낼 만큼 엄청난 힘과 에너지를 소유하고 있음을 모르지는 않는다. 어떤 점에서 그는 이 위대한 영웅 아버지에게 숨길 수 없는 매혹을 느끼고 있기도 하다. 그는 "한번 사랑하고 한번 죽을 수"(90) 있어서 행복했던 시대, 힘과 열정이 살아있던 시대를 '영웅'의 시대라 부르면서 자신의 세대를 이들 세대와 구분한다. 영웅이 영웅인 것은 단순하기 때문이다. 단순하지 않으면 과감하게 행동할 수 없다. 하지만 영웅의 행동이라는 것도 운명이라는 보이지 않는 힘에 조종당하는 것일 뿐인데 영웅이라 불리는 자들은 자신들이 주체인 양 착각한다는 것이다. 이런 점에서 영웅이란 스스로를 '저자'(author)라 생각하지만 실은 운명에 의해 씌어지는 '희생물'에 지나지 않는다. 이들 순진한 영웅의 시대와 달리 콤슨씨는 자기 세대는 더 이상 영웅이라는 환상에 빠지지 않는 '환멸의 세대'라고 생각한다. 환멸의 세대는 불가피하게 사소하고 지리멸렬하지만 운명의 속임수에 넘어가지 않는다는 점에서는 영웅보다 더 우월한 인식적 위치에 있다. 그들에게 이 뛰어난 위치를 부여해 주는 것이 바로 아이러니다. 아이러니는 환상과 현실 사이의 괴리를 알고 있는 자만이 접근할 수 있는 인식적 장치이기 때문이다. 문제는 아이러니스트의 이 '앎'이 모어랜드의 지적처럼 역사적 모순을 운명이라는 비역사적 힘으로 치환함으로써 현실 회피의 기제로 작용한다는 것이다.

콤슨 씨가 본이라는 인물에 매료되는 것은 바로 이 자유로운 아이러니스트로서의 면모 때문이다. 콤슨 씨의 해석에 의하면 본은 한 번의 결혼이라는 낭만적 환상에 얽매일 만큼 순진한 인물이 아니다. 뉴 올리안즈의 자유분방한 이국적 문화에서 성장한 본은 헨리가 여전히 빠져 있는 남부 청교도주의의 위선을 꿰뚫어 볼 수 있고 그에 얽매이지 않을 만큼 자유롭다. 콤슨 씨의 눈에 비친 본은 남성다움이라는 가부장적 이데올로기에서 벗어난 '여성적' 인물로, 미시시피 시골구석에 처박혀 있던 헨리로서는 도저히 접근하지 못할 세련된 문화적 감각을 지닌 '코스모폴리탄'으로, 그리고 자신의 죽음을 예감하며 그것을 운명으로 알고 기다리는 도락꾼(sybarite)으로 나타난다. 콤슨 씨는 이 다양한 모습들 중 어느 하나에도 고착되지 않고 그 모든 입장의 상대성을 인식하고 있는 본에 매혹되면서 그와 자신을 동일시한다.

콤슨 씨의 추리에 의하면 헨리는 본과 주디스를 결혼시킴으로써 자신의 억압된 두 욕망, 즉 여동생 주디스에 대한 근친상간적 욕망과 본에 대한 동성애적 욕망을 대리 실현하고자 한다. 그렇다면 두 사람을 맺어줌으로써 자신의 억눌린 욕망을 실현하고자 했던 헨리가 본을 살해한 까닭은 무엇일까? 이 미스터리에 대한 열쇠로 콤슨 씨가 제시한 것이 본의 중혼을 받아들이지 못하는 헨리의 편협함이다. 나중에 헨리는 본이 흑인 피가 8분의 1 섞인 혼혈여성과 이미 결혼한 몸이라는 사실을 알게 되고 뉴올리안즈로 건너가 문제의 여성을 직접 만난다. 청교도주의적 도덕에 깊이 빠져 있던 헨리로서는 사랑하는 여동생 주디스가 본의 후처가 되는 것을 도저히 용납할 수 없었을 것이라는 것이 콤슨 씨의 추측이다. 헨리는 본에게 첫 결혼을 무효화하라고 요구하나, 본이 이를 받아들이지 않자 그를 살해했을 것이라고 콤손씨는 해석한다. 하지만 스스로 시인하듯이 이런 설명은 설득력이 없다. 콤슨 씨가 보는 본은 한번의 결혼이라는 규범에 얽매일 만큼 도덕에 구속될 사람이 아니다. 그런 그가 결혼이라 여기지도 않는 흑인 혼혈여성과의 결혼을 지키기 위해 첫 결혼을 무효화하라는 헨리의 요구를 받아들이지 않았을 리 없다. 자신이 내린 해석의 타당성을 스스로 의심하면서 콤슨 씨는 어차피 모든 해석은 불가능하다는 회의론으로 빠져든다. 하지만 이런 회의주의야말로 그의 방어전략이다. 인간사란 애초부터 어떤 의미도 없는 텅 빈 '기호'일 뿐이며 거기서 의미를 찾으려는 것은 부질없는 노릇이라 보는 그의 태도야말로 남부의 이데올로기에 균열을 일으키는 생생한 모순으로부터 거리를 유지함으로써 백인 지배계층 남성으로서 기득권을 포기하지 않으려는 제스처일 뿐이다. 콤슨 씨가 살인의 비밀을 풀지 못한 표면적 이유는 본이 헨리의 흑인 형이라는 사실을 알지 못했기 때문이지만, 더 심층적인 이유는 본의 흑인 피가 그의 담론에 가하는 위협을 감당할 수 없었기 때문이다. 본의 흑인 피는 콤슨 씨의 냉소적 담론을 위협하는 검은 유령이다. 콤슨 씨가 찰스 본이라는 검은 유령 앞에 비틀거릴 때 퀜틴은 더이상 그의 이야기를 듣지 않는다. 형제 살인이라는 비밀을 풀지 못한 채 그 역시 헨리가 넘지 못한 문 앞에서 머뭇거리고 있기 때문이다. 그가 이 문을 넘기 위해서는 콤슨 씨의 서술에는 생략된 아버지 써트펜과 두 아들 사이의 문제적 관계에 대해 더 알아야 한다.

V. 미완의 애도

6장에서 퀜틴은 아버지 콤슨 씨의 냉소적 아이러니도 로자의 우울증적 향수도 들어가지 못한 닫힌 문 앞에 서 있다. 물론 퀜틴이 그의 캐나다 친구 슈리브(Shreve)와 이야기를 나누는 기숙사 방은 더 이상 남부 땅이 아니다. 그는 양키의 본부라 할 수 있는 하버드 대학에 와 있다. 하지만 이런 지리적 거리가 위안을 주진 못한다. 로자의 죽음을 알리는 편지와 함께 그는 또다시 남부의 과거 속으로 끌려들어가 그가 영원히 잊지 못할 문제의 얼굴 헨리를 떠올리지 않을 수 없다. 형제 살인이라는 치명적 죄를 저지른 뒤 도망쳤다가 다시 아버지의 집에 돌아온, 살아 있으되 이미 죽은 것이나 다름없는 헨리의 모습에서 퀜틴은 남부의 유령으로 살아가야 될 미래의 자신의 모습을 보고, 남부를 떠나면서 이 유령으로부터도 떠나고 싶었지만 그럴 수 없다는 것을 다시 한 번 확인한다.

6장의 서두에서 퀜틴은 슈리브의 냉소적 태도가 마음에 들지 않는다. 슈리브는 로자의 삶을 "비현실성의 아름다운 쇠락"(220)이라고 간단히 규정해버리면서, 왜 그녀가 그런 길을 걸을 수밖에 없었는지에 대해서는 조금의 공감도 보이지 않는다. 슈리브에게 있어서 써트펜의 비극에 동장하는 '배우'들은 그가 남부에 대해 보이는 막연한 호기심을 충족시켜주는 것 그 이상도 그 이하도 아니다. 이 비극의 주인공이라 할 수 있는 써트펜조차 그의 눈에는 백인 아들을 얻겠다는 "광기에 사로잡힌 무력한 늙은이"(141)에 지나지 않는다. 써트펜의 삶에 대해 슈리브가 취하는 냉소적 태도를 마지못해 받아들이면서도 퀜틴은 슈리브처럼 써트펜을 "미친 늙은이"로 간단하게 기각시킬 수 없다. 퀜틴에게 써트펜은 그의 '위대한 기획'이 아무리 잘못되었다 하더라도 남부의 아들들을 압도하고 매혹시키는 건립의 아버지이자 남부의 아들들이 여전히 닮고 싶은 남부의 '자아 이상'이기 때문이다. 장자 상속권을 포기할 만큼 아버지에게 반항했지만 결국 "격분한 아버지의 총잡이 역할"(186)로 전락한 헨리의 딜레마를 이해하려면 써트펜을 더 알아야 한다.

이런 심리적 요구 이외에 본의 살인이라는 수수께끼를 풀어야 한다는 해석적 요구도 퀜틴으로 하여금 써트펜으로 거슬러 올라가지 않을 수 없게 만든다. 아버지 콤슨 씨의 서술에서 중심을 이루었던 본, 헨리, 주디스 세 남매 사이의 관계만으로는 비밀을 풀 수 없다는 것이 분명해

졌기 때문이다. 아버지에 관한 퀜틴의 사유에서 드러나듯이 아버지 없는 아들은 없다. 이제 퀜틴의 관심은 그들 모두를 만들었던 아버지 써트펜을 향해 올라가고, 이런 아버지로의 관심 이동은 써트펜의 삶에 응축되어 있는 남부 역사와의 대면을 불가피하게 한다.

7장에서 퀜틴의 입으로 서술되는 써트펜의 이야기는 "그의 문제는 순수였다"(229)는 콤슨 장군이 던졌던 한 문장으로 요약될 수 있다. 써트펜이 어린 시절을 보냈던 웨스트 버지니아 산간지방에는 눈에 띌 만큼 심각한 경제적 불평등이나 차별이 존재하지 않았다. 그런 사회적 '순수'의 상태에 머물러 있던 써트펜이 대농장주의 저택에서 경험한 계급적 차별은 그의 삶을 결정적으로 뒤바꾼다. 써트펜은 백인 저택에서 일하는 흑인하인으로부터 앞문으로 들어오지 말고 뒷문으로 들어오라는 말을 듣고 지금껏 그가 알지 못했던 계급적 '거세'(castration)를 경험한다. 이 순간은 써트펜이 그의 인생을 결정짓는 계급적 트라우마를 경험하는 원초적 장면이다. 써트펜은 자신의 계급적 결핍을 강제하는 이 트라우마적 위협에 직면하여 백인 대농장주의 계급적 · 인종적 위치와 자신을 동일시한다. 아버지에 대한 경쟁을 아버지와의 동일시를 통해 해소하는 거세 콤플렉스 단계의 아이처럼 써트펜도 백인 농장주와의 경쟁을 그와의 동일시를 통해 해소한다. 이 동일시가 일어나는 순간은 써트펜이 남부사회의 지배적인 이데올로기적 각본 속으로 편입되는 순간, 즉 그가 '백인' '농장주'라는 사회적 위치를 부여받는 순간이다.

주목할 것은 써트펜의 계급적 정체성의 형성이 인종적 범주에 의해 매개되고 있다는 사실이다. 써트펜에게 지울 수 없는 상처를 남긴 것은 대농장주의 저택으로 들어가지 못했다는 사실 못지않게, 백인인 그가 다름 아닌 '흑인' 하인에게서 모욕을 받았다는 점이다. 흑인하인의 비웃음은 그의 백인 우월주의를 박살내버렸다. 대농장 자본주의하에서 흑인과 가난한 백인이 공유하는 경제적 불평등을 깨닫는 대신, 써트펜은 자신이 받는 모욕이 흑인하인이 앞문으로 들어갈 기회를 주지 않았기 때문이라고 여긴다. 여기서 계급적 대립은 인종적 갈등으로 치환된다. 따라서 흑인하인에게서 받은 인종적 모욕을 보상하기 위한 써트펜의 기획에서 흑인이 배제, 억압되는 것은 지극히 당연하다.

하지만 인종주의가 개입되는 이런 심리적 과정에서 핵심적인 요소는 인종주의 그 자체가 아니다. 물론 농장주의 집에서 겪은 이 사건 이전에도 써트펜은 자기 누이를 비롯한 가난한 백인 여자들이 흑인들에게 막연한 반감을 갖고 있다는 것을 느끼고 있었다. 이 심정적 반감에 분명한 이유가 있었던 것은 아니다. 그것은 백인과 흑인 양쪽 모두가 갖고 있는 본능적 감각일 뿐 구체적 적대감이나 공격성으로 전화된 것은 아니다. 후일 써트펜이 콤슨대령에게 말하듯, 하층 백인들에게 흑인들은 "곧 함박웃음으로 터질 검은 풍선얼굴"(240)이었다. 써트펜이 농장주의 흑인 집사에게 느낀 모욕은 그들의 삶에 큰 영향을 미치지 않는 무의미한 존재가 아닌, 금기와 박탈을 명령하는 적대적 존재에게서 경험하는 새로운 감정이다. 써트펜이 흑인하인을 부를 때 사용하는 "깜둥이 원숭이 새끼"(monkey nigger)라는 호칭은 그의 내면에 형성되고 있는 인종적 경멸과 적대감을 언어화한 것이다. 하지만 앞서 지적했듯이, 써트펜에게 인종적 적대감과 우월감을 낳은 더 근원적 정서는 농장주에게서 경험한 무력감이다. 저항할 수 없는 존재 앞에서 경험한 이 절대적 무력감에서 벗어나는 길이 인종적 타자에게 자신의 박탈감을 투사하는 것이다. 써트펜의 인종주의는 심리적 박탈에서 벗어나기 위해 채택되는 매개적 기제이다. 그가 거세를 극복하는 최종방법은 농장주와 같아지는 것, 다시 말해 농장주의 위치에 올라서는 것이다.

백인 농장주와 자신을 동일시하는 순간 써트펜은 자신이 이전에 갖고 있던 '순수'가 신비롭게 변모하는 것을 경험한다.

> 그것은 (…) 일종의 폭발이었어. 눈부시게 타올랐다가 아무것도 남기지 않고 사라지는 불꽃 말이야. 재나 찌꺼기 같은 것도 없었어. 그것은 끝없이 펼쳐진 평평한 벌판에 손상되지 않은 순수라는 거대한 형상이 마치 기념비처럼 솟아오르는 끝없이 펼쳐진 평평한 벌판 뿐이었어(…) (248)

이 기념비적 순수는 앞서 써트펜이 웨스트 버지니아 산간지방에서 갖고 있던 순수와는 다르다. 이전의 순수가 결핍이 일어나기 전의, 말하자면 순수하다는 것을 알 필요도 없던 무지상태를 가리킨다면, 농장주의 집 문 앞에서 모욕을 겪은 뒤 솟아오르는 순수는 '이데올로기적 구성물로서의 순수'이다. 써트펜의 일생을 지배하는 키워드라 할 수 있는 순수의 탄생 순간이 지극히 '남근적'으로 묘사되는 것은 흥미롭다. 그것은 여성적 대지 위에 우뚝 솟아오르는 남근을 닮았다. 순수라는 이 남근적 환상이 '써트펜 헌드레드'라는 거대한 집으로, 그리고 그 집을 더욱 빛내줄 백인 아들에 대한 갈망으로 현상하는 것은 자연스럽다. 이 남근적 순수가 거세 콤플렉스를 거친 다음 써트펜이 최종적으로 취하는 대타자의 목소리다.

하지만 순수는 순수하지 못한 존재의 배제를 통해서만 유지될 수 있다. 써트펜의 경우 비순수를 몸으로 표상하고 있는 인물이 그가 아이티에서 첫 아내 율라리아(Eularia)와의 사이에서 낳은 아들 본이다. 써트펜은 결혼 전에 율라리아가 프랑스계 스페인인이라고 알고 있었지만 흐릿한 피부색깔의 아들을 낳고 난 다음 그녀의 몸속에 흑인 피가 흐르고 있다는 사실을 알게 된다. 검은 피의 찰스 본은 순수 혈통과 계보에 기반을 둔 그의 백색 기획을 비웃는 아이러니컬한 조롱이다. 이 조롱을 "사소한 기술적 실수"(281)라 여기면서 써트펜은 검은 이물질을 자신의 기획에서 지워버린다. 본의 출현은 써트펜이 자신의 기획을 창조하기 위해 배제, 억압했던 것의 복귀이다. 본이 돌아올 때 이 검은 피의 억압 위에 서 있는 써트펜의 백색 기획은 무너질 수밖에 없다.

헨틴과 슈리브의 서술은 써트펜의 상승과 몰락에 압축되어 있는 남부 역사의 모순을 대면함으로써 로자와 콤슨 씨의 서술이 부딪쳤던 장애를 넘어선다. 그들은 써트펜의 기획에 "노우"(No)라고 말함으로써 남부의 자아 이상으로서 써트펜의 유령을 애도하는 힘든 과제를 달성한다. 작품은 아버지와의 끈을 끊을 수 없으면서도 동시에 아버지의 파국을 응시하지 않을 수 없는 퀜틴의 눈으로 아버지의 역사적 드라마에 개입된 모순을 서술한다.

> 그래 우리 둘 다 아버지인지 몰라. 한번 일어난 뒤 끝나는 것은 아무 것도 없을 거야. 일어난다는 것은 한번이 아니라 돌멩이가 가라앉은 뒤 수면 위에 생기는 물결 같은 것인지 몰라. 물결은 흔들려 웅덩이를 퍼져나가고, 한 웅덩이는 가느다란 탯줄 같은 수로를 통해 옆 웅덩이와 이어져 있지. 그건 첫 웅덩이가 물을 대고 있거나, 대어왔거나, 댔던 거야. 두 번째 웅덩이가 다른 수온이거나, 다른 분자구조로 보고 느끼고 기억하거나, 변하지 않는 무한한 하늘을 다른 색깔로 비출지도 몰라. 하지만 이건 전혀 중요하지 않아. 한 번도 본 적 없는 돌맹이의 수면 속 울림이 최초의 물살과 결코 지울 수 없는 오래된 리듬으로 그 수면을 흐르게 되지. (…) 그래 우리 둘 다 아버지야. 아니 어쩌면 우리 모두를 만든 것은 토마스 써트펜인지 몰라. (272-3)

써트펜을 생각하며 퀜틴이 떠올리는 이 이미지는 남부의 아들들이 남부 역사의 기원적 아버지라 할 수 있는 써트펜과 정서적으로 깊이 얽혀 있음을 보여준다. 남부의 역사는 아버지의 행위라는 시원적 사건으로 시작되며, 그 행위의 파장은 지울 수 없는 운명의 계보를 만든다. 후대의 아들들은 가느다란 수로로 이어져있는 웅덩이처럼 최초의 물살을 일으킨 아버지의 사후효과일 뿐이다. 그들 "모두를 만든 것은 토마스 써트펜"이라는 기원적 아버지다. 슈리브와 퀜틴의 서술은 그들에게 자아이상으로 기능하는 이 아버지에게 숨길 수 없는 매혹을 느끼면서도 그의 행위에 대해 최종적 부정을 선언한다.

하지만 그들이 제대로 애도하지 못한 것이 본의 유령이다. 퀜틴은 헨리가 왜 본을 죽였는지 그 이유를 찾아냄으로써 써트펜 가의 비극적 몰락의 비밀을 밝혀낸다. 써트펜으로부터 아들로 인정한다는 어떤 징표도 받지 못하자 본은 백인 여동생 주디스와 결혼을 감행하려고 한다. 주디스와의 결혼 요구는 백인 아버지의 인정을 받기 위해 그가 선택한 추문의 길이다. 헨리가 이들의 결혼을 받아들일 수 없었던 것은 콤슨 씨가 생각하듯이 중혼 때문도 남매간의 근친상간 때문도 아니다. 본을 향한 헨리의 사랑은 근친상간이라는 금기마저 넘어서게 만든다. 헨리가 끝내 넘지 못한 것이 본의 흑인 피다. 본이 헨리에게 똑똑히 말했듯이, 헨리가 "참을 수 없는 것은 근친상간이 아니라 이종잡혼이었다"(372). 본은 "너의 여동생과 잠자리를 같이하는 깜둥이 새끼"(374)가 되는 길을 택하고 헨리는 본을 죽임으로써 이 이종잡혼의 기도를 저지한다.

찰스 본은 백인 가부장제가 금기해온 억압된 욕망의 환상적 구현물이다. 하나의 인물임에 틀림없지만 작품에서 찰스 본은 인물 그 이상이다. 흑인 피가 그의 몸속을 흐르고 있지만 그는 눈에 띌 만큼 검은 피부가 아니며 노예의 신분도 아니다. 흑인문화에 대해 인종적 유대감을 갖고 있는 것도 아니다. 이는 본이 집단적, 문화적 의미에서 흑인이 아니라는 것을 의미한다. 이런 흑인성과의 유대의 결핍은 비평가 리처드 모어랜드로 하여금 그가 "흑인의 몸을 한 백인의 영혼"(116)이라고 비난하게 만든다. 하지만 현실에서 실현되지 못한 수많은 꿈들이 서사의 중심을 이루고 있는 이 작품에서 본은 일어났으면 좋았을 꿈과 환상의 집적체이다. 그는 하나로 고정될 수 없는 이질적 정체성의 소유자이다. 그는 남성적인가 하면 여성적이고, 흰색인가 하면 색깔을 구별할 수 없을 만큼 흐릿하며, 이성애자인가 하면 동성애자로 보인다. 그는 금지시켰기 때문에 더욱 더 유혹의 빛을 발하는, 아직 실현되지 못한 가능성들이다. 그는 주디스와 헨리, 두 남매의 사랑을 동시에 받았을 뿐 아니라 그들의 이모 로자의 마음을 사로잡는다. 필립 와인스틴(Philip Weinstein)의 지적처럼 만일 본이 노예였더라면 이 모든 가능성들은 탐색될 수 없었을 것이다(54). 남부사회는 사회적으로 실행될 수 없는 금지된 욕망들을 본이라는 허구적 인물에게 투사하고 에로틱한 시선을 던진다.

찰스 본의 시신이 누워있는 써트펜 헌드레드의 이층 방은 작중 주인공들의 억압된 욕망이 숨어있는 공간이자 화자들의 담론이 들어가지 못하는 금지된 공간이다. 로자와 콤슨 씨는이 공간 속으로 들어가지 못한다. 퀜틴과 슈리브만이 닫힌 문을 넘어 아버지의 비밀이 숨어있는 이 어두컴컴한 고딕의 공간 속으로 들어간다. 닫힌 문을 넘기 전 그들은 자신들이 서술하는 인물들과 완벽한 동일시에 이른다. "그들 두 사람이 그때 그곳에 있었던 것이 아니라 그들 네 사람이 철의 어둠 한 가운데 두 말 위에 올라타 있었다"(308). 퀜틴과 슈리브가 동일시하는 이야기 속 주인공 본은 백인누이와 결혼을 감행하려고 하고, 또다른 주인공 헨리는 그 결혼을 막기 위해 대결을 벌이고 있다. 아버지의 문 앞에서 흑인 형과 백인 동생이 벌이는 이 대결은 금기를 넘으려는 자와 막으려는 자 사이에서 벌어지는 사투다. 화자 퀜틴과 슈리브는 그들이 서술하는 이야기 속 주인공들처럼 남부사회가 금기해왔던 근친상간적이고 이종잡혼적인 사랑 앞에서 머뭇거려 왔다. 헨리가 본에게 4년의 유예기간(각기 장교와 사병이 되어 남북전쟁을 치러내는 기간)을 주었듯, 퀜틴과 슈레브도 고통스러운 담론의 우회를 거쳐 왔다. 하지만 서로가 서로를 읽고 감시하고 사랑하고 설득했던 그 4년의 시간, 그 동안 남부의 역사적 운명이 바뀌어 남부의 아들들은 전쟁의 패자가 되어야 했던 그 시간이 흐른 후에도 헨리와 본은 대결을 피할 수 없었다. 화자 퀜틴과 슈레브 역시 마찬가지다. 퀜틴은 남부를 떠나 북부로 건너와 하버드대 기숙사방에 앉아 있지만 남부를 완전히 떠날 수는 없다. 로자의 죽음을 알리는 편지와 함께 그는 다시 남부의 과거 속으로 끌려 들어가 문제의 얼굴 헨리를 떠올리지 않을 수 없다. 형제살인이라는 죄를 저지른 뒤 도망쳤다가 아버지의 집에 돌아온 헨리의 모습에서 퀜틴은 남부의 유령으로 살아가야 될 미래의 자신의 모습을 본다. 담론 속에서 치루는 이 긴 유예와 우회의 시간을 거친 후에야 비로소 퀜틴은 슈레브와 더불어 남부가 금지해온 운명의 사랑 속으로 들어간다. 과거와 현재, 인물과 화자, 화자와 청자 사이에 완벽한 동일시가 일어나는 순간 그들은 "이제 사랑에 대해 이야기하게 된다"(30). 퀜틴과 슈레브는 말하기와 듣기의 행복한 결혼을 통해 오래 금지되어 왔던 "사랑으로 월경한다"(311). 이 순간 소설은 가장 커다란 감정적 위기에 도달한다. 그들이 말하는 것은 남부의 법을 위반하는 금지된 사랑이기 때문이다. 아니 더 정확히 표현하자면 그것은 오빠의 위치를 부여받지 못한 채 백인여자와 "잠자리를 같이" 하고자 하는 어느 "깜둥이 새끼"(374)의 비극적 사랑이야기다.

9장에서 허물어져가는 '써트펜 헌드레드'의 어두컴컴한 이층방에 숨어 있는 것으로 밝혀지는 것이 바로 헨리다. 드디어 퀜틴은 그가 한시도 놓여난 적이 없는 헨리의 얼굴을 만나는 순간을 말한다.

> 당신은?
> 헨리 써트펜
> 당신은 여기에 얼마동안 있었지…?
> 4년
> 당신이 집에 돌아온 것은…?
> 죽으러, 그래, 죽으러 왔지.
> 죽으려고?
> 그래 죽으려고.
> 당신은 여기에 얼마동안 있었지?

4년
당신은?
헨리 써트펜 (389-90)

이 대목은 서사가 앞으로 나아가지 못하고 같은 구절을 반복되는 플롯을 닮았다. 그것은 어떤 의미도 낳지 못하고 서사 전체를 빨아들이는 블랙홀이자 퀜틴과 슈레브의 "말하기와 듣기의 행복한 결혼"(331)을 깨뜨리는 구멍이다. 헨리와의 충격적 만남을 말하고 난 다음부터 퀜틴과 슈레브의 행복한 교감은 무너진다. 퀜틴은 남부를 증오하지 않는다고 반항하듯 말하고 슈리브는 머지않아 남부를 지배하게 되는 것은 이종잡혼의 산물, 백치 짐 본드(Jim Bond)일 것이라며 비웃는다. 짐승처럼 울부짖는 짐 본드는 이들의 형제적 서술이 지워버릴 수도 승화시킬 수도 없는 잉여물, 이들에게 깊은 불안과 공포를 안겨주는 인종적 얼룩이다.

결국 퀜틴은 그의 서술대상인 헨리가 넘지 못한 문을 넘지 못한다. 남부를 사로잡는 유령에게서 풀려나고자 하는 지난한 노력에도 불구하고 그는 여전히 유령에 결박당해 있다. 헨리를 만나고 난 후 그에게 다시는 마음의 평화가 오지 않는다. 헨리는 자신의 불안이 결코 극복될 수 없다는 것을 확인이라도 하듯 "다시는 없다"(nevermore)는 말을 세 번 더 되풀이한다. 본을 "누이와 잠자리를 같이하는 깜둥이새끼"로 죽임으로써 헨리는 그를 형으로 받아들이지 못하고 어떤 점에서는 아버지 써트펜의 기획을 완성시킨다. 슈레브의 말처럼 헨리는 본을 사랑했지만 결국 "분노한 아버지의 총잡이"(186)로 전락한다. 마지막 순간까지 헨리는 흑인/형이라는 두 낱말의 결합을 가로막는 금기, 남부를 지배하는 이종잡혼이라는 금기를 넘지 못한다. 이는 퀜틴도 마찬가지다.

그렇다면 작가 포크너는 어떤 입장일까? 작중 인물과 화자들처럼 포크너도 이 금기를 넘지 못한 것일까? 아니면 금기를 넘어 혼종으로 위반해 들어간 것일까? 찰스 본을 중심으로 회전하는『압살롬, 압살롬!』은 결국 그를 희생시킨다. 물론 선퀴스트도 지적하듯이 그것은 "그를 형으로 받아들이기 위해 고투하는 작중 인물들의 이야기와 그의 이야기를 완벽하게 일치시킨 다음에야"(127) 이루어진다. 하지만 그 모든 노력에도 불구하고 작중인물과 화자들은 결국 본을 형으로 받아들이지 못하며, 이는 작가도 마찬가지인 것으로 보인다. 작중 인물과 화자들의 심리를 통해 이종잡혼이 흑백 모두를 파괴시키는 엄청난 폐해를 드러내긴 했지만, 작가 포크너 역시 흑인과 백인의 피의 섞임을 받아들이진 못한 것 같다. 짐 본드에게 던진 슈리브의 신랄한 조소적 발언 뒤에 숨어있는, 이종잡혼의 결과에 대한 편견과 공포는 비단 슈리브의 것만이 아닌 작가 자신의 것이기도 하다. 포크너는 이 작품에서 남부의 자아이상으로 기능해온 써트펜의 유령을 떠나보낼 수는 있었지만, 그의 기획이 배제하고 있는 찰스 본의 유령을 떠나보내지는 못하고 있다. 찰스 본은 포크너의 애도작업을 방해하는 인종적 타자이자 그의 목에 걸린 가시이다. 리처드 킹이 헌사한, 남부의 애도작업을 성공적으로 수행한 "남부 최고의 역사가"란 호칭을 얻기에는 찰스 본의 유령이 그의 곁을 떠나지 않고 있다. 6년 뒤 발표된『내려가라 모세야』에서 포크너는 이종잡혼이라는 남부의 외상으로 다시 한 번 돌아간다. 반복을 피할 수는 없다.『내려가라 모세야』의 주인공 아이크 맥카스린(Ike McCaslin)이 애초 퀜틴 콤슨으로 설정되었던 것은 우연이 아니다.

인용문헌

슬라보예 지젝.『전체주의가 어쨌다구?』한보희 역. 서울: 새물결, 2008.

Bleikasten, André. *The Ink of Melancholy: Faulkner's Novels from* The Sound and the Fury *to* Light in August. Bloomington: Indiana UP, 1990.

Blotner, Joseph, ed. *Selected Letters of William Faulkner*. New York: Random

House 1977.

Brooks, Peter. *Reading for the Plot: Design and Intention in Narrative*. New York: Vintage Books, 1984.

Faulkner, William. *Faulkner in the University.* Eds. Fredrick L. Gwynn and Joseph L. Blotner. Charlottesville: UP of Virginia, 1995.

_____. *The Sound and the Fury.* Ed. David Minter. New York: Norton & Company, 1994.

_____. *Absalom, Absalom!* New York: Modern Library, 1993.

Freud, Sigmund. "Remembering, Repeating, and Working-Through." *The Standard Edition of the Complete Psychological Works of Sigmund Freud.* vol. 13. Eds. James Strachey, et al. Trans. James Strachey. London: Horgath Press, 1957. 145-56.

_____. "Mourning and Melancholia." *SE.* vol. 14. 239-58.

King, Richard. *A Southern Renaissance*. Oxford: Oxford UP, 1980.

Moreland, Richard. *Faulkner and Modernism: Rereading and Rewriting.* Madison: UP of Winsconsin, 1990.

Sundquist, Eric. *The House Divided*. Baltimore: Johns Hopkins UP, 1979.

Weinstein, Philip. *What Else But Love?: The Ordeal of Race in Faulkner and Morrison.* New York: Columbia UP, 1996.

출처 : 『안과밖』 12호 (2002)에 실린 같은 제목의 글을 책의 주제에 맞게 수정, 보완한 것임

기억과 애도의 글쓰기:

도리스 레싱의 「나의 아버지」와 『알프레드와 에밀리』

박선화 _ 건국대학교

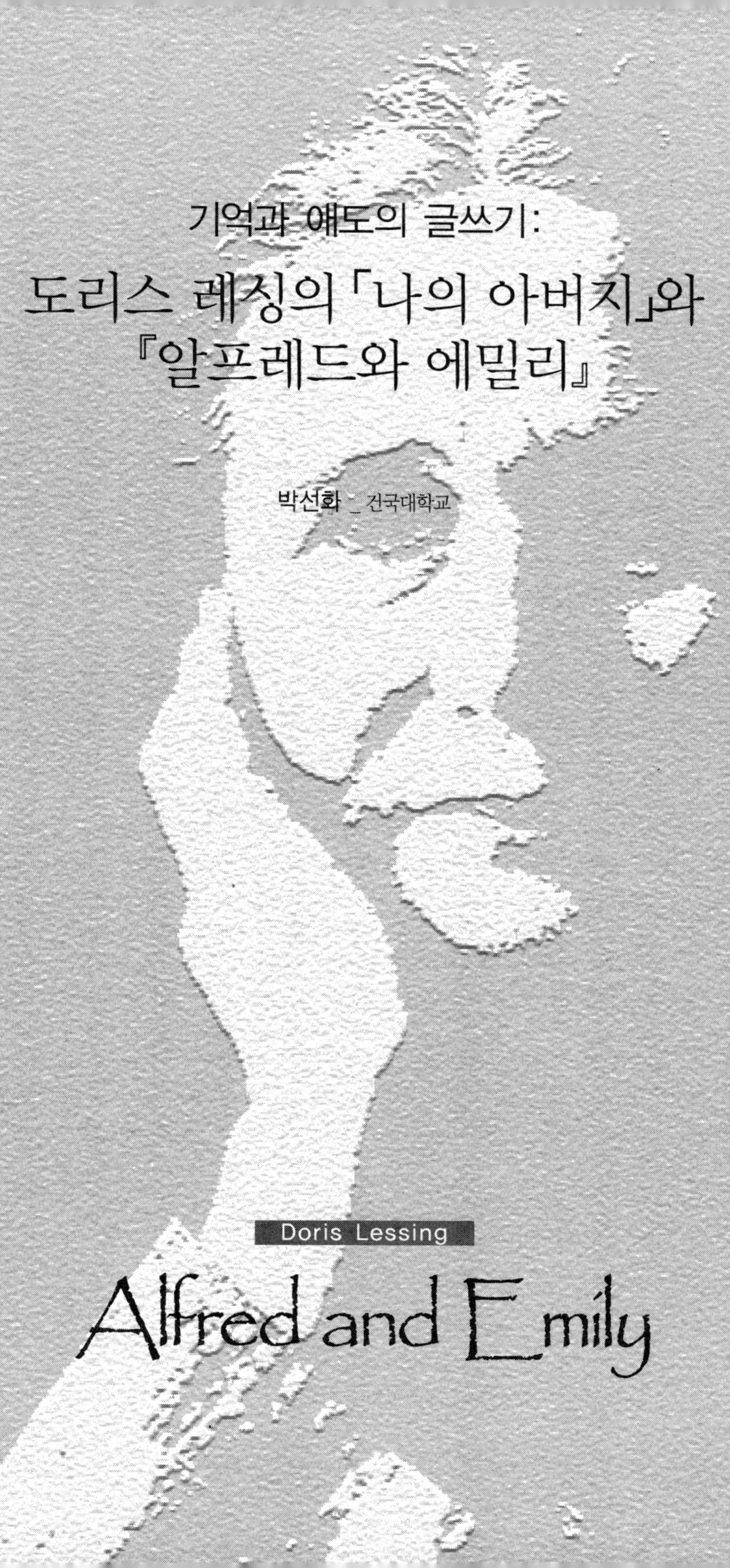

기억과 애도의 글쓰기:
도리스 레싱의 「나의 아버지」와 『알프레드와 에밀리』

작가 소개

『도리스 레싱: 전기』(*Doris Lessing: A Biography*)에서 "레싱은 내적으로나 외적으로 국외 추방자이기를 자청한 작가"(2)라고 한 캐롤 클레인(Carole Klein)의 언급처럼, 영국 작가 도리스 레싱(Doris Lessing: 1919-)의 삶은 순탄하지도 또 안정적이지도 못했다. 레싱은 영국인 부모의 이주 때문에 1919년 이란에서 태어나 아프리카 짐바브웨에서 성장한다. 레싱의 아버지는 1차대전 참전 중 다리 부상으로 인해 삶에 대한 회의를 품다 못해 영국을 떠나 아프리카에서 농장 경영의 삶을 꿈꾸는 비현실적인 몽상가로 살아가고, 1차대전 중 연인을 상실한 레싱의 어머니는 간호사가 되어 부상당한 레싱의 아버지를 만나 결혼한 후 남편을 따라 아프리카에 정착한다. 농장경영의 실패와 고단한 아프리카에서의 삶 속에서 아버지와 어머니 사이에는 불화가 끊이지 않았고, 어머니는 무능한 남편에 대한 실망감을 감추기 위해 자녀에게 지나친 열성과 기대를 품게 되고 나아가 집착을 보이기까지 한다. 이러한 어머니의 집착에 반항하던 레싱은 열네 살에 정규교육을 중단하고 만다. 열아홉 살에 결혼하고 이혼, 그리고 두 번째 결혼과 이혼을 거친 후, 그녀는 두 번째 결혼에서 얻은 아들 피터(Peter)를 데리고 1949년 영국 런던으로 이주한다.

왕성한 독서와 광활한 아프리카 초원에서의 삶 그리고 개인적 경험을 바탕으로 레싱은 『풀잎은 노래한다』(*The Grass is Singing*, 1950)로 등단한 후, 페미니즘의 정전이라 할 수 있는 『황금색 공책』(*The Golden*

Notebook, 1962), 성장소설 5부작『폭력의 아이들』(*The Children of Violence*, 1952-69), 우주소설 5부작『아르고스의 카노푸스』(*The Canopus in Argos*, 1979-83), 가족문제를 통해 인간의 본성을 파헤친『다섯째 아이』(*The Fifth Child*, 1988)와『세상 속의 벤』(*The Ben in the World*, 2000), 그리고 인류의 기원에 대한 물음을 제기한『클레프트』(*The Cleft*, 2007) 뿐 아니라,『나의 속마음』(*Under My Skin*, 1994)과『그늘 속에서의 산책』(*Walking in the Shade*, 1997)의 자서전을 포함하여 소설, 시, 희곡의 장르를 넘나드는 무수한 작품들을 남긴다. 한때 남아프리카공화국의 인종차별정책을 비판하고 영국 공산당 조직에 가담하여 활동한 경험도 있는 그녀는 다양한 영역과 장르를 넘나드는 글쓰기로 인해 실험적 작가, 예측 불가능한 작가이자 미래를 내다보는 카산드라와 같은 작가로 불리고 있다 (Drabble 50-4). 그녀는 2007년 "여성 경험을 바탕으로 분열된 문명을 철저히 비판한 작가"로 평가받으며 노벨문학상을 거머쥔 위대한 작가이면서, 주류문학에 편승하지 않고 붕괴된 현실세계에서 "인간성에 대한 희망의 끈"[1]을 쥐고 있는 주변 인물들을 재현함으로써 현대인이 직면한 문제들을 신랄하게 꼬집는 주변작가의 대변인이기도 하다.

작품소개

『황금색 공책』의 부제 "자유로운 여성들"이 지닌 함의에서 엿볼 수 있듯이, 레싱의 대부분 작품들은 여성 주인공들의 자유에 대한 갈망과 투쟁을 중심으로 전개되고 있다. 또한, 레싱은 의도했던 그렇지 않았던 간에 대부분의 작품에서 어머니 이야기를 소재로 다루고 있으며, 일단 어머니 이야기를 다루게 되면 이를 거리낌 없이 드러내어 어머니

1 "The Nobel Prize in Literature 2007."
http://nobelprize. org/nobelMprizes/literature/laureature/2007/index. html.

의 삶, 어머니의 허영심, 어머니의 고집, 어머니에 대한 비난의 이야기를 쏟아내고 만다. 1990년대 후반 이래로 활발히 진행되고 있는 국내의 레싱 연구방향이 여성관계 혹은 모녀관계에 집중되어 있고, 『풀잎은 노래한다』, 『황금색 공책』, 『마사 퀘스트』(*Martha Quest*, 1952), 『어느 생존자의 회고록』(*The Memoirs of a Survivor*, 1974) 등 국내에 번역되어 소개된 레싱의 작품들이 여성주인공들의 이야기와 밀접하게 연관되어 있다는 인상을 풍기는 것은 이와 무관하지 않을 것이다. 2007년 스웨덴 한림원 또한 레싱을 노벨문학상 수상자로 선정하면서 『황금색 공책』을 그녀의 최고 작품으로 꼽았고 자연스럽게 그녀를 페미니스트로 호명한다. 그래서일까? 『런던 스케치』(*London Observed*, 1992)의 번역본을 접하고 나서야 국내 독자들은 비로소 페미니즘에서 벗어난 레싱의 다른 면모를 발견하기에 이른다. 이 단편집에 소개된 이야기들은 이데올로기와 이념을 초월해서 영국 런던의 일반인들의 일상적 삶을 재현하고, 이야기 속의 서술자 또한 무수한 일반인 중 한 명에 지나지 않는 평범한 사람으로 제시되어 있기 때문이다. 국외의 레싱 연구경향도 이와 비슷하다. 2000년대 중반에 이르러서야 지니 워녹(Jeanie Warnock)과 같은 비평가들은 그동안 진행되어왔던 레싱에 대한 연구방향을 비틀고 레싱의 전기(傳記)적 사실을 새로운 시각으로 고찰하기 시작한다. 워녹은 대부분의 학자와 비평가가 간과한 부녀관계를 지적하면서 레싱과 아버지의 관계를 다각도로 접근하는 계기를 제공한다.

여기에서 다루고 있는 「나의 아버지」("My Father")는 1963년 9월 1일자 런던 『선데이 텔레그래프』(*Sunday Telegraph*)지에 그리고 이의 축소판이 이듬해 2월 15일자 『보그』(*Vogue*)지에 실렸던 짧은 에세이다. 이 에세이는 폴 슐레터(Paul Schlueter)가 레싱 관련의 에세이, 리뷰, 인터뷰 등을 엮어 모아 편집한 『작은 개인의 목소리』(*A Small Personal Voice*, 1974)에 다시 실리게 되었다. 열 한쪽의 짧은 이 글 안에는 레싱의 아버지에 대한 느낌과 생각이 생생하게 재현되어 있다. 영국 에섹스 콜체스터, 1886년 8월 3일생 아버지. 가난한 집안의 차남으로 태어나 배고픈 어린 시절을 보내고, 아버지를 이어 은행원이 되면서 스포츠, 댄스, 노래 등을 즐기며 행복한 젊은 시절을 보내지만, 그의 삶은 1914년 전쟁이 발발하면서 중지된다. 전쟁의 참혹한 기억뿐만 아니라, 참호에서 유산탄 파편에 다리를 잃고 병원으로 후송된 지 십일 후 그의 소속 중대전원이 사망한 것에 대한 죄의식에서 헤어나지 못하기 때문이다. 로얄프리 병원에 수송된 후 간호사로 일하던 어머니를 만나 결혼함과 동시에 영국을 떠나고자 하는 갈망에 의해 1919년 이란의 임페리얼은행으로 전근을 자청한다. 하지만 그는 이란에서의 거짓과 부정부패의 삶에 싫증을 느끼고, 1925년 대영제국박람회에서 소개받은 로디지아, 지금의 짐바브웨로 이주를 감행한다. 아버지는 그저 덤불만 무성한 초원 위에 진흙과 짚으로 건축한 궐련 모양의 농장에서 이웃과 수 마일이나 떨어진 채 고립된 삶을 살고, 매년 담배경작에서 늘어가는 빚과 꿈꾸던 삶과는 완연히 다른 고된 농장생활 때문에 오직 이 농장에서 탈출할 생각밖에 없는 어머니와 살아간다. 결국 아버지는 전쟁, 다리 부상에서 얻은 합병증, 비합리적인 농장경영, 주변 백인농장주들의 폭력을 보면서 고통을 받다가 솔즈베리의 한 병원에서 육십 일세의 나이로 사망한다.

2008년 레싱은 전기소설 형식으로 『알프레드와 에밀리』(*Alfred and Emily*)를 출간하면서 아버지 이야기를 다시 쓰고 있다. 아버지 알프레드 테일러와 어머니 에밀리 맥비의 개인사에 바탕을 두고 있지만 레싱은 부모의 이야기를 수정하여 두 삶을 새롭게 구축한다. 여기서 레싱은 아버지와 어머니의 삶이 1차대전으로 인해 파멸되었다고 보고 새로운 이야기에서 1차대전을 삭제한다. 2부로 구성된 이 소설의 1부에서 레싱은 아버지와 어머니의 새로운 삶과 죽음을 창조하여 읽는 독자로 하여금 그녀의 아버지와 어머니의 실제 삶과 죽음에 대해 안타까움을 느끼도록 유도하고 있는 것이다. 하지만 2부에서 아버지의 이야기는 극히 일부분만 재현되어 있을 뿐, 레싱은 기존의 글쓰기에서처럼 2부를 어머니 이야기에 할애해서 어머니에 대한 애도의 장으로 끝을 맺고 있다. 『알프레드와 에밀리』의 서문에서 밝히듯이, 그녀가 아버지에 대해 이해하는 정보는 극히 단순하고 명확하다. "아버지[의 이야기]를 새롭게 창조하는 것은 쉬웠다"[2]로 시작하면서 그녀는 아버지가 꿈꾸었던 것은 콜체스터 평원에서 농사짓는 것과 스포츠를 즐기는 것이었다고 단언한다. 그래서 새로운 이야기에서 아버지를 온순한 부인과 귀여운 아이들과 함께 농사짓고 말을 기르는 전형적인 농부로 재창조한다. 하지만, 그녀는 2부에서 아버지에 대한 짧은 재현에서 아주 인상적인 묘사를 통해 아버지의 삶과 죽음을 함축해서 보여준다. 그녀가 대영박물관에서 관람한 "나무의족"(*AE* 153)이 그것이다. 이 의족에 1914년 이후의 아버지의 일생이 압축되어 있으며 이 표상이 가족의 이야기와 얽혀 있음을 감지한 것일까? 팔십 구세의 나이에 쓴 아버지 이야기는 이란에서 교통수단인 버킷이라는 수레에 타면 삐죽이 삐져나오던 아버지의 나무의족, 남동생의 학교운동회의 아버지달리기대회에서 아버지를 절뚝거리며 달리게 만들었던 나무의족, 그리고 가끔 넘어지기도 하면서 아프리카 초원지대를 절룩이며 걷던 아버지의 나무의족에 대한 회상으로 시작한다.

레싱과 아버지와의 부녀관계는 단편적으로만 언급되고 제시되어 왔다. 2000년 이후 이 부녀관계에 대해 다층적인 접근이 시도되고 있음은 사실이다. 아프리카초원에서 밤이 되면 마당에 의자를 내어놓고 앉

2 Doris Lessing. *Alfred and Emily* (London: Harper Perennial, 2009), p. vii. 앞으로 이 텍스트 인용은 괄호 안에 *AE*와 쪽수로 표기하기로 한다. Doris Lessing. "My Father." *A Small Personal Voice*(New York: Random House, 1975)의 인용은 괄호 안에 MF와 쪽수만 표기한다.

아서 밤하늘을 올려다보곤 했다는 레싱의 언급에 기초해서 일부 비평가들은 레싱의 아버지를 낭만적이며 이상적 인물로 간주하기도 하고, 혹 다른 비평가들은 처녀작 『풀잎은 노래한다』에서부터 제시된 아버지에 대한 은밀한 묘사를 언급하며 레싱의 어린 시절의 트라우마를 읽어내기도 한다. 이 연구 또한 레싱과 아버지의 관계를 재고해보는 장이 될 것이다. 레싱은 『알프레드와 에밀리』에서 아버지의 삶을 "외상 후 스트레스 장애"(Post-Traumatic Stress Disorder; PTSD)로 규정해서 아버지의 인생을 재-고찰했듯이(*AE* 153), 연구자는 레싱 자신의 내면에 은닉되어 있던 어린 시절의 트라우마를 드러내보이고자 시도했다. 여기서 레싱과 어머니의 이야기도 묵과할 수 없다. 결국 레싱의 전기소설은 가족이 경험한 트라우마와 직결되어 있는 것이다.

Ⅰ. 들어가며: 반복되는 아버지 이야기

레싱은 「나의 아버지」에서 "우리는 필요한 경우 우리자신을 다루는 데 있어서, 반복해서 꾸는 꿈처럼, 부모[의 이야기]를 [반복적으로] 이용한다. 부모는 항상 사랑이나 증오의 대상으로 존재하고 있다. 하지만 문득 떠오르는 것은 나는 아버지에게 그런 존재가 아니었다는 것이다"(MF 83)라고 시작하고 있다. 여기서 그녀가 아버지에게 "사랑이나 증오의 대상"이 아니었다는 고백에는 아버지가 그녀에게 "사랑이나 증오의 대상"이 아니었다는 의미가 함축되어 있다. 이 두 사람 사이에서 끈끈한 부녀관계를 기대하기는 어려울 것이다. 이러한 관계가 빚어내는 밋밋함과 어색함은 이 에세이를 쓰기 전까지 소설이나 단편작품에서 아버지에 대한 이야기는 사실에 기반해서 구성된 것만은 아니었음을 밝히고, 그래서 "사실적인"(MF 83) 이야기를 다루고자 의도한 「나의 아버지」의 집필 작업이 쉽지 않았다고 한 그녀의 고백에서도 감지된다.

「나의 아버지」는 1963년 『선데이 텔레그래프』지에 실렸다가 이듬해 『보그』지에 축소되어 실렸는데, 이 축소판에서 제목이 「나의 아버지」에서 「내면에서 요동치는 모든 것」("All Seething Underneath")으로 변경되었다(Schlueter viii). 이러한 제목변경에서 유추해 보면, 아버지 이야기를 다루면서 그녀의 마음이 편치 않았을 뿐만 아니라 이것이 그녀의 내면에 적지 않은 파문을 일으키는 요인으로 작동했음을 엿볼 수 있다. 그녀가 작품에서 아버지를 모방하거나 묘사하는 것에 어려움을 겪었던 것은 그녀의 아버지에 대한 이해부족에서 비롯되었을 가능성을 배제할 수 없지만 한편으로는 그녀의 눈에 비친 아버지의 정체된 삶과도 무관하지 않을 것이다. 「나의 아버지」에서 단정 짓고 있듯이, 그녀는 아버지 이야기를 시작하는 첫 번째 문단에서 자신은 아버지의 인생에서 "화려한 시절이 이미 지나가버린 것을 알고"(MF 83) 있었고 그래서 그런 아버지의 이야기를 시작해야 하는 것의 암담함을 암시하고 있다.

1950년부터 2000년 중반에 이르기까지의 대부분의 작품에서 레싱은 혈연에 의한 그리고 혈연에 얽매이지 않은 관계에서 여성 주인공들이 "어머니와 어머니다운 인물들에 저항해서 자신을 규명하는"(Saxton 46) 과정을 빈번하게 다루고 있다. 물론, 그녀의 작품에서 남성주인공이 등장하는 경우도 있지만 이 남성주인공을 둘러싸고 벌어지는 사건이나 행위의 이면에는 항상 여성이 존재하고 있으며 각 작품에서 여성이 차지하는 비중은 간과할 수 없을 정도로 크다. 이 작품들에서 주변 여성의 도움이나 헌신 없이는 삶을 살아갈 수 없는 것처럼 보이는 남성인물들은 그 시대의 지배계급이나 편협한 사회가치를 대변하는 남성상이거나 아니면 시대가 안고 있는 문제를 대변하는 돌연변이형 기형아로, 즉 이 남성들은 작품의 전면에 부각되지 않고 어느 한 요소가 결핍된 무기력하거나 무능력한 존재, 바람을 피우는 불성실한 남편, 자신의 안

위만을 추구하는 이기주의자, 혹은 세속을 초월한 것 같은 하지만 현실 도피의 이상주의자로 그려지고 있다. 「나의 아버지」에서도 그녀는 아버지에 대한 이야기를 본격적으로 시도한 것처럼 보이지만 이 이야기는 열 한쪽 분량에 그치고 만다. 이후 2008년에 그녀는 『알프레드와 에밀리』에서 다시 한 번 아버지 이야기를 집중적으로 다룬다. 「나의 아버지」 이후 40여 년이 흐른 후 출간된 『알프레드와 에밀리』에서 아버지는 여전히 1914년-18년의 1차대전과 그 여파에 휩싸여 있으며, 레싱의 아버지에 대한 기억 또한 1차대전과 맞물려 있다. 그녀는 「나의 아버지」에서 그녀의 기억에 각인된 아버지 사진들 중 가장 인상적인 사진으로 제복을 착용한 참전 장교로서의 아버지 모습을 사진은 제시하지 않은 채 묘사한다(MF 83). 이 사진을 『알프레드와 에밀리』의 표지와 143쪽에 실은 그녀는 아버지의 삶이 1차대전과 불가분 관계를 맺고 있음을 다시 한 번 상기하면서 아버지의 이야기를 재시도 한다(*AE* vii). 그녀의 기억에서 아버지는 40여 년이 흘러도 여전히 동일한 모습, 특징, 성격으로 존재하고 있다.

레싱이 아버지의 동일한 이야기를 반복하는 것처럼, 어떤 사건의 이야기를 지속적으로 반복한다는 것은 그 사건의 경험자나 관찰자가 감당할 수 없는 심리적 상처, 즉 트라우마(trauma)를 지니고 있다는 것을 전제로 할 수 있다. 감당할 수 없는 충격적 사건이 트라우마를 낳고 이 트라우마는 사건을 겪는 이의 이해와 경험의 차원을 비껴가면서 끊임없이 반복해서 재현된다. 이 사건에 대한 숙고, 분석 그리고 이해의 과정이 배제된 강박적 반복행위가 계속된다는 것이다. 이러한 레싱의 반복적 행위와 관련해서, 『알프레드와 에밀리』에서 아버지에 대한 이야기를 재창조하는 일이 쉬웠다고 한 레싱의 고백에 주목할 필요가 있다 (*AE* vii). 여기에는 아버지의 삶에서 복잡하고 힘들었던 1차대전을 삭제하게 되어 레싱이 원하는대로 아버지 이야기를 창조할 수 있어서 쉬웠다는 의미도 포함되어 있고, 한편으로는 아버지의 삶은 레싱이 목격한 이래로 항상 같은 이야기를 담고 있어서 더 이상 새로울 것이 없다는 점에서 다시쓰기가 쉬웠다고 고백한 것일 수 있다. 분명한 것은 그녀가 40여 년의 간격을 두고 아버지 이야기를 기억하고 쓰는 과정에서 그녀의 마음속에 있는 틈을 드러내 보인다는 것이다. 기억하고 쓰는 과정에 드러나는 그 틈새는 말로 설명할 수 없고 의미화될 수 없는 흔적으로 이 흔적의 트라우마는 "자신의 삶-세계로 몰입하는 것을 방해하는 충격적 조우, 부적절한 것의 폭력적 침투"(Žižek 47)로 작동한다. 이러한 트라우마는 1946년에 사망한 아버지 이야기가 「나의 아버지」와 『알프레드와 에밀리』에서 재구성되어 서사적 기억으로 재현되는 가운데 드러난다.

Ⅱ. 가족 트라우마: 누구의 트라우마인가?

E. 앤 캐플랜(E. Ann Kaplan)은 『트라우마 문화』(*Trauma Culture*, 2005)에서 히스테리아 연구에서 시작한 지그문트 프로이트의 트라우마 연구에서 시발점을 찾아서 2차대전 후 참전군인, 홀로코스트 생존자, 그리고 포스트식민주의 상황에 처한 원시부족 후손들의 트라우마와 이러한 양상이 반영된 문학작품과 영화를 분석하고 있다. 홀로코스트에 관한 자료조사 과정에서 시작된 그녀의 트라우마 연구는 대재난이나 전쟁과 같은 사건들도 중요하지만 이 사건들의 경험자들을 고려하는 것 또한 중요하다는 인식으로 이어진다(1). 이러한 인식은 그녀가 대중매체를 통해 미국에서의 9/11 사건을 간접적으로 경험한 것과 맞물려 더 심화되고 그녀는 연구대상 범위를 사건의 직접피해자에서 간접피해자로까지 확대한다. 그녀는 9/11 사건의 직접적 피해자가 존재하지

만, 한편으로는 피해자와 아무런 연고관계가 없고 거리상 멀리 떨어져 있는 간접적 피해자도 존재한다는 것을 주장하기 시작한다. 피해자의 가족, 친척, 친구들이 있고, 사건발생 직후 현장에 투입된 구조대원들과 보조자들이 있으며, 간접적으로 전해들은 것만으로도 상처입을 수 있는 사람들도 있고, 생존자의 상담을 진행하면서 간접적으로 트라우마를 경험하는 상담자들도 있다고 보기 때문이다. 심지어 사건이 발생한 근처에 거주하는 이웃사람도 있고, 이 이웃친구를 통해 사건을 전해듣고 괴로워하는 불특정 타인도 존재한다는 것이다(2).

이와 연관해서, 그녀는 홀로코스트와 2차대전의 트라우마 연구대상으로서 피수용자나 참전군인들이 아닌, 이 대학살과 전쟁으로 인해 공포에 떨며 살아가고 있는 피수용자나 참전 군인의 주변인들이 겪어야 할 고통에 주목하게 된다. 그녀는 피해자는 죽어서 사라지고 없지만 죽은 피해자에 대한 죄책감과 이에 대한 공포를 느끼며 매일 살아가는 남아있는 가족, 연인, 친구들이 엄연히 존재하고 있다는 것을 지적한다. 하지만 이들 스스로가 그리고 이들을 바라보는 주변사람들은 이러한 경험을 트라우마로 간주하지 않는다는 데서 문제가 야기되기 시작한다. 이들은 피해자에 대한 안타까움에서 오는 고통뿐만 아니라 이러한 자신의 고통을 제대로 나타내지 못하는 이중적 고통을 감당해야 하는 상황에 처하게 된다. I. L. 맥칸과 L. A. 펄만(I. L. McCann & L. A. Pearlman)은 이러한 상황을 "간접 혹은 대리"(secondary or vicarious) 트라우마와 연관지어 발생한 사건의 주체가 여성이 아니더라도 이 사건과 관련된 여성에게는 여성이 객체로서 경험하는 트라우마가 잔재한다고 본다(139-49). 캐플랜은 맥칸과 펄만의 간접 트라우마를 언급하면서 여성이 과거에 전쟁과 같은 대재난에 참가하지 않았고 그래서 여성이 직접적으로 트라우마를 경험하지는 않았지만 이들이 가정과 전장에서 간호사로, 공군 기지에서 정찰자로, 공장 노동자로, 부상당한 아들의 어머니로, 부상자의 아내 혹은 딸로, 포로수용소에 갇힌 수감자의 부인이나 딸로서 전쟁을 간접적으로 경험한다는 것을 예로 들고 있다(20). 그렇다면 전쟁이 아니더라도 가정에서 벌어지는 사건으로 인해 누군가는 간접희생자가 될 수 있을 것이다. 여기서 캐플랜은 주디스 허먼(Judith Herman)이 가정이나 정치적 생활의 "말할 수 없는"(허먼 16) 잔혹함에 대한 대중적 담론이 가능해진 시기에 강간생존자, 가정폭력 피해여성과 아동, 양심수, 강제수용소 생존자의 직접적인 트라우마 경험을 다룬 것에서 나아가 가족의 일상생활에서 벌어지는 '가족' 트라우마로 나아간다.

> 또한 나는 다른 작가들이 아주 잘 기술한 거대한 재난들-홀로코스트, 히로시마 원자폭탄 투하사건, 중국혁명-이 아닌, 내가 '가족' 트라우마라고 부르는 것, 즉 상실, 버림, 거부, 배신의 트라우마를 다루고자 했다. (19)

캐플랜의 가족 트라우마는 주요사건이 직접 피해자뿐만 아니라 피해자의 주변인들에게 미친 간접적 영향에 주목해야하며 그리고 전쟁 혹은 정치적 테러외에 가정생활에서 빚어지는 고통에도 관심을 기울여야 한다는 것을 지적하고 있다는 점에서 의의가 있다. 로리 빅로이(Laurie Vickroy)가 『현대 작품에 나타난 트라우마와 생존』(*Trauma and Survival in Contemporary Fiction*, 2002)에서 가족의 가난한 삶이 개인에게 트라우마가 될 수 있다고 지적한 것은 캐플랜의 가족 트라우마의 잉태를 시사하고 있다(x). 이러한 가족 트라우마는 말로 표현할 수 없으며 굴욕적인 감정을 느끼게 하는 사건들과 연관지어 "침묵 트라우마"(quiet trauma)로 이미 T. M. 루르만(T. M. Luhrmann)에 의해 소개되고 있다(158). 데이드르 배렛(Deidre Barrett)은 일부 작가들이 일상생활에서 벌어지는 사건들에 대해 트라우마라는 용어 사용을 꺼려하는 것에 대해 지적하면서, 개인의 안전을 파괴하는 슬픔, 비탄, 충격, 심지어 심기를 불편하게 하는 꿈도 트라우마의 일종으로 간주해야 한다고 주장하며 이를 "일상의 트라우마"(common trauma)로 부른다(5). 여기서 루르만의 침묵 트라우마와 배렛의 일상의 트라우마는 가족 안에서 "상실, 버림, 거부, 배신"이 발생하는 가운데 경험하게 되는 가족 트라우마의 다른 이름이라 할 수 있을 것이다.

레싱의 「나의 아버지」 이야기는 다리 한 쪽을 절단한 아버지의 상실 사건에서 시작된다. 아버지는 중대의 다른 대원은 모두 전사한 1차대전 중의 파스샹달(Passchendaele) 전투에서 구사일생으로 살아남지만 어느 날 참호에서 유산탄에 의해 한 쪽 다리를 잃고 만다.

> 아버지의 다리는 허벅지 중간 부분에서 절단되었고, 탄환충격을 입었으며, 수개월간 심각하게 앓은 후 오랫동안 우울증을 겪었다. "때로 사람들은 내면에 들끓는 분노를 품고 있다는 것을 항상 명심해야 한단다. 이 사람들이 얼마나 끔찍한 일들과 투쟁해야 하는지를 넌 모를 거다. 그 사람의 눈을 들여다봐야 해, 그것만이 네가 이해할 수 있는 방법이란다…. 다리를 상실했을 때, 내가 바로 그런 처지였지. 난 한 친절한 의사에게 찾아가서 내가 미쳐가고 있다고 말했단다. 하지만 그는, 걱정하지 마세요, 모두가 다 그렇게 해결해 간답니다, 라고 말했지. 넌 모를 거다 – 끔찍하고, 끔찍하며, 소름끼치는 일들을 말이다. 난 내 자신이 두려웠어, 내가 꾸는 꿈이 두려웠지. 난 내 정신이 아니었단다." (MF 88-9)

레싱이 묘사하듯이, 다리상실 후 탄환충격, 신체허약, 우울증을 앓은 아버지는 참전군인이 드러내는 '외상 후 스트레스 장애'를 여지없이 드러내고 있다. 40여 년이 흐른 후 『알프레드와 에밀리』에서 아버지 이야기는 "유산탄이 내 아버지 다리를 엉망진창으로 만들었고," 그가 그 유산탄을 맞았던 "그 참호에서 결코 벗어나지 못했다"(*AE* vii)로 다시 시작한다. 이처럼 레싱의 아버지 이야기는 시간이 흘러도 어느 작품에서

든지 동일한 이야기로 반복된다.

"내면에서 요동치는"(seething underneath) 어떤 그 무엇과 끊임없이 투쟁하고 또 그 어떤 무엇의 무게에 짓눌려 미쳐가는 것 같다고 고백할 때 아버지의 삶도 상실되어 가기 시작한다. 한 가정의 남편이자 아버지로서 다리 한 쪽만을 가지고 살아가야하는 아버지는 전쟁의 직접적 피해자인 동시에 간접적 피해자인 것이다. 전쟁의 직접적 피해자로서 다리를 상실한 후 무력해지고 그 결과 "결코 현실을 직시할 수 없었던" (MF 91) 그는 아프리카에서 시도하는 농장경영마다 실패하고 가족에게는 가난을 견뎌내야 하는 고통을 안겨주게 되면서 그 자신도 전쟁의 간접적 피해자가 되고 만다. 아버지 옆에는 그가 경험한 "끔찍하고, 끔찍하며, 소름끼치는" 일들을 지켜보며 고통을 겪은 간접피해자인 어머니가 있다. 언젠가는 영국으로 돌아가서 뮤지컬공연도 관람하고 파티에도 참석할 수 있는 날이 올 것이라고 믿으며 20년을 한 결 같이 기다린 어머니의 희망상실의 삶이 있다. 또한 아버지의 상실된 다리를 바라보며 참호, 탱크, 유산탄, 곡사포에 관한 이야기를 지속적으로 들으며 성장한, 그래서 아버지의 고통을 "항상 명심해야 한다"는 말을 기억하고 17년이 흐른 후 이를 글로 옮기는 딸이 있다.

> 심지어 어린 나이였지만 나는 아버지가 강박관념에 사로잡혀 그 참호들에 대해 말하는 것이 공포를 떨쳐버리기 위한 한 방법이었다는 것을 알고 있었다. 그래서 나는 어린 시절을 지내면서 참호, 탱크, 조명탄, 유산탄, 곡사포의 의미를 훤히 알게 되었고, 아버지가 언급했던 검은 구름이 마치 나를 억누르며 존재하는 것처럼 느꼈다. (*AE* 170)

레싱의 기억에서 아버지는 결코 참호를 벗어나지 못한 존재이다. 아버지가 어린 딸에게 들려주는 이야기라는 것이 전쟁이야기, 그 중에서도 끔찍한 사건이 벌어졌던 참호에 관한 이야기이다. 그녀는 어린 시절 아버지가 참호이야기를 꺼낼 때면 덤불속으로 뛰어가서 귀를 두 손으로 틀어막은 채 "안 들을 거야, 듣지 않을 거야. 그만. 듣지 않을 거야" (*AE* 170)라고 되 뇌였던 것을 기억한다. 자녀는 자신의 이야기를 들어주고 "이해해 주기를"(*AE* 170) 바라는 부모의 요구에 저항하는 것이 일반적이다. 그럼에도 레싱은 아버지의 요구가 합법적인 것으로 간주했고 그래서 아버지의 참호이야기에 귀 기울일 수밖에 없었다고 고백한다. 어린 나이였음에도 그녀는 그 참호가 아버지를 "집어삼켜 버렸다" (*AE* 170)는 것을 알았던 것이다. 후에 그녀는 미국정부가 주관한 2차대전 참전군인의 현장 모임에 참가한 한 남자의 증언을 통해 참전군인의 부인들은 남편이 전쟁에서 어떤 일을 겪었는지에 대해 전혀 들은 것이 없고 그 현장에서 처음 그 고통스러운 이야기를 듣게 되었다는 놀라운 사실을 알게 된다. 하지만 아버지는 달랐다. 레싱에게 자신의 이야기를 반복하고 또 반복해서 들려주었고, 이 반복된 참호이야기는 레싱의 기억 속에 생생하게 남아서 그녀가 「나의 아버지」 그리고 『알프레드와 에밀리』를 쓰도록 이끌었던 것이다. 트라우마 기억이나 악몽은 수 년 동안 계속 발생한다는 점을 감안해 본다면(Kardiner and Spiegel, 201), 아버지의 전쟁기억에 대한 레싱의 지속적인 묘사는 그녀의 간접적인 트라우마 경험을 드러내고 있다. 여기서 "개인의 안전을 파괴하는 슬픔, 비탄, 충격"(Barret 5)의 가족 트라우마가 재현된다. 아버지의 다리상실은 레싱 가족의 상실트라우마 서사인 것이다.

III. 이야기의 재구성: 아버지의 전쟁과 기억들

허먼은 『트라우마와 회복』(*Trauma and Recovery*, 1997)에서 그 어느 누구도 듣고 싶어하지 않는 끔찍한 사건들을 다룸으로써 1990년대 성과 가정에 연관된 트라우마 서사가 대중적 담론으로 자리잡는데 일조하지만 이에서 나아가 트라우마 피해자의 회복단계를 제시하는 더 큰 성과를 거두고 있다. 허먼의 연구조사에 따르면, 어떤 회복도 일직선적인 경과를 따르지 않는다. 그럼에도 허먼은 피해자의 안정 확립, 기억과 애도, 그리고 일상과의 연결단계를 제시한다. 당연히 트라우마 치료에는 다중적인 방법이 요구되지만 안정 확립의 첫 번째 단계에서 가장 기초적인 작업은 피해자에 대한 정확한 진단이라고 허먼은 강조한다. 대부분의 피해자들은 "자신의 고통에 이름이 부여되어 있다는 사실을 알게 되면서 안심하게 된다"(허먼 265). 「나의 아버지」에서 레싱의 아버지는 이 단계를 거치지 못한다. 이러한 단계를 제안하거나 주도할 수 있는 제도가 확립되어 있지도 않았고, 또한 레싱가족은 그럴 여유를 누릴 상황에 처해있지 않았던 것이다. 아버지가 사망하고 나서야 레싱은 아버지의 상황을 다음과 같이 진단한다.

> 천성적으로 원기왕성하고, 관능적이었던 [아버지 안에 있던] 이 존재는 1914년, 1915년, 1916년에 죽임을 당했다. 내 아버지의 최상의 것은 그 전쟁 중에 사라져버리고, 아버지의 영혼은 그 전쟁으로 불구가 되어버린 것 같다. 젊은 시절의 아버지를 알던 사람들 특히 여자들은 아버지의 드높은 영혼, 아버지의 원기, 삶을 즐길 줄 아는 아버지에 대해 말하곤 한다. 또한 아버지의 친절함과 동정심, 그리고 -자꾸 떠오르는 단어로서- 아버지의 지혜로움에 대해 말하곤 하는 것이다. "심지어 소년이었을 때조차도 그는 어른이라면 쉽게 책망할 할 수 있는 일들이 무엇인지에 대해 잘 알고 있었지"라고 말하는 것이다. 나는 이 사람들이 내가 알았었던 그처럼 병들고, 과민하고, 넋 나간 건강염려증 남자를 쉽게 알아볼 수 있을 것이라고는 생각하지 않는다. (MF 86)

「나의 아버지」에서 레싱이 아버지에게 내린 진단은 "전쟁"이다. 이 전쟁은 "말로 표현할 수 없는 거대한 것"(The Great Unmentionable)"(89)

그리고 "옛 전쟁"(the old war)(93)으로 명명되고, 이 전쟁으로 인해 얻게 된 아버지의 증상은 "탄환충격과 우울증"(88)으로 제시된다. 40여 년이 흐른 후 그녀는 아버지가 탄환충격과 더불어 "트라우마"(*AE* 154) 피해자였고, 심각한 우울증 환자였다고 진단을 내린다. 요즘은 현대의학의 발달로 우울증이 치료가 가능한 흔한 증상 중 하나이지만 그땐 어느 누구도 아버지를 강한 처방이 필요한 그런 우울증을 겪는 환자로 진단하지 않았던 것이다. 아버지가 찾아갔던 의사마저도 탄환충격을 피할 수 있어 다행이라고만 진단하고 아버지의 다른 증상은 무시하고 만다. 죽은 동료가 꿈에 나타나는 바람에 잠을 잘 이루지 못하고 또 이런 꿈을 꾸고 난 후 몹시 슬퍼했던 아버지에 대한 진단서를 이제 레싱이 다시 쓰고 있다.

트라우마 회복의 두 번째 단계는 기억하기를 통한 이야기의 재구성 작업이다. 레싱이 아버지의 이야기를 들어서 알고 있지만 이를 언어의 매개를 사용해서 묘사하지 않는다면 그 이야기는 그녀의 내면에 그대로 잔존하게 된다. 트라우마 치료의 최종목적이 심상을 포함하고 있는 이야기를 언어화하는데 있다고 하듯이(허먼 295), 이야기한다는 것은 보고 들은 것에 대해 생생하게 기술해야하는 과정이 요구된다. 우선, 레싱의 아버지에 대한 기억은 아버지가 오로지 전쟁에 관해 똑 같은 어휘, 문구, 몸짓으로 반복해서 말한 것과 연관되어 있다. 트라우마를 경험한 사람은 위험이 지나고 오랜 시간이 흐른 뒤에도 마치 현재에 계속해서 그 위험이 일어나고 있는 것처럼 사건을 반복적으로 경험할 수 있다. 특히 전쟁과 같은 엄청난 사건을 경험하거나, 전쟁에서 전우가 부상당하고 죽어가는 것을 목격하거나, 심지어 자신이 전쟁에서 직접 외상을 당한 사람은 이 기억으로부터 자유로울 수가 없을 것이다. 전쟁에서 살아남았다는 이유만으로도 이미 트라우마를 지닌 이 사람은 비정상적인 형태의 기억으로 입력된 전쟁과 얽힌 다른 여러 기억들을 지니게 되고, 이 기억들은 깨어있는 동안에는 환각이나 회상으로, 잠자는 동안에는 악몽으로 이 사람의 의식에 침투한다. 외상을 재경험하는 침투(intrusion)는 사건이 발생했던 순간의 지워지지 않는 흔적을 그대로 반영하며(허먼 70-1), 침투는 사건이나 사건에 대한 기억에 고착증상을 가져온다. 레싱의 아버지도 예외가 아니다.

> 아버지의 어린시절과 젊은시절에 대한 기억들은, 살아있는 기억들이 으레 그렇듯이, 변하기도 하고, 보태어졌으며, 차차 자라났다. 그러나 전쟁에 관한 아버지의 기억들은 판에 박힌 문구로 똑같은 어휘와 똑같은 몸짓을 사용해서 아버지가 말하고 또 말했던 이야기 속에 얼어붙어 있었다. 이 기억들은 마치 일반적인 전쟁회고록에서 인용한 것처럼 익명의 그리고 일반적인 기억들이었다. (MF 87)

레싱의 아버지의 경우처럼, 일어났던 사건에 고착되어 있는 사람은 똑같은 이야기를 "판에 박힌 문구로 똑같은 어휘와 몸짓을 사용해서" 지속적으로 반복한다. 그에게는 일반인이 이해할 수 있는 언어로, 다시 말하면 누구나 이해할 수 있도록 상세하게 설명할 수 있는 능력이 결여되어 있다. 아버지의 전쟁에 대한 기억, 꿈, 감정은 생각한 것보다 훨씬 더 마음 속 깊이 그리고 사적인 것으로 내면에 자리잡고 있기 때문에 이를 언어화하기가 쉽지 않다. 아버지 내면의 이 어두운 영역은 숙명의 지배를 받고 있었고, 그 영역에는 공포를 제외하면 아무 것도 남아있지 않다. 그래서 아버지의 이야기를 언어화하면서 그녀는 아버지가 "분노, 불신, 배신감"(MF 87)의 문구나 쓰디쓴 외침으로 이를 불분명하게 표현했던 것을 기억해 낸다.

아버지의 상실된 다리에 대한 기억은 마치 살아있는 것처럼 "차차 자라나는" 기억이다. 「나의 아버지」에서 "허벅지 중간부분에서 절단된" (MF 88) 아버지 다리에 대한 레싱의 기억은 구순을 바라보는 나이에 출간한『알프레드와 에밀리』에서 의족 이미지를 통해 구체화된다.

> 페르시아[이란] 커먼샤에 살 때 아버지는 [버킷을] 타고 은행으로 출근하곤 했다. 나는 아버지가 삐져나온 나무의족을 바위투성이인 통로 측면에 부딪히면서 버킷을 타고 울퉁불퉁한 갱도를 따라 내려가는 것을 지켜보았었다. 남동생 학교에서 열린 아버지달리기 경주에서 아버지는 달리거나 혹은 발을 절름거리며 걷기도 했다. 아버지는 남동생과 내가 만든 나무 위의 오두막에 오르기 위해 타기 힘든 나무를 오르기도 했다. 아버지는 여러 번 넘어지기도 하면서 덤불숲을 성큼성큼 걸어다니기도 했고, 쟁기질된 밭의 거대한 흙무덤들 위를 힘겹게 기어올라 넘기도 했었다. (*AE* 152)

아버지는 이 모든 일을 가능케 한 "진기한 고안장치"를 "나의 나무의족"(*AE* 152)이라 부른다. 이 의족은 닳아서 사용이 불편하게 되면 새로운 제품으로 교체되고, 아버지가 다니는 곳은 어디든지 동행하고, 밤이면 부모의 침실 벽에 기대어 놓여 있다. 레싱에게 이 의족은 "되풀이해서 복제되어" 아버지의 삶을 "살았던"(*AE* 152) 물건으로 기억되어 지울 수 없는 상흔을 남기고 있다. 사실, 그녀에게 아버지의 의족은 무의식 속에서 이미 상실을 의미하는 하나의 상징적 이미지로서 작동하고 있었음이『풀잎은 노래한다』에서 엿보인다. 그녀는 실패만 반복하는 농장 경영주이자 가난한 백인남편 리처드(Richard)를 배신하고 흑인과 친밀한 관계를 맺다가 그 흑인에 의해 죽임을 당한 부인 메리(Mary)의 시체 이야기를 천 사이로 삐져나온 "주름진 한쪽 발"(17)로 표현하고 이 이미지를 사용해서 메리의 상실된 삶을 상징적으로 그리고 동시에 충격적으로 묘사한다. 그녀에게 한쪽 발은 죽음을 의미한다. 꼭 그렇지 않더라도, 페르시아를 떠나 모스크바를 거쳐 런던으로 가는 기차여행에서 아버지가 의족 때문에 어머니 대신 "기차에서 내려 음식을 사러갈 수 없었던"(*Under My Skin* 43) 기억 때문에, 그녀에게 아버지의 한쪽 발은 무력감을 의미한다.

캐시 카루스(Cathy Caruth)는 『트라우마』(*Trauma*, 1995)에서 트라우마는 공포, 두려움, 충격의 감정들과 연관되고 무엇보다도 정상적인 감정을 느끼는 것을 차단하는 것과 관련되어 있다고 주장한다(4). 트라우마 기억은 오랜 시간이 흐르면서 희미해지거나 침투증상도 시간이 흐르면서 경감되기도 해서 사건을 경험한 사람은 겉으로 보기에 정상적이며 일상생활을 하는 데 아무런 지장이 없는 듯 보이고 또 과거의 기억을 무서워하는 것 같지도 않아 보인다. 하지만 이 사람의 삶에는 무엇인가 결여된 듯 삶의 둔감화 증상이 나타난다. 일상생활의 현실감은 왜곡되고, 소외를 겪게 되며, 내적 죽음을 경험하게 된다. 그의 삶은 축소되고 결국 그는 무력감에 사로잡히게 된다. 이와 연관해서, 레싱에게 기억되는 아버지의 또 다른 모습이 있다.

> 매일 밤 아버지는 의자를 밖으로 가지고 가서 담배를 피우며 아무 말 없이 하늘과 산들을 바라보았다. [아버지는] 바람에라도 날아갈 듯 여위고, 초라한 모습[이었다]. (MF 93)

레싱의 회상에서 알 수 있듯이, 아무 말도 하지 않은 채 밤하늘을 올려다보는 아버지는 처음부터 조용한 묵상가 유형이 아니라, "천성적으로 원기왕성하고 관능적"인 유형이자 "드높은 영혼과 원기"를 지니고, "삶을 즐길 줄 아는"(MF 86) 매우 활달한 성격의 소유자였다. 젊은 시절, 아버지는 "춤을 추는 데서 우러나오는 기쁨과 신체적 동작에서 발산되는 즐거움"을 느끼는 춤꾼이었고, 읍내를 대표하는 당구와 탁구선수였으며, 수영, 보트, 크리켓, 축구를 즐기고, 소풍을 가거나 경마구경을 가기도 했고, 때로는 이른 저녁시간에 행해지는 뮤지컬공연에서 노래를 하기도 했다(MF 85). 밤마다 마당에서 하늘, 산, 별들을 바라보는 아버지의 모습을 지켜보곤 했다는 레싱의 언급 때문에 일부 비평가는 아버지를 낭만주의자로 단정짓는 역설을 낳기도 한다. 또한 현실을 직시하지 않고 자신의 이상만을 추구하는 아버지를 이상주의자로 보는 비평가도 있다. 아마도 자연을 사랑하고 "삶을 즐길 줄 아는" 아버지는 낭만주의적 기질을 지니고 있었을 수도 있다. 하지만 1차대전 후 아버지는 그 활발함과 활달함을 잃어버리고 과묵한 사람으로 변한다. 레싱의 아버지의 경우처럼, 이러한 증상이 오랫동안 지속되고 삶을 장악하게 되면 본래의 성격은 사라지고 말로 표현할 수 없는 증상 때문에 겉으로 보기에 '조용한' 사람이 되며, 급기야 이 증상은 그의 성격적 특성으로 간주되고 만다. 하지만, "바람에라도 날아갈 듯 여위고, 초라한" 아버지의 모습에는 레싱이 말 하지 못한 이야기가 감추어져 있다. 그녀는 그의 신체처럼 1차대전에 의해 "회복할 수 없는 절음발이가 된 영혼"(Hanley 921)을 가진 아버지를 묘사하고 있는 것이다.

Ⅳ. 애도와 드러나는 불편한 진실

기억하기를 통해 이야기를 재구성하는 데 언어가 필요하지만, 상실했던 것을 회복하는 단계에 필요한 애도경험 또한 언어의 매개 없이는 불가능하다. 말로 표현할 수 없는 것을 말로 표현하면서, 즉 글로 쓰게 되면서 애도가 시작되기 때문이다. 프로이트는 「애도와 우울증」("Mourning and Melancholia," 1917)에서 애도란 비탄의 정서를 외부로 드러내는 것으로 연인뿐 아니라 조국, 자유, 이상 등 추상관념까지도 포함한 대상상실에 대한 반응으로 규정하고 있다(243). 애도작업은 상실한 대상에 대한 감정적 애착을 거두고 모든 리비도를 새로운 대상에 재투자하는 것이라는 그의 주장을 고려한다면(244), 글쓰기를 통해 진행하고 있는 레싱의 애도작업은 아버지에게서 리비도를 거둬들이는 과정으로 볼 수 있다. 다시 말하자면, 「나의 아버지」에서 『알프레드와 에밀리』에 이르기까지 다루었던 아버지 이야기에 마침표를 찍고 싶은 그녀의 의중을 읽어낼 수 있다. 흥미로운 점은 글쓰기를 통한 레싱의 애도작업이 「나의 아버지」와 『알프레드와 에밀리』에서 날실과 씨줄처럼 교차하며 진행된다는 것이다. 반복하자면, 「나의 아버지」와 『알프레드와 에밀리』 이야기 구조는, 「나의 아버지」에서 언급되지 않았던 세세한 정보가 『알프레드와 에밀리』에 추가되어 있다는 점이 다를 뿐, 그리 큰 차이가 나지 않는다. 그러면서도 이 두 작품이 같이 존재하는 경우에만 아버지에 대한 레싱의 애도작업이 제대로 이행된다고 할 수 있다. 대상상실을 극복하는 "정상적 애도"(Freud 255)를 이행하기 위해선 애도자는 애도대상과 관련된 드러내지 않은 이야기까지도 드러내어 기억에서 비워내야 한다. 대상의 기억을 지우기 위해 대상과 관련된 강렬한 기억을 지닌 대상물이 필요한데, 레싱의 이 애도작업을 도와주는 한 장의 사진과 나무의족이 있다.

〈사진1〉

레싱은 『나의 속마음』에서 아버지가 그녀의 "협력자, 조력자, 위로자"(31)라고 언급하며, 어머니에게 끝없는 증오를 보인 것과 달리 아버지에게는 호감을 드러낸다. 아버지에 대한 호감은 젊은 시절 루튼(Luton)에서 젊고 아름다운 여성들의 관심 대상으로서 사교적인 아버지의 전성기를 묘사한 것에서(MF 85), 그리고 『알프레드와 에밀리』에 처음 소개한 사진에서도 감지된다.

1차대전 이후 아버지에 대한 레싱의 기억에는 전쟁에서 부상을 입은 후 어머니와의 만남과 결혼, 전쟁 후 영국사회가 견딜 수 없어 페르시아로의 이주, 1924년 대영제국박람회 관람 후 농장경영의 꿈을 안고서 아프리카로의 이주와 실패, 부상의 합병증으로 얻은 당뇨병, 그리고 61살에 맞은 죽음 이야기가 있다. 아버지가 택한 아프리카가 그의 이상적인 삶을 근근이 이어갈 수 있는 "피난처"가 되어 버리고, 그래서 당연히 돈을 버는 데 소질이 없었을 뿐만 아니라 전혀 관심도 두지 않는 아버지가 "야심찬"(Ingersoll 148) 어머니를 깊은 절망에 빠트리고 말았던 이야기도 있다. 이 모든 이야기에도 불구하고, 이 사진에서는 활기에 넘치고, 활동적이며, 명랑했던 아버지의 젊은시절을 엿볼 수 있다. 레싱의 기억에 젊은 아버지는 눈부신 멋쟁이 신사의 이미지로 남아 있는 것이다. 하지만,

> 아버지의 모든 것이 변해 버렸다. 한 때 멋을 부리고 세심했던 아버지가 이제는 낡아빠진 군복을 벗으려고 하지 않았다. 사교적이었던 아버지는 이제 사람을 싫어하게 되었다. 몸의 질환들 – 곧이어 발생한 당뇨와 모든 종류의 위장 질환들이 – 아버지를 압도하고 말았다. 아버지는 나무의 족에 의연히 대처했고 그 다리로 심지어 광도를 내려가거나 나무에 오르기도 했지만, 어색하게 걸어 다녔고 그것이 아버지를 몹시 기분 상하게 했다. 안색이 빠르게 어두워져가고 낮 시간에 잠을 자는 시간이 늘어갔다. (MF 91-2)

사진에서처럼 말쑥한 신사차림에 사교활동을 즐겼던 아버지는 이제 더 이상 외부세계의 어느 누구에게도, 어떤 일에도 신경 쓰지 않는다. 농장경영에 대한 아버지의 기대와 희망을 저버린 아프리카의 토양과 날씨의 배신, 전쟁을 끝내기 위한 전쟁에 참가했다고 믿었던 아버지가 국가와 지도자에게 당한 배신은 아버지의 내면에 "분노"(MF 87)로 자리잡고 이 분노는 나이가 들수록 더욱 더 쌓여갈 뿐이다. 고통을 멈추기 위해 사용한 약은 아버지의 몸을 망가뜨리다 못해 심각한 합병증까지 가져온다. 어색한 나무의족은 저주처럼 그의 삶을 따라다니며 자신이 얼마나 무력한 존재인가를 인지시키곤 한다. 레싱 자신이 물려받은 "유산"(*AE* 258)이기도 한 이 분노와 무력감은 그의 영혼까지도 잠식하고 만다. 여기서 프로이트가 언급했듯이 떠난 사람에 대한 감정적 애착을 단절하기 위해서 레싱에게 이 <사진1>이 필요한 것이다. 아버지의 망가진 모습과 가장 아름다운 모습을 대비함으로써 레싱은 아버지를 애도하고 기억에서 지우고자 한다.

레싱의 아버지에 대한 애도작업은 버로우웰컴재단이 주최한 과거와 현재의 유물전시회가 열린 대영박물관 방문기에서도 이루어진다. 아버지와 함께 달리고, 절룩거리며 걷고, 나무를 오르곤 했던, 때로는 아버지 겉 옷 안에서 "마치 살아있는 것처럼 제멋대로 불쑥 튀어나오곤 했던"(*Under My Skin* 42), 그래서 그녀의 기억에 지울 수 없는 이미지로 각인되었던 그 의족을 그녀는 우연히 대영박물관 전시장에서 보게 된다.

> 대영박물관의 한 유리케이스 안에 박물관 소장품으로 전시되어 있는 아버지의 나무의족을 보았다. 금속으로 만들어진 발과 다리 위에 몹시 닳은 의족이 목재로 만들어진 물받이 통 모양의 버킷 안에 끼워져 단단한 줄들로 고정되어 있었다. 날씨와 의족 상태에 따라 나무의족에는 털실로 짠 의족양말이 착용되어 있었다. 날씨가 더운 날에는, 그 양말은 가려움

> 을 유발하거나 불편했었다. 아버지가 당뇨에 걸려 체중이 빠졌을 때에는 그 움푹 파인 구멍을 여러 겹의 양모 천으로 채우기도 했다. 육군성이 그 나무의족을 제공했으며 닳아서 못쓰게 되면 교체해 주었다. 의족 발에는 일반 양말과 신발이 신겨져 있었다. 금속으로 만들어진 무릎은 굽히거나 펼 수 있게 되어 있었다. (*AE* 153)

아버지의 나무의족을 마치 그림 그리듯 자세히 묘사하면서 레싱은 이 나무의족이 현대시대의 의족처럼 착용해서 사용하기가 "결코" 쉽지 않았다는 점을 강조한다. 레싱의 묘사에 의하면, 현대식의 가벼운 알루미늄이 아닌 목재로 만들어진 허벅지 부분을 감싸는 홈통과 금속으로 만들어진 발과 다리 때문에 의족의 무게는 상당했을 것이고, 또 이 두 부분을 줄로 연결하게 되어 있어 의족의 구조나 형태는 조잡하기 이를 데 없었을 것이다. 잘려나간 다리 부분과 의족 사이의 피부 마찰은 피할 수 없었을 것이고, 아프리카의 더운 날씨 속에서 의족을 장시간 사용하는 것도 불가능했을 것이다. 그동안 레싱 자신조차도 자세히 들여다보거나 관심을 갖지 않았던 이 나무의족은 아버지의 삶을 지탱해주는 수단이기도 하지만 또한 삶을 방해하는 수단이기도 했던 것이다. 이처럼 나무의족에 대한 상세 묘사는 아버지의 상실된 다리 때문에 맺힌 아버지의 고통에 대한 그녀의 이해가 담겨있다. 이러한 그녀의 이해는 심각한 우울증으로 시달렸던 아버지가 약을 복용했더라면, 악몽을 꾸며 잠 못 이루는 아버지가 수면제와 같은 현대의학의 효과를 누렸더라면 하는 안타까움으로 이어진다. 여기서 그녀는 "아버지에 대해 쓴 글을 읽으면서, 마음을 열고 그가 말했던 것들에 귀 기울이면서"(*AE* 153) 상실된 다리를 지니고 살아야했던 아버지를 애도한다.

아버지에 대한 애도작업에는 아버지가 품었던 분노와 무력감 그리고 이를 옆에서 지켜본 딸로서 겪은 분노와 무력감이 반복적으로 등장한다(*AE* 258). 트라우마는 전염성을 지니고 있어 피해자의 주변인은 피해자를 지켜보면서 정서적으로 압도당할 수 있다. 분명 그 정도는 다르겠지만 주변인은 피해자의 "공포, 분노, 절망"(허먼 237)을 경험하게 된다. 피해자의 이야기를 반복적으로 들으면서 주변인은 과거에 개인적으로 겪었던 고통을 회상하거나 또는 자기 자신이 만든 환상이나 꿈속으로 피해자의 이야기와 관련된 심상이 침투하게 되는 것을 인식하거나, 아니면 피해자의 고통이 마치 자신의 것인 것처럼 무의식적 내재화과정을 거칠 수도 있다. 이 현상은 트라우마의 역전이(traumatic countertransference) 혹은 간접 트라우마화(vicarious traumatization)로서 주변인이 피해자의 증상을 비슷하게 경험하게 되는 것이다.

다시 말하면, 아버지의 신체적 그리고 정신적 무력감이 레싱을 압도하고 있다는 사실이다. 이 무력감에 압도당한 레싱은 아버지에 관한 동일한 이야기를 반복적으로 쓰고 또 쓰고 있는데 사실 이 무력감은, 『나의 속마음』에 제시되어 있듯이, 그녀가 어린시절 부모와 자녀가 즐기는 게임, 소위 '간지럼 태우기'(tickling) 게임에서 경험했던 감정이기도 하다. 이 게임에서 아버지는 일반적으로 부드럽고 가볍게 즐기던 놀이가 아닌 "잘못 의도된 괴롭힘"(31)의 방식으로 그녀를 다루었고, 그녀는 상대방이 눈물을 보일 때까지 이어지는 게임 규칙 때문에 이 게임을 견뎌내면서 무력감에 사로잡혔던 것이다. 아버지의 거대한 두 손이 그녀의 옆구리를 공략하면 어린 그녀는 소리 지르다가 "무력해지고, 걷잡을 수 없는 웃음을 터트리다가, 절박한 상태에서"(31) 마침내 울음을 터트리게 된다. 간지럼을 태울 때 아버지는 그녀를 움켜쥐어 두 다리 사이로 끌어당겨 그녀의 얼굴을 아버지의 허벅지나 무릎을 향하게 했는데 그녀는 막중한 아버지의 다리와 손에서 벗어나지 못하고 씻지 않은 불쾌한 냄새를 맡으며 무력감에 휩싸였던 것이다. 그녀는 이 경험이 "거대한 두 손이 그녀의 옆구리를 고문하는 악몽"(31)으로 지속적으로 기억되었다고 고백한다. 그녀의 아버지의 간지럼 태우기 행동에 대한 기억은 "심기를 불편하게 하는 꿈"(Barret 5)을 통해 『풀잎은 노래한다』에서 그리고 『어느 생존자의 회고록』에서도 반복적으로 재현된다.

한편, 레싱은 딸이 아닌 아들을 원했다고 이야기하는 어머니를 미워했고 그래서 항상 차갑게 대하는 어머니 대신 조용한 아버지에게 다가가게 되었으며 그런 아버지에게서 "학대나 잔인한"(*Under My Skin* 29) 대우를 받은 기억은 없다고 언급한다. 하지만 아버지가 자신의 "협력자"(*Under My Skin* 31)였다는 말이 공허하게 들리는 이유는 무엇일까? 아버지에게 호감을 보였던 것은 분명하지만, 그녀가 아버지의 간지럼 태우기 행동에 대해 이중적 반응을 보인 사실은 간과할 수 없을 것이다. 간지럼 태우기, 포옹하기 등의 즐거운 게임이 사실은 어린 아이에게는 지나친 자극, 감금, 무력감을 안겨줄 수 있으며, 어린 딸로서 아버지를 극복할 수 없을 때 역으로 아버지를 종종 이상화하는 경향이 있을 수 있다(Davies 60). 『풀잎은 노래한다』의 "이상주의자 리처드가 아버지를 연상"(*Walking in the Shade*, 15) 시키듯이, 그녀의 아버지가 이상주의자로 불리곤 했던 것은 사실이다. 하지만 이상 추구란 무력한 현실을 벗어나기 위한 도피 혹은 회피라고도 볼 수 있지 않은가. 한편, 레싱의 전기 작가 클레인은 『도리스 레싱』에서 나약함의 전형이라 할 수 있는 리처드가 바로 레싱이 아버지에 대해 가졌던 감정이 투사된 인물이라고 단정짓고, 나아가 그러한 나약한 남성상이 주변의 여성에게 부정적 영향을 끼칠 수 있다는 점을 지적한다(121). 레싱 또한 『풀잎은 노래한다』 뿐 아니라 다른 작품에서 남성을 가난을 극복하지 못하거나 가계를 책임지지 못하는 무능한 가장으로, 혹은 『지옥으로의 하강에 관한 브리핑』(*Briefing for a Descent into Hell*, 1971)이나 『어둠이 오기 전의 여름』(*The Summer Before the Dark*, 1973)에서 윤택한 가정생활을 누리면서 부정을 저지르는 불성실한 남편으로 묘사한다. 이러한 아버지의 분노와 무력감이 그녀의 남성인물들에게 그대로 투사되어 때론 부정적 남성상을 만들어내기도 하는 것이다. 그렇다면 레싱의 어린 시절의 간지럼 태우기 사건을 언급하면서 아버지가 딸을 자신의 "분노와 무력감의 표출대상"(14)으로 삼은 것으로 보고 있는 워녹의 견해를 재고해 보아야 할지도 모른다.

V. 나가며: 기억 속의 틈과 레싱의 끝나지 않은 이야기

78살에 출간한 『그늘 속에서의 산책』에서 레싱은 부모와 자신 사이에는 말로 설명할 수 없는 "틈, 결핍, 흐릿한 얼룩"이 형성되어 있으며 이 불편한 관계를 설명할 만한 이유가 분명치 않다고 언급한다(16). 특히, 어머니와의 관계에서 더 큰 불편을 느낀다는 그녀의 고백은 그녀와 어머니와의 애증관계를 상기시킨다. 이러한 애증관계는 심각해서, 자서전에 드러나 있듯이, 그녀는 어머니에 대한 증오를 드러내는 동시에 이러한 증오에서 비롯된 죄의식에 시달리기까지 한다. 가족에서 가장 심한 고통을 받은 사람은 어머니라는 것을 인정하면서도 그녀는 지속적으로 그리고 냉혹하게 어머니와의 다툼을 묘사하는데 몰두하는 것이다(MF 91). 그러던 그녀가 『알프레드와 에밀리』에서 병든 아버지를 간호하고, 두 아이를 돌보고, 가난한 살림을 꾸려가야 했던 고통에 대해 함구한 어머니에게 미안한 마음을 표하며, 훨씬 더 누그러지고 부드러워진 어조로 "외롭고, 불행하며, 헝클어진 모습의, 그러면서도 갈구하는 눈빛을 지녔던" 어머니를 묘사한다(*AE* 182). 이런 점에서 어머니가 사망한 지 수 십년이 흐른 후 출간한 『알프레드와 에밀리』는 레싱의 어머니에 대한 깊은 사랑의 표현이라는 매기 지(Maggie Gee)의 주장은 그리 틀린 것도 아니라고 할 수 있다(2). 하지만 길거리에서 마주친 소년들에게 훈계하던 어머니가 오히려 소년들의 저항을 받고 "심장마비로 사망하는 불행한 죽음"(*AE* 138)을 창조한 그녀의 의도에는 의구심을 품게 만든다. 왜 어머니에게 평화로운 죽음을 선사하지 않는 것일까? 그녀는 "어머니의 비극적인 삶"(Ingersoll 136)을 더욱 더 비극적으로 그리며 틈을 내고 만다. 이처럼, 그녀가 "틈"을 규명하자마자 이 틈은 무수한 기억들을 담을 수 있는 가능성을 갖게 된다. 그럼에도 이 "틈"을 완전하게 규명할 수는 없다. 그래도 굳이 시도한다면, 이 틈의 어느 부분에는 전쟁, 아버지, 어머니, 아프리카, 가난, 자녀 그리고 말로 표현할 수 없는 기억들이 자리하고 있을 것이다. 여기에는 어머니에 대한 레싱의 분노표출이 사실은 아버지에게 품었던 불편한 감정에 대한 역반응이라고 보는 '불편한 진실'도 포함되어 있을 것이다(Herman 106; Warnock 13).

역설적으로, 레싱은 자신의 기억 속에 틈을 낸다. 자신의 "마지막 작품"(James 3)이라고 한 『알프레드와 에밀리』에서 그녀는 1차대전을 삭제한다. 부모의 삶을 장악하고 심지어 부모의 삶을 송두리째 변화시킨 원인으로 작용한 전쟁을 삭제한 것이다. 유산탄이 다리를 앗아간 후에 아버지의 삶은 공격을 당했던 그 참호로부터 벗어나지 못했고, 사랑했던 연인을 영국해협에서 잃은 어머니 또한 그 상실로부터 결코 벗어나지 못했기 때문이다. 이 전쟁으로 인해 이미 부모의 내적 삶은 붕괴되고, 그 붕괴된 삶은 그들이 죽는 순간까지 이어졌다는 것을 인식하고 그녀는 부모의 상상의 삶을 창조한 것이다. 군의관을 사랑하는 간호사였던 어머니에게는 사랑하는 의사와 결혼해서 대저택에서 살고 남편의 죽음 뒤에는 사회의 불우한 여성들을 돕는 자선 사업가의 인생을, 항상 영국 에섹스 또는 노포크 주에서 농장을 경영하고 싶어 했던 아버지에게는 착하고 순한 아내를 만나 아이를 낳고 농사지으며 살아가는 농부로서의 새로운 삶을 선사한다. 부모의 실제 삶과는 달리, 이 상상의 세계에서 부모는 대륙을 횡단하지도, 가난하지도, 전쟁을 경험하지도 않을 뿐만 아니라, 아버지의 한 쪽 다리가 잘려나가는 사건 또한 발생하지 않는다. 이처럼 1차대전을 삭제함으로써 그녀는 아버지의 다리 상실을 극복하고자 한다. 이는 아버지의 분노와 무력감을 삭제하고 아버지에 대한 불편한 기억에서 비롯된 굴욕, 수치, 분노, 공포에서 벗어나고자 시도하고 있는 것이다. 사실 기억하지 못했던 부분을 기억하는 것은 그리 어렵지 않으나, 허먼이 언급하듯이, "기억 너머에 있는 공포와 직접 대면하는 일"(허먼 307)이 더 힘겹고, 이를 삶의 이야기로 통합하는 것이 가장 힘든 일이다. 이 과정은 고통스럽고 지체되기가 쉽다.

그리고, 레싱은 『알프레드와 에밀리』에서 어머니와 아버지가 결혼하지 않고 또 의사와 결혼한 어머니 역시 자녀가 없는 것으로 묘사함으로써 자기 자신을 삭제한다. 자기삭제라는 "충격적 조우"는 아버지뿐 아니라 어머니에 대한 애도를 마치고자 한 그녀의 의도에 틈을 낸다. 부모에게 바치는 헌정작품이라고도 할 수 있는 『알프레드와 에밀리』에서 애도작업은 제대로 이행되지 않은 것이다. 서문에서 "그 끔찍한 참호의 유산"(*AE* viii)에서 벗어나고자 『알프레드와 에밀리』를 집필하게 되었다고 한 그녀의 고백과는 달리, 그녀가 극복해야 하는 다른 끔찍한 유산이 남아 있는지도 모른다. 말할 수 없는 유산이 남아 있다는 것은 그녀가 제대로 애도할 수 없다는 의미이고, 제대로 애도하지 못하게 되면 죄의식을 생성하게 되며(왕은철 232), 그래서 그녀는 자기삭제라는 틈을 내고 만 것일까. 그렇다면 아버지와 어머니에 대한 글쓰기는 『알프레드와 에밀리』에서 끝난 것이 아니라 계속 진행 중이다. 숨을 거두기 전 "그 옛 전쟁이 터지기 전에, 우리 모두는 얼마나 좋은 시간들을 보냈던가 … 난 태양이 떠오르는 동안 안개 낀 그 강변을 따라 걸어가곤 했던 것을 여전히 기억하고 있단다"(MF 93)라고 한 아버지의 이야기는 그녀의 기억 속에서 진행과정에 놓여 있다. 이처럼 여전히 글쓰기를 통해 대상에게 리비도를 투자하고 있는 징후를 보이는 그녀는 애도에 실패한 것이다.

인용문헌

왕은철.『애도애찬』. 서울: 현대문학. 2012.

허먼, 주디스.『트라우마』. 최현정 옮김. 서울: 플래닛. 2007.

Barrett, Deidre. *Trauma and Dreams*. Cambridge: Harvard UP, 1996.

Caruth, Cathy. *Trauma: Explorations in Memory*. Baltimore: Johns Hopkins UP, 1995.

Davies, Jody Messler. "Dissociation, Repression and Reality Testing in the Counter Transference." *Memories of Sexual Betrayal: Truth, Fantasy, Repression and Dissociation*. Ed. Richard B. Gartner. Northvale: Jason Aronson Inc., 1997. 45-76.

Drabble, Margaret. "Doris Lessing: Cassandra in a World under Siege." *Ramparts* 10 (1972): 50-54.

Freud, Sigmund. "Mourning and Melancholia." *The Standard Edition of the Complete Psychological Works of Sigmund Freud XIV (1914-16): On the History of the Psycho-Analytic Movement, Papers on Metapsychology and Other Works*, 1917. 237-58.

Gee, Maggie. "Alfred and Emily." *The Sunday Times* (May 2008): 1-2.

Greene, Gayle. *Doris Lessing: The Poetics of Change*. Ann Arbor: Michigan UP, 1994.

Hanley, Lynn. "Sleeping with the Enemy: Doris Lessing in the Century of Destruction." *The Columbia History of the British Novel*. New York: Columbia UP, 1994. 918-38.

Ingersoll, Earl G. *Doris Lessing: Conversations*. Princeton: Ontario Review P, 1994.

James, Caryn. "They may not mean to, but They do." *The New York Times* (August 2008): 1-3.

Kaplan, E. Ann. *Trauma Culture*. London: Rutgers UP, 2005.

Kardiner, A & Spiegel, H. *War, Stress, and Neurotic Illness*. New York: Hoeber,

1947.
Klein, Carole. *Doris Lessing: A Biography*. New York: Carroll & Graf Publishers, Inc., 2000.
Lessing, Doris. *Alfred and Emily*. London: Harper Perennial, 2009.
_____. "My Father." *A Small Personal Voice*. Ed. Paul Schlueter. New York: Alfred A Knopf, 1974.
_____. *The Grass is Singing*. London: Harper Perennial, 2007.
_____. *Under My Skin*. New York: HarperCollins Publishers, 1994.
_____. *Walking in the Shade*. New York: HarperCollins Publishers, 1997.
Luhrmann, T. M. "The Traumatized Social Self: The Parsi Predicament in Modern Bombay." *Publications- Society for Psychological Anthropology*. 11 (2000): 158-93.
McCann, I. L. & Pearlman, L. A. "Vicarious Traumatization: A Framework for Understanding the Psychological Effects of Working with Victims." *Journal of Traumatic Stress* 3. 1 (1990): 131-49.
Rubenstein, Roberta. *The Novelistic Vision of Doris Lessing*. Urbana, Chicago, London: U. of Illinois P, 1979.
Saxton, Ruth. "Sex Over Sixty? From *Love, Again* to *The Sweetest Dream*." *Doris Lessing Studies* 24. 1&2 (2004): 44-7.
Schlueter, Paul. ed. *A Small Personal Voice*. New York: Alfred A Knopf, 1974.
Vickroy, Laurie. *Trauma and Survival in Contemporary Fiction*. London: Virginia UP, 2002.
Warnock, Jeanie. "Unlocking the Prison of the Past: Childhood Trauma and Narrative in *The Memoirs of a Survivor*." *Doris Lessing Studies* 23. 2 (2004): 12-16.
Žižek, Slavoj. *On Belief*. London: Routledge, 2001.

출처 : 『영미문화』 12권 2호(2012)에 실린 「기억과 애도의 글쓰기: 도리스 레싱의 「나의 아버지」」를 책의 주제에 맞게 수정, 보완한 것임.

『제스처 인생』에 나타난 젠더화된 트라우마

이소희 _ 한양여자대학교

Chang-rae Lee

A Gesture Life

『제스처 인생』에 나타난 젠더화된 트라우마

작가소개

이창래(Chang-rae Lee)는 1965년 7월 29일 한국에서 태어나 3세 되던 해에 가족과 함께 미국으로 이민갔다. 뉴욕주의 웨스트체스트 지역에서 성장하였고 뉴햄프셔주 엑스터에 있는 필립스 엑스터 아카데미(Phillips Exeter Academy)를 졸업했다. 그는 예일대 영문과 학사와 오레곤 대학의 문예창작과에서 석사학위를 받았으며 작가가 되기 전 1년 동안 뉴욕 월스트리트에서 재무분석가로 활동하기도 하였다.

1995년 발표된 그의 첫 작품 『네이티브 스피커』(*Native Speaker*)는 펜/헤밍웨이상(The PEN/Hemingway Award)을 포함하여 수많은 상을 받았다. 이 소설은 한국계 미국인 산업스파이를 중심으로 이야기가 전개되고 있으며 지역정치를 둘러싸고 이민 1세대들이 경험하고 느끼는 소외와 배신을 주요 주제로 다루고 있다. 1999년에 발표한 두 번째 작품 『제스처 인생』(*A Gesture Life*)은 제2차 세계대전 동안 일본군을 위한 조선인 위안부를 관리했던 기억을 갖고 사는 일본계 미국인 노인의 일인칭 서사를 통하여 그가 천착해온 정체성과 동화의 주제를 더욱 치밀하게 발전시킨 작품이다. 이 소설로 이창래는 2000년도 아시아계 미국문학상(The Asian American Literary Prize)을 수상했으며 문단의 비평가들로부터 큰 주목을 받았다. 그러나 2004년에 발표한 소설 『비상』(*Aloft*)에 대해서는 비평가들로부터 상반된 평가를 받았다. 이 소설은 처음으로 아시아계 미국인이 아닌 교외 지역에 거주하는 소외된 이탈리아계 미국인을 주인공으로 내세운 작품이다. 이 소설 역시 2006년도 아시아/태평양 미국문학상(The Asia/Pacific American Award for Literature)을 수상하였다. 이창래의 가장 최근 소설로 2010년에 발표된 『굴복가들』(*The Surrendered*)은 2011년 다이튼 평화문학상(The Dayton Literary Peace Prize)을 수상했으며 이 작품은 2011년 퓰리처상(The Pulitzer Prize) 최종후보에까지 올랐다.

작품소개

일본계 미국인 프랭클린 하타의 일인칭 서사로 진행되는 작품 전체는 그의 회상으로 구성되어 있다. 주요 스토리는 그가 베들리런에 있는 그의 의료기구 상점을 포기하는 시점으로부터 그와 헤어진 입양된 딸을 다시 만나는 때까지이지만 독자들에게는 자신의 회상을 통하여 그의 전쟁 경험과 입양한 딸과의 관계, 그리고 딸과의 관계가 어려운 난관에 봉착할 때마다 그가 어떻게 대처해 왔는가를 보여주고 있다.

시작 부분에서 하타는 그가 거주하는 지역과 그의 현재 상황에 대해서 묘사한다. 베들리런이라고 불리는 소도시에 처음 이사 오던 1963년 다른 거주자들은 그를 점잖은 가게주인으로 받아들여 주었으나 이미 그 가게는 뉴욕에서 이사 온 젊은 부부에게 팔았고 하타는 현재 은퇴자로서의 삶을 살아가고 있다. 그러나 아직도 심리적으로 편안한 상황은 아니고 그는 여전히 거의 매일 그의 옛날 가게를 방문한다. 이렇게 그의 일상을 독자들에게 들려주고 있는 소설의 앞부분에서 하타는 자신에게 딸이 있음을 말한다. 그리고 그는 그의 집과 거주 지역을 자세하게 묘사한다. 부동산 중개인인 리브 크로포드(Liv Crawford)는 그가 집을 팔고 이사하기를 원한다. 하타는 베들리런에서 살아온 과거의 삶뿐만 아니라 일본에서의 과거 경험에 대해서도 많이 생각한다. 그는 일상생활, 예를 들면 매일 옛날 가게를 방문하고 수영장을 가는 일상생활에 대해서 꽤 많이 자세하게 묘사하며 이 과정을 통해서 독자들은 그의 딸

써니가 입양되어 왔다는 점과 그가 특별히 입양 담당자에게 뇌물을 주면서까지 딸을 원했다는 점을 알게 된다.

이 첫 번째 회상을 통하여 독자들은 하타가 이웃에 사는 메리 번즈(Mary Burns)와 함께 한 시간을 어떠한 방식으로 기억하고 있는가를 알 수 있다. 메리 번즈는 재빨리 그의 여자친구처럼 행동했으며 그녀를 전혀 받아들이지 않는 써니와의 관계를 발전시키기 위해서 매우 노력한다. 메리 번즈와 하타의 대화를 통해 독자들은 마을 사람들이 그를 비록 "닥 하타"(Doc Hata)라고 부르고 있지만 실제로 그는 의사가 아니라 의료기구를 취급하는 상점을 운영했기 때문에 마을 사람들이 그를 그렇게 부르고 있음을 알게 된다. 그러나 메리 번즈는 하타가 진짜 의사만이 소유할 수 있는 큰 저택을 갖고 있다는 점을 높게 평가한다. 소설 전반부에서 이들의 관계는 매우 가깝게 표현되지만 곧 하타가 써니를 대하는 방식과 써니에 대한 의견차로 두 사람은 논쟁을 벌이기 시작한다.

작품 전체를 이끌어가고 있는 하타의 일인칭 서사의 가장 큰 특징은 절대로 한꺼번에 독자들에게 모든 정보를 제공하지 않는다는 것이다. 이야기가 진행되어 갈수록 하타와 써니가 얼마 전에 심각한 논쟁을 벌였고 써니가 집을 나갔다는 점이 명확해진다. 그의 집에 불이 난 이후 그가 병원에 입원해 있는 동안 하타는 써니와의 논쟁과 싸움이 무엇에 관한 것이었는가를 기억해내고 그를 방문한 코모경관과의 대화를 통하여 써니가 코모경관의 권위를 인정하지 않았다는 점을 알게 된다. 이것이 바로 하타와 써니 사이에 생긴 비극의 시작이다. 써니와의 관계에 대한 하타의 회상을 통하여 독자들은 현재 써니가 집을 나가서 수상한 사람들과 어울리고 있다는 점을 알게 된다.

이야기가 진행되면서 하타의 일인칭 서사는 시간상 과거로 자주 되돌아간다. 그는 제2차 세계대전 시기 동안 그가 경험한 바에 대한 이야기를 자주하는데 주로 많은 군인들과 장교들이 젊은 여자들, 특히 그들의 쾌락을 위하여 그 곳에 강제로 붙들려온 젊은 여자들에 대한 이야기를 자주한다. 그 중에서도 특별히 그가 항상 생각하고 있는 한 소녀에 대해서 이야기한다. 이 지점에서 하타는 자신의 과거 전쟁 경험으로 되돌아가기 전에 독자들에게 그가 써니를 어떻게 다시 발견했고 지금 그 상황은 어떻게 진행되어가고 있으며 써니와의 갈등에 대한 보다 근본적인 정보들을 제공한다. 그리고 일상의 현실 생활에서 써니를 다시 만나게 되는데 써니는 이미 토마스라는 아들이 있고 현재 하타가 그 아이를 돌봐주고 있으나 자신이 할아버지라는 점을 숨기고 있다. 왜냐하면 써니는 토미가 이 사실을 모르기를 원하고 있기 때문이다. 그러나 하타의 도움이 현재 구직 상황에 있는 써니에게는 절대적으로 중요한 것임은 부인할 수 없다.

하타가 자신의 전쟁 경험에 대해서 이야기할 때 그는 대부분의 시간을 K에 대해서, 또 그들의 관계에 대해서 서술한다. K는 일본군을 위한 조선인 위안부로 그 곳에 온 것이다. 하타의 서사를 통하여 독자들은 하타가 K와 사랑하는 관계였고 그가 그녀를 전장의 모든 것으로부터 보호하기를 원했다는 점을 알 수 있다. 오노 대위가 그녀를 강제로 추행하려 했을 때 K는 그를 죽였고 또 하타에게는 그녀 자신을 죽여 달라고 요청했다. 그러나 하타는 다른 사람들에게 오노 대위가 사고로 자신을 쏘게 된 것이라고 말한다. 결국 하타는 독자들에게 K가 30여 명 이상의 군인들에게 무자비하게 성폭행당하고 죽었다는 점을 명시적으로 말하고 있지는 않지만 그녀가 확실히 죽었다는 점은 암시적으로 표현하고 있다.

이야기의 끝 부분에 오면 하타는 많이 변해 있다. 그는 매일 가던 그의 옛날 가게 방문을 멈추었고 집을 팔았으며 써니와도 잘 지내고 있다. 또한 그 자신의 전쟁 경험 기억도 잘 처리하고 있으며 그래서 그는 이제 자신을 변화시킬 능력이 있음을 보여주고 있다.

이 작품은 앞에서도 언급한 바와 같이 2000년 아시아계 미국문학상을 수상하였다. 그 이유는 이민자들의 마음속에 존재하는 과거에 대한 기억들과 느낌들, 그리고 남아있는 생각들과 통합(integration)의 깊은 의미를 보여주는 동시에 이러한 이민자들의 과거 기억이 그들의 현재 이민 생활에서 다른 사람들을 대할 때 어떠한 영향을 얼마나 많이 주고 있는가를 보여주고 있는 점을 평가받았기 때문이다. 즉 제2차 세계대전 동안 겪은 그의 과거 전쟁 경험이 현재 시점의 그의 행동에 어떠한 영향을 미치고 있는가를 꼼꼼하게 보여주고 있기 때문이다. 뿐만 아니라 현재 시점의 이민자로서 그의 일상생활이 과거 전쟁 경험과 함께 살아가야 하는 그를 어떻게 도와주고 있는가를 보여주고 있으며 결국 불행했던 과거의 기억으로부터 그가 어떻게 변화를 이끌어냈는가를 보여주는 작가의 통찰력을 높게 평가했기 때문이다. 또한 회상을 통하여 진행되는 하타의 일인칭 서사기법을 통하여 독자들에게 그의 삶 전체를 관통하고 있는 트라우마의 내밀한 면모를 보여줄 수 있었던 작가의 정교한 글쓰기에 대한 객관적인 평가이기도 하다.

I.

1995년 『네이티브 스피커』(*Native Speaker*)를 발표하면서 미국 문단에 화려하게 데뷔한 이창래(Chang-rae Lee)는 1999년 두 번째 소설 『제스처 인생』(*A Gesture Life*)을 발표하면서 다시금 그의 작가적 재능과 능력을 인정받았다. <뉴요커>(*The New Yorker*)가 선정한 "21세기를 이끌어갈 40세 이하 미국작가 베스트 20인"에 포함된 것을 비롯하여 아시아계 미국인 문학상(Asian American Literary Award), 아니스필드-볼프 도서상

(Anisfield-Wolf Book Award), 구스타부스 마이어즈 도서상(Gustavus Myers Outstanding Book Award) 등을 수상했다. 리자 로우(Lisa Lowe)는 "아시아계 미국문학 작가들이 성장에 관한 보편적인 서사 안에서 정체성과 정체성 확인 과정의 개념들에 도전함으로써 기억, 역사, 집합성의 대안적인 형태들을 탐색하는 것이 가능하다"(101)고 주장한 바 있다. 『제스처 인생』은 근대 국가에 대한 의식이 약화된 21세기를 살아가고 있는 독자들에게 한국/일본/미국인으로서 살아온 과거를 갖고 있는 70대의 노인을 통해 한 개인의 정체성과 정체성 확인 과정에 대하여 매우 복잡하고 미묘한 질문들을 던지고 있는 작품이다.

또한 『제스처 인생』에 나타난 이창래의 글쓰기는 "예술적 감각을 갖고 노래하는 텍스트"로 일컬어지고 있으며 그를 "장인"으로 평가하는 경지에까지 이르고 있다(Lewy). 그러나 이 책이 처음 출판되었을 때 언론으로부터 가장 많이 주목받게 된 요소는 바로 이 작품이 위안부 문제를 다루고 있다는 소재적인 측면에서이다. 1999년 9월 5일 <뉴욕 타임즈>(*New York Times*)와의 인터뷰에서 작가인 이창래는 위안부에 대한 숨겨진 역사에 대해 알고 난 후 "번개를 맞은 듯 대단한 충격을 받았다"("Review Interview" 2)고 고백한 바 있다. 2001년 3월 20일 뉴욕 주립대의대에서 개최된 강연에서는 "어떻게 위안부들에 대해서 쓰게 되었는가?"라는 질문을 받고 "신문기사 두 개를 읽고 난 후 나는 곧 위안부에 빠져들게 되었다. 나는 그들에 대해서 전혀 몰랐지만 일종의 충격을 받았다"("Introductory Comments" 17)라고 대답하였다. 또한 일본인들에 의한 착취와 식민화에 대한 최근의 역사를 알고 난 후 "이것이야말로 내가 듣고 읽어야 할 것이라고 생각했다"는 말도 덧붙였다. 그러나 흥미롭게도 작가 자신이 "듣고 읽어야 할 것"의 단계를 지나 "써야 할 것"으로 위안부 문제를 마주하게 되었을 때 그 재현 방식은 그가 받았던 "일종의 충격"을 반영하기에는 매우 미흡한 형태로 나타났다. 즉 『제스처 인생』에서 다루고 있는 위안부 주제는 작품 전체가 정면으로 다룬 비중있는 주제가 아니라 현재 뉴욕 근처의 소도시 베들리런에서 살고 있는 70대 노인 프랭클린 하타(Franklin Hata)의 기억 속에 머물러 있는 위안부의 모습이 그의 의식 속에 투영되어 나타나는 수준으로만 재현되어 있다. 그러므로 작품 속에서 위안부와 관련된 에피소드는 남성 일인칭 화자 프랭클린 하타 자신의 70여 년에 걸친 삶의 궤적 중에서 일부분을 차지하지만 가장 강렬하게 각인된 기억이다. 이 기억은 현재 그의 삶이 식민화된 정체성을 바탕으로 영위되는 "제스처 인생"으로 굳어지게 하는데 결정적 역할을 한다. 프랭클린 하타는 자신의 삶을 독자들에게 들려주는 작업을 시작하면서 자신의 일인칭 서사가 왜 시작되었으며 어떻게 진행될 것인가에 대하여 다음과 같이 이야기하고 있다.

> 사실 나는 오래 전부터, 특히 점점 줄어드는 여생을 생각할 때, 지금 여기에 이르러 있는 내 모습을 평가하는 일에 힘을 쏟아야 한다고 느꼈고, 이제 그 작업을 해보려 한다. (5)

『제스처 인생』은 2차대전 중 일본이 저지른 만행의 정신적 유산을 다루고 있는 소설임에도 불구하고 베들리런이라는 소도시에서 "일등시민" 또는 "비공식적 시장"이라고 불리워 온 하타의 일인칭 서사로 시작되고 있다. 시적인 언어로 과거와 현재의 시점을 넘나드는 하타의 서사는 소설의 반 정도가 지나서야 위안부 주제로 정교하게 짜여진 타피스트리를 독자들에게 제시한다. 실제로 독자들이 하타가 태평양 전쟁에 참여하였다는 사실을 알게 되는 시점은 100페이지가 지난 6장부터이다. 하타의 태평양 전쟁과 관련된 기억들은 현재의 부유하고 평화로운 생활 속에서 문득 떠오르는 과거의 폭력적인 경험들을 좀더 길고 자세하게 묘사하는 형태로 나타난다. 노라 옥자 켈러의 『종군위안부』(*Comfort Woman*)가 자전적 경험을 갖고 있는 아키코의 트라우마로부터 생성되는 위안부 자신의 강력한 일인칭 서사로 구성된데 비하여 『제스처 인생』에 나타나는 하타의 일인칭 서사는 위안부와 관련된 과거 기억의 층위를 넘나들며 뛰어난 문체로 엮어져 있다. 아키코의 일인칭 서사가 정상적인 사회생활을 할 수 없을 정도로 피폐해진 위안부 당사자의 트라우마를 반영하고 있는 반면 하타의 일인칭 서사는 미국 사회 내에서 성공한 아시아계 이민자로서의 전형을 보여주는 70대 노인의 매우 세련되고 침착한 매너로 그의 트라우마를 반영하고 있다.

일반적으로 우리가 "트라우마"에 대해서 "특정 사건에 대한 반응이 때때로 통제할 수 없는 반복적인 환각의 형태로 무자비하게 침입해오는 현상으로 예기치 않은 파국적 사건에 압도당하는 경험"(Caruth 11)으로 정의한다는 점을 감안하면 하타의 트라우마는 본인 자신도 의식하지 못할 정도로 무의식 깊숙이 가라앉아있는 상태라고 할 수 있다. 하타의 경우와 같이 개인의 주체적 의지와는 상관없이 삶의 과정에서 갑작스럽게 반복적으로 나타나는 트라우마 경험을 형상화해내기 위해서는 "문학"이라는 형태가 가장 적합한 예술장르라고 말할 수 있다. 트라우마 연구의 대가 캐시 카루스(Cathy Caruth)는 문학과 트라우마의 밀접한 관계에 대해서 다음과 같이 설명하고 있다.

> 만일 프로이트가 트라우마 경험을 묘사하기 위해서 문학을 주목했다면 그것은 '정신분석학'과 마찬가지로 문학도 "아는 것"(knowing)과 "알지 못하는 것"(not knowing) 사이의 복잡한 관계에 주목하기 때문이다. 그리고 문학의 언어와 트라우마 경험에 대한 정신분석학적 이론이 꼼꼼하고 정밀하게 만나는 지점도 바로 "아는 것"과 "알지 못하는 것"이 서로 교차되는 바로 이 지점이다. (3)

캐시 카루스는 "트라우마"라는 용어가 그리스어에서 유래된 것으로 초기에는 육체에 새겨진 상처를 의미하는 용어였으나 이후에는 의학적,

정신분석학적 글쓰기에서 "육체가 아니라 마음에 새겨진 상처"를 의미하는 용어로 변화되었다고 말한다. 특히 프로이트의 『쾌락의 원칙을 넘어서』(*Beyond the Pleasure Principle*)에서는 "트라우마"라는 용어를 단순한 마음의 상처－시간, 자아, 그리고 세계에 대한 마음의 경험의 혼합－으로서의 하나의 사건만을 의미하는 것이 아니라 그 사건이 다시 개인 생존자의 반복적인 행동과 악몽의 형태로 나타날 때까지 의식하지 못하고 있었던 뜻밖의 사건을 의미하는 용어로 사용하고 있다는 점을 지적하고 있다. 그러므로 트라우마는 개인의 과거에 일어난 폭력적인 단순한 하나의 사건이 아니라 처음에는 자세하게 알 수 없으나 매우 이해할 수 없는 성격의 방식으로 해석이 가능할 수 있다는 것이다(3-4). 『제스처 인생』에 나타난 하타의 서사를 치밀하게 분석하면 그의 심연에 위치한 트라우마가 모습을 드러낸다. 그러므로 본 논문의 목적은 하타의 과거 전쟁 경험의 기억과 연결된 일인칭 서사가 어떻게 진행되고 있으며 이러한 서사의 진행이 하타의 현재 생활에 영향을 미치고 있는 젠더화된 트라우마와 어떤 관계가 있는가를 고찰하는 것이다.

II.

개인의 정체성은 그 개인이 살아온 객관적인 역사적 상황과 그와 관련된 주관적인 기억에 의존한다. 페트리샤 추(Patricia Chu)는 리자 로우의 논의에서 한 걸음 더 나아가 "아시아계 미국문학 내에서의 작가의식은 말하는 능력을 중요시 할 뿐만 아니라 문학적 재현 역시 정치적, 사회적 행위로서 주장할 수 있게 되었다"라고 평가하였다. 특히 추는 아시아계 미국문학 내에서도 작가의 젠더 정체성에 따라 문학적 재현을 통한 주체형성과정이 다르게 나타난다는 점에 주목하였다.

> 아시아계 미국문학 남성 작가는 "미국적임"이라는 요소가 아시아계 미국 남성들을 아시아 문화와 가족으로서의 책임감(여성들에게 요구되는 것)으로부터 분리하는 것과 관련된 것으로 생각한다…. 그들은 미국문학 내에 이미 존재하는 모델들을 바탕으로 아시아계 미국인 주체성 중에서도 가장 명백하게 남성적인 모델들을 만들어 낸다. (4-5)

『제스처 인생』에 등장하는 하타를 "아시아계 미국인 주체성 중에서도 가장 명백하게 남성적인 모델"로 평가하기는 어렵다. 그렇다고 하타의 아시아계 미국 남성으로서의 주체성이 "남성"이라는 젠더 정체성으로부터 전적으로 자유로운 것은 아니다. 그러면 작품 속의 일인칭 화자 하타와 현실 속의 작가 이창래의 "남성"이라는 젠더 정체성은 "아시아계 미국 남성"으로서의 정체성과 어떠한 관계를 맺고 있는가? 이 질문에 답하기 위하여 우리가 가장 먼저 주목해야 할 점은 작가인 이창래가 하타를 작품 속 이야기를 이끌어 가는 유일한 화자로 등장시키게 되는 과정이다.

이창래는 하타를 70대의 아시아계 미국 남성 노인이 가질 수 있는 특권과 한계를 가진 일인칭 화자로 등장시키고 있다. 이창래는 위안부 이야기가 일관된 서사를 갖도록 일 년 이상 고심하는 과정을 거치면서 그가 초기에 생각하고 있던 글쓰기 전략을 바꿨으며 이 이야기를 여성의 관점에서 끌고 나가지 않고 "일본군 군의관"에 의하여 끌고 나갈 수 있도록 바꿨다.

> "나는 아마도 작품의 3/4을 헛되게 써 내려갔다"고 그는 말했다. "그러나 나는 내가 써 놓은 부분들이 내가 방안에서 이들과 앉아서 경험했던 바에 제대로 미치지 못하고 있다고 느꼈다. 나는 **생생한 증언과 같은 것이 없다**고 느끼기 시작했다." ("Review Interview" 2: 필자 강조)

여기서 그가 표현한 "생생한 증언과 같은 것이 없다"라는 구절은 위안부들의 경험을 문학 작품으로 전환하는 과정에서 가장 중요하게 작용한 문학적 요소가 무엇인가를 암시하고 있다. 2000년 론 호간(Ron Hogan)과의 인터뷰에서 이창래는 위안부 문제를 직접적으로 여성의 관점에서 다루는 작품으로 쓰고 있던 것을 왜 포기하게 되었는가에 대하여 다음과 같이 자세하게 말하고 있다.

> 목소리와 서사의 측면에서 볼 때 그 작품은 여러 가지 이유로 내가 원했던 바대로 쓰여지지 않았다고 느꼈다. 위안부 이야기는 말하기 어려운 소재였으며 내가 그것을 어떤 특정한 형식 내에서 말하고 있었기 때문에 그 이야기가 두 말할 나위 없이 끔찍한 범죄였다는 것 이상을 말하고 있는 어떤 점도 발견할 수가 없었다. 나는 그 이야기가 너무 많아서 내가 단순하게 다룰 수 없다고 생각했다. 그리고 이상하게도 그 이야기는 너무나 직접적이라서 드라마적인 요소를 발견할 수가 없었다. (2)

그 다음 해인 2001년에 이루어진 인터뷰에서는 "드라마적인 요소"에서 한 걸음 더 나아가 남성 일인칭 화자를 설정한 주요 목적에 대하여 더욱 명확하게 말하고 있다.

> 원래 나는 그들(위안부들)에 초점을 맞추고 그들의 관점으로부터 책이 쓰여지기를 원했다. 그러나 하타라는 인물이, 이야기의 어느 장면에서 방안 어딘가로부터 이 군의관이 나타났다. 나는 그의 입장이 당혹감 측면에서 볼 때 더더욱 복잡하다고 생각했다. 희생자가 된다는 것은 심리적으로 복잡한 것은 아니고 단지 끔찍스럽고 테러를 당한 것이다. 하지만 나는 이러한 일이 발생하는 현장에 있었으나 전쟁에서 살아남아서 행복하고 넉넉한 삶을 꾸려간 사람에게 끌리기 시작했다. 이러한 것에 대해 생각하기 시작하면서 하타라는 인물이 탄생하기 시작하였다. ("Introductory Comments" 16)

이와 같이 "어딘가로부터" 나타난 일본군 군의관, 정확하게는 조선계 일본군 출신의 미국인, 프랭클린 하타가 작품을 이끌고 가는 남성 일인칭 화자로 등장하면서 이 작품은 우리 한국 독자들을 잠시 어리둥절하게 한다. 왜냐하면 우리나라 독자들 사이에서 이미 암묵적으로 합의된 사항, 즉 피해자 관점에서만 위안부 문제를 바라보는 것이 아니라 가해자의 관점에서 이 문제를 바라보도록 위안부 문제에 대한 한국 독자들의 인식의 변화를 요구하고 있기 때문이다. 그러나 하타의 "가해자"로서의 관점은 결코 100% "가해자"라고만 볼 수 없다는 데서 더욱 복잡 미묘하게 작용한다. 그의 조선인으로서의 정체성과 일본인으로서의 정체성, 즉 민족적 정체성은 그 경계가 불분명한 것이나 그의 남성으로서의 젠더 정체성은 확고한 것이기 때문에 그의 "가해자"로서의 관점 역시 여러 층위를 갖고 있다. 이창래는 하타의 일인칭 서사를 통하여 느린 속도로 매우 유려하게 우아한 문체로 하타의 기억 저 편에 묻어 둔 위안부의 이야기를 엮어간다. 이와 같이 일본군 군의관 출신인 하타를 남성 일인칭 화자로 선택한 점은 독자들로 하여금 위안부 주제에 관한 역사적 진실을 다양하면서도 또다른 관점에서 볼 수 있도록 하는데 매우 효과적인 방법이었다. 그는 위안부 주제를 가장 근본적인 도덕성의 이슈로 끌어내어 현재 미국인들의 일상생활과 접목시킴으로써 끔찍한 일제 만행에 대한 고발을 넘어서는 단계까지 연결시키고 있다. 뿐만 아니라 위안부와 관련된 하타의 기억은 이후 그의 삶 전체를 지배하는 트라우마로 작용하게 되며 이 트라우마는 그의 젠더 정체성과 불가분의 관계에 있다. 그러므로 하타의 젠더화된 트라우마는 그가 "제스처 인생"을 영위하게 되는 가장 중요한 원인을 제공한다. 해밀톤 케롤(Hamilton Carroll)은 하타의 일인칭 서사를 "트라우마 서사"로 규정하면서 젠더, 국가, 인종 등 다양한 요소들의 작용을 조율하는 역할을 하고 있다고 말한다.

> 『제스처 인생』에서 트라우마는 기억과 역사의 대안적인 형태로 기능한다. 민족적인 요소에서 비롯된 것으로 참고할 만한 역사가 무너졌다는 점을 이해하면 이 작품 속에 나타나는 트라우마 서사는 이중적인 국가적 위치들의 경계선 사이를 가로지르면서 인종과 젠더가 작동하면서 나타나게 되는 역사적 기록(historiography)의 생산을 조율하는 역할을 한다. (595)

그렇기 때문에 하타의 "트라우마 서사"는 독자들로 하여금 그의 서사로부터 거리를 유지하고 감정 변화를 따라가면서 주의 깊게 들을 것을 요구한다. 작가인 이창래 역시 이 작품을 쓰는 과정에서 하타의 일인칭 서사로만 이 작품을 이끌어 가는 것이 가장 어려운 점들 중 하나였으며 그렇기 때문에 많은 시간이 소요되었다고 토로하였다 ("Introductory Comments" 18). 하지만 하타의 관점에서 일인칭 서사로 작품을 쓰게 되면서 이야기의 범위가 확장되었고 "하타의 이야기는 곧 그 때 무슨 일이 일어났는가에 대한 효과와 관련된 이야기"로 전환되었으며 작가인 자신은 그것이 바로 픽션이 해야 할 일로 생각한다고 말한다.

> 독자들이 단순하게 역사적 행위와 대면하도록 하지 않고 그 행위에 대해 자각하는 과정에서 무슨 일이 일어났는가 하는 후속 효과와 대면하도록 하는 것이다. 더욱 흥미로운 것은 사람들이 그러한 자각 속에서 어떻게 살아가고 있는가를 보여주는 것, 그것이 바로 픽션이 할 일이다. (Hogan 2)

그러므로 일인칭 서사의 형태로 들려주는 하타의 이야기는 단순하게 그가 과거에 무엇을 하였는가에 대한 것이 아니라 "그가 과거에 한 일과 함께 어떻게 살아가고 있는가"에 대한 이야기이다. 또 2002년 3월에 이루어진 이영옥 교수와의 전화 인터뷰에서 이창래는 "『제스처 인생』은 위안부에 대한 책의 반대편에 위치한 책"이라고 말하면서 "위안부에 의해서 삶 전체가 바뀐 한 남자에 대한 이야기"라고 정의하고 있다

(221). 그러므로 이 작품은 단순하게 "그의 하나의 죄에 관한 것이 아니라 그의 전체 삶이 어떻게 변화되었는가에 관한 이야기"이며 "이 하나의 죄가 그의 삶 전체에 어떻게 반영되고 있는가를 다룬 이야기"라고 설명한다. 그렇다고 "원인과 결과 관계를 나타내는 이야기는 아니다"라고 하였다(222). 그러므로 하타가 과거에 실제로 경험한 바와 그것을 독자들에게 알리는 방법 사이에는 필연적으로 거리가 존재하며 바로 이 부분이 이창래가 창작과정에서 매우 중요하게 고려한 부분이다.

> 나로서는 그 부분이 바로 하타 이야기의 드라마 부분이다. 그가 독자들에게 말하기 싫어하는 이 모든 것들을 어떻게 말하기 시작하게 되었는가? 그것이 바로 이야기를 통제하는 오직 한 사람, 독자들이 의존하고 있는 오직 한 사람, 그리고 어떤 상황에서도 이야기를 말해야만 하는 마지막 사람, 일인칭 화자로 글쓰기를 할 때 그토록 어려운 부분이다. (Hogan 3)

그러므로 본 논문은 하타가 독자들에게 말하기 싫어하는 이 모든 것들을 어떻게 말하기 시작하게 되었는가에 초점을 맞추고자 한다. 바로 이 지점에 하타의 기억 속에 각인되어 있는 젠더화된 트라우마가 동력으로 작용하고 있으며 그 트라우마의 핵심에는 일본군 군의관 하타가 만났던 조선인 위안부 끝애(Kkutaeh)가 있다.

III.

작품이 시작되자마자 하타는 "이곳 사람들 모두가 내가 누구인지 잘 알고 있다"(1)는 말로 현재 자신의 사회적 위치를 독자들에게 알려주고 있다. 1963년 베들리빌이라고 불리우는 이 마을에 들어오는 사람은

"누구랄 것도 없이 인구와 세금의 차원에서 보탬이 되는 사람"(3)으로 여겨졌다. 하타는 바로 그 시절에 이주해 온 후 줄곧 의료기기 가게를 운영해왔으며 경제적으로나 사회적으로 미국사회에서 성공한 이민 1세이다. 그의 이러한 성공은 "튜더 왕조식 이층집"으로 상징되고 있다. "당당한 꽃밭과 약초 정원, 판석을 깐 수영장, 납을 넣은 유리, 단철로 지은 온실까지 갖춘 큰 집"은 "그 지역에서 특별한 저택들 중 하나"(16)이며 "화려하지 않지만 웅장하고 존중하는 눈으로 바라볼 것을 요구하는 집"(139)이다. 그러나 하타가 불쑥 현재의 자신을 소개하는 언어적 표현에는 남몰래 깊숙이 묻어 둔 과거가 무의식중에 그대로 드러나 있다.

> 나, 프랭클린 하타, 은퇴한 가정 의료기기 사업자. 원래의 국적을 버린 사람이자 참전 용사이자 이제는 교외에서 왕복 수영을 즐기는 둘도 없는 헤엄꾼은 인생의 저물 무렵임에도 현재로서는 임시적인 기능 밖에 할 수 없다. (80-1)

이렇게 "임시적인 기능"을 하며 살아온 하타의 기억 속에 묻어 둔 전쟁 경험은 그가 집안의 화재 사건으로 병원에 입원함으로써 되살아난다. 그러나 군의관으로서의 경험을 들려주고 있는 하타의 서사는 전장에서의 경험을 표면적으로만 묘사할 뿐 깊이 들어가지 못하고 겉돌고 있다는 느낌을 준다. 특히 써니(Sunny)가 검은 천을 찾아냈다는 이야기를 했을 때 하타의 반응을 통해서 그가 지금까지 독자들에게 들려주었던 전쟁 이야기를 딸에게는 한번도 하지 않았다는 것을 알 수 있으며 그의 전쟁에 대한 기억과 이 검은 천이 밀접한 관련이 있다는 점을 암시하고 있다.

"언젠가 몰래 봤어요. 딱 한번뿐이었어요. 상자 하나를 열었더니 안에 천이 접혀 있더라고요."
"뭐가?"
"천이오. 비단인 것 같던데. 감촉이 그랬어요. 반짝거렸거든요. 약간 찢어지기는 했지만. 누가 쓰던 것 같던데요. 옛날에 말이에요. 여자 스카프 같았어요. 완전히 검은색이었지만." (147)

이 장면에서 하타는 "써니가 내 물건들을 뒤지는 모습을 상상하고 화가 나 쏘아붙였다"고 말하지만 독자들은 그가 화내는 진짜 이유가 이 검은 천 때문이라는 것을 쉽게 짐작할 수 있다. 그렇다면 전쟁 때 깃발로 쓰이던 이 검은 천은 하타의 어떤 기억과 연결되어 있는지 독자들의 궁금증을 자아낸다.

그 후 하타는 토미를 만나고 나오면서 주차장에서 시동을 건채 "어떻게 보면 중요할 것이 없는 광경"(220)을 보게 된다. 임시로 할로윈 가게를 냈다가 철거하는 중동에서 온 남자아이와 여자아이의 모습이었다. 남자아이가 장난을 거는데도 불구하고 여자아이는 남자아이의 태도를 무시한 채 "검은 천"이 되는대로 가득 쌓인 통으로 꾸준히 손을 집어넣으며 일하는 모습이었다. 그러나 남자아이는 이를 계속 방해하였고 마침내 여자아이는 천을 탁탁 털어 펼치더니 자기 머리 위에 올려놓고 검은 천으로 얼굴을 가리고 앉아있었다. 이때 남자아이는 여자아이한테 고함을 한번 꽥 지르더니 벌떡 일어나 나가버렸다. 하타는 이 광경을 독자들에게 들려주면서 드디어 "끝애"의 이름을 언급한다. 이 장면을 좀더 자세히 읽어보도록 하자.

여자아이가 얼마간 자신을 사라지게 함으로써 남자아이의 모욕을 물리치고 마침내 남자아이 자체를 물리칠 수 있었다는 것. 자신을 사라지게 하는 것이 스스로 초연해질 수 있는 수단이라는 것. 이런 생각 때문에, 그리고 또 그 천, 써니가 내 옷장 속 옻칠한 상자에서 찾아낸 널찍한 천과 아주 비슷한 천 때문에, 나는 다시 그 여자를, 끝애를, 내가 그냥 K라고

> 부르게 된 여자를, 그리고 전쟁의 마지막 몇 달 동안 우리 부대에서 일어났던 사건들을 기억하게 되었다. (222; 필자 강조)

하타는 끝애의 이름을 언급하면서도 "다시 그 여자를, 끝애를, 내가 그냥 K라고 부르게 된 여자를"이라고 수차례에 걸쳐 머뭇거리며 반복함으로써 그가 이 이름을 언급하기를 꺼려한다는 점을 보여주고 있다. 또 이 단락은 하타가 끝애를 기억해 내게 된, 그리하여 독자들 앞에서 말하기 싫은 기억을 기어코 말하게 되는 궁극적 요인이 무엇인가를 명확하게 보여준다. 그것은 "자신을 사라지게 하는 것이 스스로 초연해질 수 있는 수단이라는 것"에 대한 하타의 인식 때문이다. 결국 지금까지 하타를 끝애에게 묶어놓은 가장 강력한 결속고리는 끝애의 간곡한 요청, "내가 다시는 깨어나지 않을 것을 달라"(254)던 요청이었던 것이다. 이후 진행되는 서사는 객관적인 사실에 근거한 것이 아니라 하타의 주관적인 기억에 관한 것이며 하타 자신의 변화하는 감정과 인식의 과정에 대하여 매우 자세하게 묘사하고 있다. 특히 아이들의 장난의 대상이 되었던 "검은 천"은 즉각적으로 그의 인식 속에 트라우마 아이콘으로 남아있는 "검은 깃발"과 연결되며 이는 끝애와 오노 대위 사이에 놓여 있던 하타 자신의 위치를 극명하게 반영하는 바로미터의 역할을 한다. 오노 대위는 끝애에 대한 특별 관리를 하타에게 부탁하고 자신이 요구할 때 끝애를 데려올 것을 명령한다. 이 명령은 바로 진료소 앞에 걸어 놓은 "검은 깃발" 신호에 의해 전달된다. 오노 대위가 부를 때마다 "세심하게 쌓아놓은 모든 인식이 무너지는 것 같은" 하타는 그에 대해서 "순수한 증오라고 말할 수밖에 없는 것이 솟구쳐 오르며 모든 것을 태워버리는 느낌"을 갖게 된다(224). 그러나 그것을 한번도 제대로 표현해 본 적이 없는 하타에게 오노 대위는 그의 이름을 부르면서 하타의 의식을 마비시킨다.

"아침마다 그것을 확인해 보게, 구로하타 소위."
오노 대위가 마침내 말했다….
오노 대위가 신호로 정한 검은 깃발은 나를 가리키는 말이었다…. 물론 오노 대위가 그 이름을 택한 것은 나를 조롱하려는 의도였다. (223-5)

하지만 그 후 하타의 의식은 오노 대위가 5명의 위안부들 중에서 끝애를 선택한 것에 대해서 미화하는 방향으로 전환한다. 즉 오노 대위의 판단을 신뢰하자고 스스로를 설득하여 그가 끝애에게서 뭔가 진귀한 것을 보았다고 말한다. 즉 "과학적이든 의학적이든 뭔가 독특한 것, 그녀의 육체적 아름다움 이상의 어떤 매력, 어떤 기준에 비추어 보더라도 초월적이고 어쩐지 신성한 것"(228)을 오노 대위가 보았다고 믿는 것이다. 그러나 이 부분에서 독자들은 하타와 오노 대위의 관계를 고려해 볼 때 하타가 이러한 판단을 통해서 오노 대위의 이름을 빌어 자신의 생각과 느낌을 전하려 한다는 느낌을 지울 수 없다. 그러나 끝애에 대하여 이러한 호감을 갖고 있던 하타가 정작 그녀와 마주치게 되었을 때 하타의 의식은 예기치 않은 방향에서 도전받게 된다.

작품 전체를 통하여 하타의 가장 강렬한 욕망은 소속감이며 그의 전 생애는 "소속하고 소속되기 위한" 투쟁의 역사이다. 해밀톤 캐롤은 『제스처 인생』이 아시아계 미국문학 분야에 공헌하고 있는 점으로 하타의 일본과 미국에서의 경험들이 서로 연결되는 지점들을 드러내고 작품이 다루고 있는 트라우마적 사건들의 핵심에 일본과 미국 두 제국주의 사이의 연결성을 탐색하는 초국가적 내러티브를 설정하여 이민과 동화라는 주제를 다루고 있다는 점을 지적한다(595). 70대의 노인이 된 하타는 자신의 소속감에 대한 열망을 "삶의 오랜 존재 조건"으로 생각하고 있지만 그러한 조건의 성격과 본질이 "진정한 치유책"이 아니라 "일시적인 미봉책"에 불과하다는 것도 잘 알고 있다(288). 하타의 이러한 삶의 방식은 그의 10대 시절부터 시작되고 있다. 어린 시절부터 하타는 식민 주체인 일본 사회에 무리없이 소속되고자 하는 열망에 사로잡혀 있다. 그는 가죽을 무두질하고 가공하는 오씨 집안의 한국인으로 태어났으나 12세에 "유명한 구로하타 가족"(72)에 일본인으로 입양된다. 작품 전체를 통하여 하타의 한국 이름은 결국 명시되지 않는다. 그의 일본 이름인 "지로"는 끝애에 의하여 수 차례 불리워지지만 독자들은 그의 한국 이름 중 성이 오씨라는 것만 알 수 있을 뿐 이름은 결국 알 수 없다. 이 역시 하타의 일본 사회에 소속되고자 하는 열망을 반영하는 좋은 예이다. 하타 자신은 "사춘기의 무모한 시기에 의무감이 가면을 벗고 분명한 모습을 드러낸" 이 시기를 인생의 출발점으로 생각한다.

> 그러나 둘 가운데 어느 부모에 대해서도 그들이 나를 길러주었다는 말은 하지 못하겠다. 나를 길러준 것은 목적을 가진 사회였지, 그 외에 아무 것도 다른 누구도 아니었기 때문이다. 나는 고마울 따름이었다. 나는 불과 열두 살의 소년이었음에도 늘 사회의 불침번으로서 나 자신을 바쳐야 한다는 것, 내가 알 수 있거나 바랄 수 있는 모든 것을 사회에 의탁하여 해결해야 한다는 것을 알았다. (72-3)

이렇게 "목적을 가진 사회"에 의해서 길러진 하타는 일본 제국의 군의관으로서도 자신의 의무를 다하고자 노력한다. 그러나 일본군 군의관으로서 최선을 다하는 자신의 모습이 한국인 출신이라는 정체성에 의해서 평가받지 않을까 항상 염려하고 있다. 그리하여 "나라는 인간을 내 친족이 사는 비천한 곳으로부터 떼어내 길러낸 것이 과연 가치 있는 일이었느냐"라고 의심하는 사람에게 그것이 가치 있는 일이었음을 증명하고 나아가 "우리 모두의 내부에 있는 본질적이고 내적인 정신을 드러내고 싶었다"라고 자신의 속마음을 드러낸 후 곧 독자들에게 훈련과 양육의 역할에 대해서 묻는다.

> 그럼에도 나는 늘 궁금했다. 훈련과 양육이 우리의 본질을 이루고 있는 단순한 흙과 재와 피보다 더 큰 힘을 지니는 것일까? 아니면 이러한 사회적 단련은 결국 죽은 자들의 썩어가는 옷처럼 떨어져 나가고 결국 그 밑의 뼈가 드러나는 것일까? (120)

이 글에서도 잘 나타나고 있는 것처럼 하타에게 자신이 선택한 민족적 정체성은 그의 트라우마로 작용하고 있으며 그가 갖고 있는 이러한 의문점들을 다른 사람들에게 확신시켜야만 한다는 강박관념에 사로잡혀 있다. 이와 같이 추호의 의심 없이 일본 제국이 원하는 군의관이 되고자 하는 하타의 강렬한 욕망은 끝애에 의해서 도전받는다. "모두 꽤 어리고 16세부터 21세에 이르는"(181) 5명 소녀들의 겁에 질린 태도와 달리 끝애는 "그냥 그 눈길을 받아내는 식으로 그를 똑바로 보고 있는 유일한 여자"(182)였다. 하타는 그녀가 "기상나팔이 불기 전, 민간인 생활에서나 찾아볼 수 있을 것 같은 고요 속에서 우리에게 주어지는 모든 명령과 규제로부터 벗어나 있다"(233)고 느낀다. 그는 이러한 끝애의 태도에 당황한다. "나는 그녀 앞에서 어떻게 처신해야할지 몰랐다. 강압적으로 나가야 하나, 초연한 태도를 보여야 하나, 상냥하게 굴어야 하나"(233). 이렇게 주저하던 하타가 끝애에게 친밀감을 느끼게 되었을 때 그녀는 불현듯 하타의 가장 민감한 의식을 건드리는 질문, 즉 그의 한국인으로서의 정체성과 관련된 질문들을 던진다. 그녀의 직관과 자신감은 하타로 하여금 그녀의 질문에 반응하도록 만들고 특히 그녀의 언어인 한국어에 반응하도록 만든다. 두 사람이 서로 대화를 나눈 후에 끝애는 하타에게 그가 한국인인지 묻는다. 비록 하타는 아니라고 대답했지만 이때 끝애와 나눈 대화는 하타의 일본인이라는 식민 주체로서의 잠재의식을 뒤흔드는 효과를 가져온다. 이 작품 전체를 관통하고 있는 논쟁적인 주제들, 즉 언어, 정체성, 민족주의, 식민주의와 같은 주제들이 하타와 끝애의 대화를 통해 어떻게 갈등하고 부딪히는가가 잘 나타나 있다. 또한 이 장면의 대화는 작품 전체를 통하여 독자들에게 끝애에 대하여 가장 명확하게 보여주고 있는 중요한 장면이며 끝애의 강한 자신감과 하타의 유약한 자아를 대조하여 보여준다(234-6). 특히 끝애가 "모국어를 사용하자 일본어로 작게 중얼거릴 때보다 훨씬 자신감 있고 성숙하게 느껴졌다"(234)는 표현을 통해서 두 사람이 한국어와 일본어로 대화를 나눌 때 그 만남의 깊이가 다르다는 것을 알 수 있다. 끝애가 하타 자신조차 잊고 있었던 조선인으로서의 정체성을 예리하게 지적하자마자 하타는 "무슨 말을 해야 좋을지 몰랐으며" 동시에 "입을 다물라고 명령하고 싶은 충동, 당장 나가라고 명령하고 싶은 충동"을 느꼈으나 그녀의 태도에 "묘하게 위압감을 느꼈다"고 적고 있다(234). 그러므로 하타에게 끝애와의 만남은 이제까지 자신이 부인하고 싶었던 정체성과 예기치 않게 맞닥뜨리게 되는 계기가 되었으며 의식적으로 피하고 싶지만 피할 수 없다는 것도 잘 알고 있으므로 결국 끝애에게, 그리고 자기 자신에게도 자신이 진정으로 느끼는 바를 표현하지 못하고 숨길 수밖에 없었다. 끝애와의 긴 대화 끝에 하타는 마침내 그의 의식이 "예상치 못했던 방법"으로 소용돌이 치고 있음을 인정하고 그의 어린 시절 언어로 말하는 경험의 효과가 매우 강력한 것임을 인정해야만 했다.

> 어쨌든 그 여자들 가운데 하나와 그렇게 오랫동안 이야기 해본 것은 그때가 처음이었다. 게다가 어렸을 때 쓰던 말로 이야기를 했다. 그것이 예측할 수 없는 방향으로 나를 흔들었다. 마쓰이 부인의 텐트까지 갔다 오는 동안 나는 그녀와 어떤 관련을 느꼈다. 피나 문화와 종족의 관련이 아니었다. 아마 젊은 남자가 젊은 여자에게 자연스럽게 느끼는 관련이었을 것이다. (239)

이와 같이 하타가 어린 시절 언어로 말해 본 경험은 그의 한국인으로서의 정체성을 강렬하게 자극하여 예민하게 고찰하게 만드는 효과를 가져왔다. 하지만 하타는 독자들에게 자신이 느끼는 "그녀와의 어떤 관련"이 "피나 종족의 관련"이 아니라는 점을 강조하고 "아마 젊은 남자가 젊은 여자에게 자연스럽게 느끼는 관련"의 수준이라고 폄하하여 말한다. 이와 같이 이창래는 하타가 끝애와 만나는 경험이 그의 의식 속에 새겨놓은 가치와 원칙들을 다시 성찰하고 재점검하게 만듦으로써 어떻게 그의 의식을 흔들게 되었는가를 차근차근 보여주고 있다. 하타가 끝애를 호명하면서 전체 이름 "끝애"를 부르지 않고 머리글자인 "K"로만 부르는 것 역시 끝애의 이러한 역할과 무관하지 않다. 왜냐하면 "K"는 끝애 이름의 첫 글자일 뿐만 아니라 하타가 태어난 조국(Korea)의 첫 글자이기도 하며 하타가 "K"로만 부르는 것은 끝애와 태어난 조국, 이 두 가지 요소로부터 거리를 두고 싶은 그의 무의식을 반영하는 것이기 때문이다. 끝애에 대한 하타의 기억은 그의 고요한 일상생활에서 문득 문득 되살아나고 그 이후의 삶에서도 "더럽게 고여 있는 역겨움"의 느낌으로 다가온다.

> 오늘도, 어제도, 그전에도, 매일 계속. 묘하게도 뒤로 거슬러 올라가 영원토록. 나는 거의 논쟁도 없이 늘 그녀를 이긴다. 그러나 그 때마다 늘 불길한 느낌이 찾아온다. 평생 잘못된 일을 했음에도 한 번도 들킨 적이 없을 때, 한 번도 발각당한 적이 없을 때 생기는, 사라질 줄 모르고 늘 더럽게 고여 있는 역겨움. (288)

이렇게 하타의 의식 밑바탕에 "불길한 느낌"으로 남아있는 끝애에 대한 기억이 하타에게는 가장 강력한 트라우마로서 작용하고 있음에도 불구하고 현재 진행되고 있는 하타의 일인칭 서사를 통하여 독자들에게 보여지는 끝애의 모습은 잠시 나타났다가 사라지는 그림자로서만 존재하게 된다. 이러한 특징은 여성 일인칭 화자 아키코가 등장하는

『종군위안부』에서는 아키코뿐만 아니라 인덕과 같이 자신의 언어로 강력하게 위안부 입장을 대변하는 인물이 등장하는 점과 대조된다.

실제로 하타는 현재에도 자신이 끝애에 대한 꿈을 꾸고 있음을 독자들에게 밝히고 있다. 14장의 시작부분에서 하타는 "현관문을 닫다가 마침내 K가 나를 위해 돌아왔다는 생각이 든다"라고 이야기하면서 "나는 그녀가 절대적이고 의문의 여지없이 현실적 존재라는 것, 한 때 사람이었던 그대로 온전히 나타났다는 것을 알았다"고 적고 있다. 이렇게 초현실적인 상황에서 끝애와 만나는 상황을 묘사하는 하타의 서사에 그가 끝애에 대하여 갖고 있는 트라우마의 내용이 결국 무엇인지 명백하게 나타나 있다.

> "나는 당신이 죽는 것을 바라지 않습니다."
> 나는 그녀에게 말했다…
> "나는 당신이 나와 함께 영원히 살기를 바래요." 슬픈 웃음이 희미하게 번지면서 그녀의 얼굴이 부드럽게 풀렸다. 어깨의 검은 천을 아래로 미끄러뜨리더니 이불 속으로 들어와 내 옆에 누웠다. 내 몸에 닿는 그녀의 살갗이 시원하고 순결하게 느껴졌다. 누이의 살갗 같았다. 설화석고(alabastrine)로 만든 살갗 같았다. (287-8)

해밀톤 캐롤은 하타가 끝애를 애브젝트(abject)로 간주하고 이 애브젝션(abjection) 과정을 자신의 주체형성과정의 주요 부분으로 생각하고 있다고 주장한다. 크리스테바는 말하는 주체가 되기 위해서는 사회에서 인정하는 깨끗하고 정결한 몸을 전제로 한다고 역설하며 애브젝트(abject)와 애브젝션(abjection) 개념을 차용하여 적합한 주체가 되기 위해서는 어떻게 부적합하고 더럽고 비천하며 무질서한 것들이 배제되어 왔는가를 어머니의 몸을 예로 들어 설명하고 있다. 애브젝트가 더럽고 불결한 대상이라면 애브젝션은 주체가 그 대상에 대해 갖는 육체적이면서 상징적인 느낌인 동시에 외부 위협에 대한 주체의 저항이다. 따라서 애브젝션은 분리를 갈망하는 것이면서 동시에 분리가 불가능하다는 느낌이다. 해밀톤 캐롤은 그녀의 논문에서 하타에게는 끝애와 써니 모두 애브젝트인 동시에 애브젝션이라고 주장한다. 해밀톤 캐롤은 오노 대위가 하타를 애브젝트로 생각하고 애브젝션하는 과정을 통하여 자신의 우월적인 주체적 위치를 확인했던 것처럼 하타 역시 끝애를 애브젝션하는 과정을 통하여 자신의 주체적 위치를 확보하려 시도한다고 주장한다. 그 예로 하타가 끝애와의 총 세 번에 걸친 성적 접촉을 묘사하는 과정을 통하여 끝애를 점차 언어 없이 육체로만 존재하는 성적 대상으로 재현한다고 주장한다(605-7). 진료소에서 첫 번째 성적 접촉을 묘사할 때 끝애는 "움직이지도 말을 하지도 않았다." 그리고 "모든 것이 끝났을 때" 그는 "열이 내 몸을 감싸며 따뜻하게 밀려오는 것"을 느꼈지만 끝애의 "자세는 변하지 않았으며" 또한 "전혀 진짜 여자 같지가 않았다"(260). 하타가 오노 대위와 설전을 벌이고 난 뒤 진료소에서 두 번째 성적 접촉을 갖게 되었을 때에도 끝애에 대해 "서늘한 느낌의 광택이 나는 부드러운 몸"으로 묘사하면서 "그녀의 몸을 달리 더 아름답게 조각할 수는 없다고 생각했다"(295)라고 적고 있다. 그리고 현재 하타의 꿈속에 나타난 끝애에 대해서는 "누이의 살갗", "설화 석고로 만든 살갗"으로 묘사하고 있는 것이다. 그러므로 하타의 의식 속에 끝애는 "진짜 여자 같지가 않으며" 더할 수 없이 "아름답게 조각된 몸"이고 한 걸음 더 나아가 "설화석고로 만든 살갗"으로 존재하므로 언어를 갖지 못한 육체, 즉 성적 대상의 몸으로서만 존재할 뿐이다. 결국 해밀톤 캐롤이 주장하듯이 하타의 서사 속에서 끝애는 애브젝션의 대상으로 존재하며 그의 주체형성을 강화하는 역할을 한다. 바로 이 점이 『제스처 인생』에 나타난 "가장 명백하게 남성적인" 특성으로 앞에서 페트리샤 추가 주장했던 아시아계 미국남성 작가의 글쓰기에 나타나는 특성의 한 예이다. 결국 『제스처 인생』의 글쓰기에 나타난 "가장 명백하게 남성적인" 특성은 끝애와의 성적 접촉에 대한 하타의 서사를 통하여 가장 극명하게 나타나는 것이다.

그러나 하타는 독자들에게 담담하게 "나는 그녀를 사랑했다"고 말하면서 그 사랑이 결국 남성으로서의 소유욕에 지나지 않았다는 것을 은연중에 드러내고 있다.

> 나는 그녀를 사랑했다. 그런 사랑이 어떠한 것이었는지, 그것이 어떤 의미에서든 진실하거나 가치가 있는 것이었는지 말할 수는 없다. 평생 그런 것이 어떠해야 하는지 자신 있게 말할 수 있었던 적도 없다. 다만 내가 그녀를 원했다는 것, 그녀가 다른 남자와 함께 있는 것을 견딜 수 없었다는 것은 말할 수 있다. 그런 것들이 사랑의 틀림없는 표시들이라면, 나에게는 가능한 모든 방법으로, 내 마지막 날까지 그녀를 기억 속에 담고 있을 권리가 있다 할 것이다. (261)

삼십여 페이지 뒤에 가서는 자신의 끝애에 대한 사랑이 젊은 남자의 입장에서는 "그저 하나의 사실"이었으며 동시에 "진실"이었다고 이야기하고 있다. 그리하여 그녀를 "온전히 내 것으로 하기 위하여" 자신의 희망사항이 "무시무시한 점이었다"는 것을 자각하고 있으면서도 "그녀가 죽음 쪽으로 가기를 바랬다"고 독자들에게 당당하게 고백하고 있다. 이 서사의 끝 부분에서 하타는 끝애의 생명을 희생해서라도 그녀의 "언어 없는 육체"를 소유하겠다는 욕망을 다음과 같이 대담하고도 무자비하게 드러낸다.

> 나는 다른 누가 그녀를 가지는 것을 참을 수 없었다. 그런 감정 때문에 나는 일들이 일어나는 대로 내버려두었다. 그것이 그녀를 영원히 잃는 것을 의미한다 해도. (296)

그렇지만 하타의 서사 속에서 "언어 없는 육체"로만 묘사되었던 끝애가 실제로는 이러한 점을 간과하지 않았다. 하타가 자신의 "사랑"과 "소유욕"을 구별하지 못하고 변명하고 있는 반면 끝애는 하타가 "사랑"이라고 부르는 것의 특성을 예리하게 꿰뚫어 보고 있었던 것이다. 그리하여 하타의 "사랑"이라는 것이 결국 젊은 남자로서의 욕망에 지나지 않는다는 것을 통렬하게 지적한다.

> 당신은 나를 사랑한다고 하지만 당신이 정말로 뭘 원했는지 아직도 모르고 있어요. 아직 젊고 점잖으니까요. 하지만 이제 말해 주죠. 그건 내 섹스예요. 내 섹스라는 물건이예요. 나한테서 그것만 떼어내서 털가죽이나 좋아하는 돌처럼 지니고 다닐 수 있다면 당신도 다른 사람들과 조금도 다를 것이 없어요. (300)

이러한 대화 후에 곧 이어 끝애는 서른 명 정도의 군인들에게 성폭행당한 후 비참하게 살해당한다. 그 곳을 찾아간 하타는 끝애의 유해를 정리하면서 오노 대위가 말했던 끝애의 임신을 상기시키는 "그녀와는 다른 형체"를 찾아낸다. 이때 하타는 독자들에게 자신이 끝애의 유해를 모으는 일을 하는 것은 사랑하는 연인으로서가 아니라 "위생장교로서의 일"임을 확인시키면서 "그녀와는 다른 형체"에 대해 다음과 같이 말한다.

> 결국 나는 그녀와는 다른 형체, 아주 작은, 꼬마 요정 같은 형체, 기적적으로 온전한 형체를 찾아냈으나 아무 것도 느낄 수 없었다. 다리와 발로 짐작되는 것도, 완벽하게 갈라지며 손가락 형태를 갖추어 나가는 축복받은 두 손도 볼 수가 없었다. 또 그 얼굴도, 완성된 뺨과 이마도 볼 수 없었다. 아직 깨지지 않은, 방해받지 않은 그 시원의 잠. 나는 내가 무엇을 하는지 알 수 없었고 어떤 부분도 기억할 수 없었다. (305)

오노 대위가 하타에게 끝애의 임신 사실을 알리고 난 후 하타가 끝애에게 물어보았을 때 끝애는 임신이 아니라고 대답하였다. 그렇다면 이 장면에서 하타가 찾아낸 "그녀와는 다른 형체"는 무엇을 의미하는가? 이창래는 이에 대한 질문을 받고 끝애가 임신을 한 것이 사실인지 거짓인지가 중요한 것이 아니라 하타가 마음속으로 어떻게 생각하는지가 더욱 중요하다고 대답하였다. 모든 정황으로 보아 끝애 자신도 임신 사실을 믿고 있지 않았던 것 같다고 말하면서 하타는 완벽한 형체를 찾아냈다고 믿고 있으며 이 믿음이 바로 그에게 영향을 미쳤다는 것이다. 독자들은 임신 여부가 더 중요하겠지만 작가인 자신에게는 하타가 어떤 형체를 보았다고 믿는 것이 더욱 흥미로운 사안이라고 덧붙였다 ("Introductory Comments" 12). 그러므로 하타에게 끝애에 대한 기억은 그가 발견한 "그녀와는 다른 형체"와 항상 함께 떠오르는 평생의 트라우마로 남게 된다. 그리하여 하타의 의식 속에는 "밀어내고 밀어내고 또 다시 밀어냈는데도 옛 수로 표지등들이 다시 한번 까닥하며 떠올라 눈앞의 물에 점점이 빛나는 불의 고리를 이루는"(284) 이미지로 각인된다. 이 이미지는 하타가 써니의 첫 번째 임신을 수술로 처리했던 일에 대하여 써니와 대화를 나누던 중 떠오르는 이미지이다. 이 역시 하타의 의식 속에는 써니의 임신과 끝애의 임신이 같은 연장선상에 있음을 보여주는 것이다. 결국 하타는 수십 년의 세월이 흐른 후 독자들에게 "지금은 똑똑히 보이지만 사실 나는 그 상황의 중요한 한 부분이었다" (299)라고 말하면서 끝애에 대한 자신의 행동에 대해서 후회와 회한을 감추지 않는다.

IV.

그렇다면 현재 베들리런에서 살고 있는 하타의 일상생활과 끝애에 대한 기억은 처음으로 어떻게 접목되고 있는가? 조용하고 평화롭던 하타의 현재 미국 생활에서 끝애가 어떠한 계기를 통하여 그의 의식 수면 위로 떠오르는가를 살펴보는 것, 즉 작가인 이창래가 작품 속에서 이 부분을 어떻게 접목시키고 있는가를 살펴보는 것은 바로 하타의 의식 속 어느 지점에 끝애가 위치해 있는가를 짐작해 낼 수 있는 단서를 제공해 준다. 6장이 시작될 때까지 하타는 뉴욕 근처의 소도시에서 존경받는 아시아인으로 써니라는 입양한 딸과 함께 노년을 살아가고 있는 부자의 모습으로 재현되고 있다. 그러나 코모경관으로부터 3주 전에 가출한 써니의 근황을 듣게 되면서부터 하타는 평소 생활의 평온함과 냉정함이 흔들리게 되고 급기야는 어느 금요일 저녁 노동계급 사람들이 주로 살고 있는 터너 스트리트에 위치한 지미 기지(Gimmy Gizi)의 집까지 써니를 찾아 나선다. 하타가 도착하였을 때 이미 "묘한 축제의 분위기"(99)가 집안을 감싸고 있었으며 잔디밭의 젊은 두 남자가 "술병을 기울여 마시고 짧은 파이프에 불을 붙이는 광경"을 목격하는 순간 하타는 "냄새로 판단하건대 그들이 피우는 것은 마리화나"라고 직감적으로 알아차린다(100). 이 냄새는 즉각적으로 하타의 기억 아래 꾹꾹 눌러두었던 전쟁 중 유일한 쾌락이었던 담배 냄새와 연결된다. 그리고 마리화나 파티가 열리는 현장에 써니가 없는 것을 확인하고 "몸뚱아리들이 가득 들어찬 부패한 늪"(105)을 빠져 나온다. 지미 기지 집에서 이러한 파티를 보았던 경험은 곧 바로 그가 전쟁 중에 전우들과 함께 방문했던 접대클럽(a welcoming club)에 대한 기억으로 연결된다. 그러나 대부분의 독자들이 기대하는 것처럼 이 접대클럽에서 제공하는 "흔한 오락거리"(105)들은 곧 바로 위안부들과 연결되지 않는다. 오히려 하타가 써니와 마리화나 파티에 대해서 대화를 나누던 과정에서 불현듯 끝애에게로 연결된다. 하타가 써니에게 지미 기지와의 관계를 추궁하자 써니는 더 이상 이야기하고 싶지 않다고 말하면서 단호하게 다음과 같이 덧붙인다.

> "끝났어요. 저한테 다시는 그런 일이 일어나지 않을 거예요. 그런 일이 생기기 전에 자살해 버릴 거예요. 맹세해요."… 나는 그 애의 말에 담긴 의미에 충격을 받았고 또 격분했다. 그러나 가만히 생각해 보면 **두려움의 마약이 내 몸 전체를 흘러다니는 느낌을 받았다**는 게 더 정확한지도 모르겠다. 동시에 써니와 거의 똑같은 말을 한 적이 있는 다른 젊은 여자에 대한 기억, 오랫동안 저장되었던 기억이 되살아났다. (150; 필자 강조)

하타는 독자들에게 "두려움의 마약이 내 몸 전체를 흘러다니는 느낌을 받았다"는 말을 끝내자마자 "써니와 거의 똑같은 말을 한 적이 있는 다른 젊은 여자"에 대한 기억을 언급한다. 그러므로 이 "다른 젊은 여자"는 그에게 "두려움의 마약"인 동시에 "오랫동안 저장되었던 기억"이다. 하지만 이 장면에서는 더 이상 "다른 젊은 여자"에 대해서 독자들에게 아무 말도 하지 않고 황급히 말머리를 돌린다. 그러나 그 후 하타의 입에서 "끝애"의 이름이 언급되는 계기 역시 앞에서 이미 언급했던 것처럼 써니와 써니의 아들 토미를 만나고 집으로 돌아오는 길에서이다. 이는 하타의 의식 속에 써니와 끝애가 한 연장선상에 있음을 암시하는 것이다.

작품 전체를 통하여 이창래의 이토록 정교한 글쓰기는 여러 곳에서 발견된다. 이는 작가가 작품 전체를 이끌고 가는 남성 일인칭 화자 하타라는 인물을 창조해 가는 과정과 그의 젠더화된 트라우마를 드러내는 과정이 밀접하게 연결되어 있음을 보여주는 것이다. 『제스처 인생』에 나타난 그의 글쓰기가 마치 의사가 환자를 치유하는 과정을 아름답게 보여주고 있는 것 같다는 평가에 대해 이창래는 작가로서 자신은 "작품 속 등장인물들이 삶의 빛을 볼 수 있는 방법을 발견하기를 원한다"고 말하면서 이는 "일종의 정신적인 아픔(spiritual illness)의 역사를 넘어서는 것"이라고 말하고 있다("Introductory Comments" 19). 2003년 5월 20일 (화) 오후4시 대산문화재단에서 주최한 "이창래 초청 강연회"에서 필자가 작가에게 작품을 이끌고 가는 일인칭 화자를 위안부 여성에서 군의관 남성으로 바꾸게 된 과정을 작가의 젠더 및 에스닉 정체성과 관련하여 질문하였을 때 이창래는 이 과정에서 작가로서 자신의 에스닉 정체성도 영향을 미쳤다고 대답하였다.

> 종군위안부들의 언어 그 자체가 시(poetry)였으며 그들의 얼굴과 침묵을 포함한 모든 표현들 자체가 시적(poetic)이었다. 위안부들의 일인칭 서사로 이루어진 내 자신의 글쓰기 자체는 그만하면 되었다. 그러나 나는 그 이상을 쓰기를 원하였다. 또한 에스닉 작가로서 위안부 주제를 다룰 때 남성 일인칭 화자를 설정함으로써 가정이나 가족이라는 주제에만 머물지 않고 사회 바깥 이슈에도 개입해야 문제 해결 과정으로 갈 수 있다고 생각하였다.

덧붙여 남성작가로서 위안부 주제를 다루었던 『제스처 인생』을 집필하는 과정은 결코 "즐거운" 경험이 아니었으며 "꽤 힘든 작업"이었다고 고백하였다. 또 이 작품이 두 여성인물, 끝애와 써니 때문에 여성 독자들에게 쉽게 읽히지 않았을 것이라는 점도 간과하지 않았다. 이창래가 "남성" 작가로서 위안부 주제를 다루는 『제스처 인생』의 글쓰기 경험에 대해서 성찰하는 과정은 높이 평가할 만하다. 그렇다고 해서 그의 글쓰기 자체가 아시아계 미국문학 남성 작가들의 글쓰기에서 전형적으로 나타나는 현상, 즉 아시아 여성들을 애브젝션하는 과정을 통하여 미국 작가로서의 주체성을 획득한다는 페트리샤 추의 주장으로부터 자유로운 것은 아니다. 추는 이러한 애브젝션 과정이 아시아계 미국인들의 주변적인 위치를 보여주는 일종의 억압의 결과이며 특히 아시아계 미국 남성작가들은 "미국 주류 사회의 관점에서 인종적인 타자로 간주되는 그들 자신의 애브젝션에 대한 반응으로써 아시아 여성성을 애브젝트하고 있다"고 주장한다(11). 『제스처 인생』에서 하타의 젠더화된 트라우마를 드러내고 있는 이창래의 글쓰기 역시 아시아계 미국 남성 하타를 통하여 조선인 위안부 끝애를 애브젝트하는 과정을 유감없이 보여주고 있는 것이다. 페미니스트 비평가들이 "장인"으로 평가받는 이창래의 글쓰기에 대해 양가적인 입장을 취하는 원인 또한 이와 무관하지 않다. 그러나 트라우마 서사의 관점에서 보면 『제스처 인생』에 나타난 하타의 일인칭 서사는 그의 트라우마를 언어로 정교하게 교직해낸 타피스트리의 형태로 형상화해내는데 일정 정도 성공했다고 말할 수 있다. 또한 그 과정에서 일인칭 화자 하타와 그를 창조해 낸 작가 이창래의 젠더 정체성이 매우 중요한 영향력을 행사한 요소였다는 점 역시 간과할 수 없는 사실이다.

본 논문은 바로 이러한 두가지 요소가 하타의 일인칭 서사에서 어떻게 갈등하고 부딪히는가를 분석하였다.

인용문헌

Caruth, Cathy. *Unclaimed Experience: Trauma, Narrative, and History*. Baltimore and London: The Johns Hopkins UP, 1996.

Chu, Patricia. *Assimilating Asians: Gendered Strategies of Authorship in Asian America*. Durham: Duke UP, 2000.

Hamilton, Carroll. "Traumatic Patriarchy: Reading Gendered Nationalisms in Chang-rae Lee's *A Gesture Life*." *Modern Fiction Studies* 51:3 (Fall 2005): 592-616.

Hogan, Ron. "The Beatrice Interview: Chang-rae Lee." 2000. <http://www. beatrice. com/interviews/lee/>.

Kristeva, Julia. "Interview with Julia Kristeva." *Women Analyze Women*. Ed. Elaine Baruch and Lucienne Serrano. New York: New York UP, 1988. 130-42.

Lee, Chang-rae. *A Gesture Life*. New York: Riverhead, 1999.

_____. "Introductory Comments on *A Gesture Life*." NYU School of Medicine. March 20, 2001. <http://endeavor. med. nyu. edu/lit-med/lit-med-db/webdocs/poems/a. gesture. life. html>.

Lee, Young-Oak. "Language and Identity: An Interview with Chang-rae Lee." *Amerasia Journal* 30:1 (2004): 215-27.

Lewy, Jennifer. "*A Gesture Life* by Chang-rae Lee." <http://literalmind. com/literalmind/content/review4. asp?book>.

Lowe, Lisa. *Immigrant Acts: On Asian American Cultural Politics*. Durham: Duke UP, 1999.

NY Times. com. "Review Interview: Adopted Voice." Sept 5, 1999, Sunday 1-4. <http://query. nytimes. com/gst/fullpage. html>.

출처 : 『현대영미소설』 13권 1호 (2006)에 실린 같은 제목의 글을 책의 주제에 맞게 수정, 보완한 것임.

머독의 『블랙 프린스』에 나타난 트라우마와 트라우마의 극복을 위한 글쓰기

김일영 _ 성균관대학교

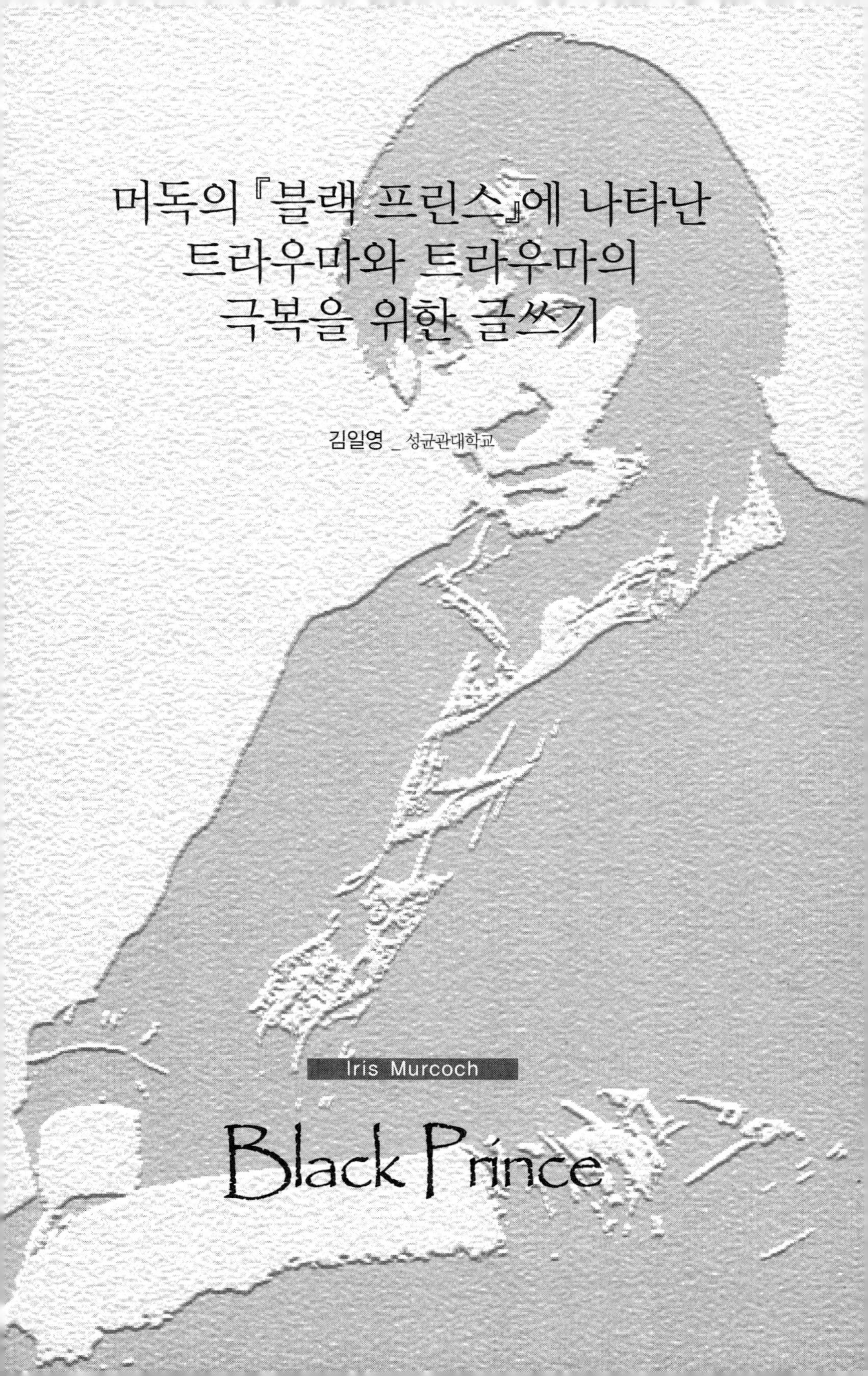

머독의 『블랙 프린스』에 나타난 트라우마와 트라우마의 극복을 위한 글쓰기

작가소개

아이리스 머독(Iris Murcoch)은 윌스 머독(Wills John Hughes Murdoch)과 아일린 리처드(Irene Alice Richard) 사이에서 1919년 7월 아일랜드에서 태어났다. 하지만 머독이 한 살 되던 해 그녀의 아버지 휴즈는 런던에서 공무원 생활을 시작하는 바람에 머독은 그때 이후 런던에 살게 된다.

머독은 13세가 되던 1932년 브리스톨(Bristol)에 있는 배드민튼(Badminton)이라는 여학교에, 1938년에는 옥스퍼드(Oxford) 대학 소머빌 칼리지(Somerville College)에 장학생으로 입학한다. 이때부터 머독은 장차 대문호의 자질을 갖추게 된 공부를 시작하게 된다. 그녀는 고대 그리스, 라틴 문학뿐만 아니라, 고대 역사와 근대 철학도 공부하여 풍부한 문학적 철학적 지식을 쌓았던 것이다.

1942년 학위를 마친 후, 머독은 재무위원회에서 일하다, 1944년에는 유엔 산하 구호단체에 참여한다. 그러다 활동 무대를 국외로 옮겨 벨기에와 오스트리아에서 난민들을 위해 일을 하게 되는데, 이때 그녀가 만난 두 명의 철학자 싸르트르(Sartre)와 레이몽 뀌노(Raymond Queneau)의 영향으로 그녀는 철학에 관심을 갖게 되어 『청취자』(*The Listener*)라는 잡지에 두 편의 철학 논문을 싣고, 1953년에는 『싸르트르: 낭만적 이성주의자』(*Sartre: Romantic Rationalist*)를 발표하게 된다.

철학에 대한 머독의 관심은 단순한 호기심의 차원은 아니었다. 머독은 1947년에서 1948년까지 케임브리지(Cambridge) 대학의 뉸햄 칼리지

(Newnham College) 철학과에서 철학 공부를 하였고, 공부를 마친 1948년부터는 옥스퍼드 대학의 세인트 앤즈 칼리지(St. Anne's College)에서 철학 강의를 시작하여 1963년 은퇴할 때까지 철학 강의를 계속할 정도로 철학은 그녀의 주된 관심사 중의 하나였던 것이다.

하지만 머독의 평생 관심사이자 그녀를 널리 알린 것은 그녀의 문학, 즉 소설이다. "글쓰기는 나를 느끼게 만드는 유일한 행위다"는 머독의 고백에서 짐작할 수 있듯이, 글쓰기는 바로 그녀의 정체성과 직결되는 것으로 그녀는 정원을 가꿀 때를 제외하고는, 평생에 걸쳐 글쓰기에 몰입하여, 1954년 『그물에 갇혀』를 시작으로 그녀가 임종하기 4년 전인 1995년까지 평균 1년 8개월 간격으로 한 편의 소설을 출판한다.

머독은 시대의 산물인 소설은 인간의 상황을 재현하는 형식이라고 주장하면서, 사회에 대한 책임의식, 더 나아가 도덕의 문제는 작가가 반듯이 다루어야 할 중요 과제로 생각하였다. 이런 이유로 머독의 소설은 사실주의적이며 또 그녀의 작품의 근간에는 항상 윤리와 도덕의 문제, 선의 문제가 자리 잡게 된다. 하지만 머독은 실험성이 강한 누보로망이나 포스트모던 문학이 유행하던 당시의 사상적, 문학적 풍토를 외면하지는 않았다. 즉 그녀는 사실주의를 추구하면서도 전통적 사실주의에 의해서는 재현될 수 없는 현대인의 상황을 그리기 위해 환상과 리얼리즘을 결합한 소위 "환상적 리얼리즘"(fantasy realism)을 시도하였는데, 이는 현대 사회에 환상적인 요소와 일상적인 요소가 병존하고 있으며, 모든 평범한 상황도 상징과 결합되어 있다는 머독의 믿음에 기인한 것이다.

1970년대는 그녀 소설의 황금기로 간주될 정도로 대작들이 쏟아져 나와 그녀는 온갖 문학상을 휩쓸게 된다. 전통적인 사실주의 작가라는 세간의 오해를 말끔히 씻어 버릴 정도의 포스트모더니즘의 실험성을 담고 있는 머독의 『블랙 프린스』는 1973년 그녀에게 "제임스 테이트

메모리얼 상"(James Tait Memorial Prize)을, 이듬해인 1974년에는 『신성하고 세속적인 사랑기계』(*The Sacred and Profane Love Machine*)가 "화이트브래드 문학상"(Whitebread Literary Award)을, 1978년에는 『바다. 바다』(*The Sea, the Sea*)가 "부커 상"(Booker-McConnell Prize)을 머독에게 안겨주어 머독은 명실공히 위대한 문학가의 반열에 오르게 되었던 것이다.

머독의 문학이 이처럼 인정받게 되자 영국 문화 협회(British Council)는 영국의 문화 사절단으로서 머독에게 전 세계로의 강연 여행을 요청하기에 이른다. 1960년대 말에 시작된 이 강연이 80년대까지 계속되었다는 사실은 머독이 얼마나 성공적으로 영국 문화 협회가 의도한 목적을 달성하였는지, 또한 그녀가 영국을 대표하는 문학가로 인정받게 되었는지를 보여주는 증거다. 하지만 그 이후로도 머독은 왕성한 창작 의욕을 불사르며 많은 작품을 써 내려간다. 그러나 1990년대 중반에 들어서서 머독은 알츠하이머병(Alzheimer)의 증세를 보이기 시작하다가 1997년부터는 말조차 할 수 없게 된다.

말을 빼앗긴 머독은 마침내 자신이 수많은 소설과 철학 저서를 남긴 철학자이자 대 소설가였다는 사실조차 알지 못하게 된다. 그러나 머독은 자신의 병이 최악의 상태로 진행되기 전 그 결과를 짐작한 것 같다. "이제 나는 당분간 어디론가 떠날 것입니다. 모두 잘 지내시기 바랍니다." 날짜도 적지 않은 채 위의 내용이 반복되는 이 미완성의 편지는 머독이 자신의 지인과 독자들에게 보내는 마지막 작별인사가 되었다. 1999년 2월 8일에 머독은 옥스퍼드의 베일(Vale)이라는 요양원에서 79세의 나이로 임종하였던 것이다.

작품소개

스피어(Spear) 등 여러 비평가들이 머독(Murdoch)의 가장 훌륭한 작품이라고 평한 『블랙 프린스』(*The Black Prince*)는 디플(Dipple)이 "머독 소설의 선언서"(Murdoch's fictional manifesto)라고 칭할 정도로 머독의 문학관과 문학 세계를 잘 보여주는 작품이다. 머독은 자신의 문학 세계에 지대한 영향을 끼친 그리스 신화, 플라톤(Plato) 철학을 이 소설에서 다루면서, 두 명의 소설가를 등장시켜-특히 이 작품의 주인공 브래들리(Bradley)를 통해-자신의 문학관을 피력하기도 하고, 그녀의 평생의 관심인 예술과 진리, 사랑의 문제를 심도있게 다루고 있기 때문이다. 이를 살펴보기 위해 우선 이 작품에 대한 대강의 줄거리를 살펴볼 필요가 있을 것이다.

이 소설의 화자인 브래들리는 예술은 진실만을 말해야 한다고 주장하면서 평생 세 편의 소설밖에 쓰지 못한 58세의 소설가다. 그는 작품에 몰두하기 위해 파타라(Patara)라는 한적한 바닷가에 집을 빌려 집필을 하기 위해 집을 나서려 한다. 허나 떠나기 직전 그는 전처 크리스천(Christian)의 동생 프란시스 말로우(Francis Marloe)의 예기치 않은 방문을 받고 그로부터 전처가 재혼한 미국인이 죽자, 다시 런던으로 돌아왔다는 소식을 듣는다. 그리곤 곧이어 많은 작품을 써 사회적으로 명성을 얻은 동료 소설가 아놀드(Arnold)의 전화를 받는다. 부부 싸움 끝에 벽난로 부지깽이로 아내 레이첼(Rachel)을 내리친 그는 자신이 아내를 죽였다고 착각하고는 사태수습을 위해 브래들리에게 전화한 것이다.

아놀드의 집으로 달려간 브래들리는 레이첼이 약간의 상처만 입은 것을 확인하고는 그 집을 나와 자신의 집으로 가던 중 20세의 아놀드 딸 줄리안(Julian)을 밖에서 만나게 된다. 다음 날 아침 브래들리가 다시 파타라로 떠날 차비를 하고 있었을 때, 그의 여동생 프리실라(Pricilla)가 찾아온다. 남편 로저(Roger)의 학대를 못 견뎌 집을 나왔는데 이혼도 생각한다면서 그 동안 브래들리의 집에 머무르겠다는 것이었다. 그런지 얼마 뒤 프리실라가 수면제를 먹고 자살을 기도하여 소동이 벌어진다.

이때 때맞추어 아놀드와 레이첼이 왔고, 뒤이어 브래들리의 전처 크리스천이 찾아온다. 하지만 아놀드는 브래들리가 그녀를 만나기 전, 크리스천을 데리고 브래들리의 집을 나선다.

병원에서 퇴원한 프리실라를 브래들리는 크리스천의 집에 머물게 한다. 그녀의 집에 머물면 크리스천의 동생이자 전직 정신과 의사이기도 한 프란시스의 도움도 받을 수 있을 거라는 설득에서였다. 그러는 사이 크리스천을 여러 차례 만난 아놀드는 크리스천과의 사랑에 빠져 레이첼을 떠날 생각을 하게 된다. 그리곤 자신의 이 생각을 편지를 써 브래들리에게 알리며 레이첼이 자신을 포기하도록 도와 줄 것을 요청한다. 이러는 사이 레이첼도 브래들리를 유혹하여 그와 잠자리를 가지려 한다. 하지만 결정적인 순간에 브래들리의 몸이 경직되면서 실패하고 만다.

그러던 어느 날 작가를 지망하는 줄리안이 찾아와 브래들리는 그녀에게 셰익스피어의 햄릿에 대한 강의를 하게 된다. 그러던 중 줄리안으로 부터 그녀가 학창시절 햄릿 역을 맡았다는 이야기를 들은 브래들리는 성적으로 흥분하여, 그가 동성애적인 성향이 있다는 사실이 암시된다. 다음 날 줄리안과 오페라를 구경하던 중 구토증상을 느낀 브래들리는 자신이 줄리안을 사랑하고 있음을 깨닫고 이를 고백한다. 하지만 그는 자신의 나이가 46세라고 거짓말을 한다. 다음 날 아침 줄리안은 부모에게 자신이 브래들리를 사랑하고 있다고 말해, 이에 분노한 아놀드는 줄리안을 방에 가두고 브래들리에게 항의를 한다. 하지만 줄리안은 방에서 빠져나와 브래들리와 같이 파타라로 사랑의 도피를 떠난다.

밀월여행에서 행복한 시간을 보내고 있던 브래들리는 프란시스의 전보를 받고 프리실라가 자살하였다는 사실을 알게 된다. 그러나 브래들리는 이 사실을 숨긴 채, 햄릿의 복장을 한 줄리안에게 성적 유혹을 느끼면서 그녀와 처음으로 육체관계를 맺는다. 바로 그날 밤 프란시스로부터 이들의 거처를 알아낸 아놀드가 찾아와 줄리안에게 프리실라가 자살했다는 사실을 알려주고는, 브래들리가 줄리안에게 자신의 나이를 속였다는 사실도 폭로한다. 이 말은 들은 줄리안은 결국 그날 새벽 브래들리가 잠든 사이 파타라를 떠나 어디론가 사라진다.

브래들리는 다음날 런던으로 돌아가 프리실라의 장례식에 참석 한다. 장례식 후 레이첼이 브래들리를 찾아가 자신과 브래들리의 관계를 줄리안에게 다 말했다고 전하자, 이에 격분한 브래들리는 아놀드가 자신에게 보냈던 편지를 레이첼이 읽도록 유도한다. 편지를 통해 아놀드와 크리스천의 관계를 알게 된 레이첼은 아놀드, 브래들리 둘 다 절대 용서하지 않겠다는 말을 남기며 떠난다.

며칠 후 브래들리는 자신을 잊어달라는 줄리안의 편지를 받지만, 아놀드의 강압에 의해 쓴 것이라 믿으며, 줄리안은 여전히 자신을 사랑하고 있다고 생각한다. 그리곤 줄리안이 편지에서 간접적으로 지금 그녀가 베니스에 있다는 사실을 자신에게 알려주었다고 생각하고는 베니스로 갈 채비를 한다. 그런데 바로 그 순간 당장 집으로 와 달라는 레이첼의 전화가 온다.

아놀드의 집에 도착했을 때 브래들리는 아놀드가 레이첼이 휘두른 부지깽이에 맞아 죽었다는 사실을 알게 된다. 이에 브래들리는 아놀드의 피가 묻은 부지깽이를 씻어 레이첼의 범죄 사실을 숨기려 하지만, 아이러니컬하게 레이첼의 죄를 대신 뒤집어쓰게 되어 사형선고를 받고는 감옥 안에서 집행을 기다리는 상황에 처하게 된다.

이런 중 브래들리는 자신이 어떻게 해서 살인 누명을 쓰게 되었는가를 밝히기 위해 글을 쓰고는, 역시 동료 음악가를 살해했다는 죄명으로 수감된 록시아스에게 이 글의 편집을 의뢰한다. 그러자 록시아스는 브래들리가 쓴 글을 크리스천에게 읽게 한 후 브래들리의 글 뒤에 그녀의 후기를 추가 수록하였고, 레이첼에게는 크리스천의 후기를 포함한 브래들리의 글을 읽게 하고는 그녀의 후기를 그 뒤에 수록하였으며, 프란시스에에는 앞서 두 개의 후기를 포함한 브래들리의 글을 읽게 하고는 그의 후기를 받아 그 다음에 수록한다. 그리고 줄리안에게는 브래들리의 글을 포함해 앞서 수록한 세 개의 후기를 읽게 한 뒤 그녀의 후기를 받아 그 뒤에 다시 수록한다. 그리고 최종적으로 이들이 쓴 후기를 모두 읽은 록시아스는 자신의 생각을 마지막으로 맨 뒤에 삽입하여『블랙 프린스』란 작품을 완성한 것이다.

상상의 살인에서 시작하여 실제의 살인 사건으로 끝이 나는 이 소설은 19세기 영국작가 디킨스(Charles Dickens)의 소설처럼 "선정적"이고 스릴러적인 요소를 갖추고 있으며, 소설의 화자인 브래들리는 살인죄로 감옥에 갇혀 자신의 인생을 돌아보는 19세기 미국의 소설가 포우(Edgar Allan Poe)의「검은 고양이」("Black Cat")의 화자를 연상시켜 머독의 이 소설과 19세기 사실주의 소설과의 유사성을 엿볼 수 있다. 하지만 머독이 19세기 소설 형식을 답습한 것은 아니다. 그녀는 작품의 중심 내용인 브래들리의 일인칭 서술을 전후로 그의 이야기를 다른 시각에서 조명하는 서언과 네 편의 후기, 그것도 브래들리의 이야기에 등장하는 인물들이 브래들리의 기록을 읽고 쓴 네 편의 후기를 배치함으로써, 브래들리가 진술한 내용의 신빙성과 진위 여부에 대해 다시 한번 독자의 재고를 촉구하는 구조를 이 작품에 부여하였기 때문이다.

이 독특한 작품의 구조는 이 작품이 포스트모던적 실험을 하고 있음을 시사한다. 여러 개의 관점이 서로 대등하게 때로는 상충하는 상태 그대로 제시되기 때문에 우리는 누구의 관점이 옳은지 확신을 가질 수 없기 때문이다. 게다가 이 후기를 쓴 사람들 모두 각자의 이해관계에 따라 브래들리의 진술을 평가하고 있기 때문에 더더욱 진실이 무엇인지 우리는 알 길이 없다. 실 예로 전직 의사인 프란시스는 정신분석학을 전공한 자신의 입지를 강화하기 위해 브래들리의 행동을 자신의 이론에 따라 설명하고자 하였고, 크리스천과 레이첼은 둘 다 브래들리가 진정으로 사랑한 사람은 줄리안이 아니라 바로 자신들이라고 주장함으로써 그들의 자기중심적 사고를 그대로 드러냈기 때문이다. 이는 줄리안의 경우도 마찬가지다. 시인의 길을 택한 줄리안은 침묵과 절제를 중시하는 브래들리의 예술론을 마치 자신의 이론인양 설파하면서, 브래들리의 글은 절제되지 않고 정화되지도 않은 열정이 가득한 실패작이라고 평가함으로써 작가로서의 자신의 위상을 세우는데 이 후기를 이용하고 있기 때문이다.

따라서 독자들은 『블랙 프린스』에서 명확한 해석이 불가능한 세계, 해석의 미로에 빠지게 된다. 우리는 아놀드의 살해범이 브래들리의 말처럼 레이첼인지, 혹은 레이첼 말처럼 브래들리인지 확실히 알 수 없으며, 줄리안이 과연 브래들리를 사랑했었는지에 대해서도 분명한 답을 할 수가 없게 된다. 머독은 독자가 이 미로에서 빠져 나오도록 도와줄 어떠한 실마리도 제공해 주지 않았을 뿐더러, 서로 대치되는 후기를 통해 더욱 철저하게 독자를 해석의 미로에 가두어 버렸기 때문이다. 이런 의미에서 『블랙 프린스』는 살인 사건을 다루는 탐정소설의 양식을 갖고는 있지만, 영원히 범인을 알 수도 없고, 따라서 범인을 쫓는 행위가 무산으로 끝날 수밖에 없다는 메시지를 담고 있는 포스트모던적 반탐정소설인 것이다.

I.

머독(Irish Murdoch)이 쓴 『블랙 프린스』에 대한 비평은 이 작품의 주요 등장인물이자 작가로 등장하는 두 인물 아놀드 배핀과 브래들리 피어슨의 관계에 그 초점을 맞추어왔다. 이는 해마다 작품을 써 내는 다산의 작가 아놀드와 예술은 진실만을 말해야 한다며 작품을 거의 내 놓지 못하는 브래들리라는 두 인물이 각각 머독의 예술관과 실제 모습을 보여주고 있다는 생각에서이다. 따라서 많은 비평가들은 진지한 예술을 옹호하며 진실이 다가오지 않을 경우에는 침묵해야 한다고 주장하는 브래들리를 머독의 대변인으로 간주하며, 머독의 철학과 예술관이 브래들리의 말과 행동을 통해 표현되고 있다고 생각하면서 머독의 생각과 브래들리 생각의 연결점을 찾는데 비평적 노력을 경주해왔던 것이다.

디플은 이 작품에 나오는 브래들리를 두 인물, 즉 개안의 경지에 오른 "살갗이 벗겨진 브래들리"(자아의 감옥에서 벗어나 진실을 바라볼 수 있다는 의미로 사용한 용어)와 그런 경지에 다다르기 전의 브래들리, 즉 "살갗이 벗겨지지 않은 브래들리"로 나누며, 전자의 브래들리가 후자의 브래들리로 변모하는 것을 머독이 말하는 "동굴안의 죄수"(자아의 감옥 안에 갇혀 실제를 보지 못하는 사람을 의미한다)의 변신과 연결시켜 설명한다. 즉 동굴 안에 갇혀있어 바깥세상을 모르던 사람이 동굴바깥으로 나와 실제 세계를 보게 됨으로써 새로운 사람으로 변하듯, 전자의 브래들리가 진실을 접함으로써 후자의 브래들리로 변했다는 것이다. 너스바움(Nussbaum)도 머독이 말하는 에로스(그리스어로 사랑을 의미)의 관점에서, 즉 진실에 대한 사랑 혹은 진실을 보게 하는 사랑이라는 관점에서, 브래들리가 말하는 사랑을 고찰함으로써, 머독의 사상이 브래들리라는 인물을 통해 어떻게 구현되고 있는지에 대해 관심을 기울였다.

브래들리가 하는 말과 머독의 사상과의 연결점을 찾는 비평가들의 작업은 머독의 사상을 이해하는 데에 분명 도움이 된다. 하지만 이 작품 자체에 대한 이해를 도모하는 데는 한계가 있을 수밖에 없다. 이 작품은 머독에 관한, 혹은 그녀의 사상이나 예술관에 관한 이야기가 아니라, 이 작품의 중심에 서 있는, 또한 이 작품을 지배하는 의식의 중심에 있는 브래들리란 인물에 관한 이야기이기 때문이다. 즉 브래들리에 의해 기술되고 완성된 이 작품은 오로지 브래들리 자신과 브래들리의 말처럼, 그의 사랑에 관한 이야기이며, 브래들리가 이 글을 쓴 목적은 자신과 자신이 새로 경험하게 된 사랑의 의미에 대해 설명하기 위한 것이기 때문이다.

바로 이 점에서 우리는 이 작품의 주인공이자 화자인 브래들리의 의식과 그의 심리에 초점을 맞추어야 한다. 머독 자신도 이런 사실을 이 작품의 또 다른 주요 인물을 통해 제시한다. 브래들리 전처의 동생이자 정신과 의사였던 프란시스 말로우가 바로 그다. 말로우는 20세기의 위대한 정신분석학자인 프로이트(Freud)의 관점에서 브래들리의 글을 해석하기도 하며, 작중에서도 프로이트 관점에서 브래들리의 억압된 기억에 대한 자신의 시각을 간간히 드러내고 있기 때문이다.

이 작품을 정신분석학적 관점에서 해석해야 한다고 맨 처음 주장한 사람은 니콜(Nicol)이라는 비평가다. 그는 이 작품이 낭만주의에서 모더니즘, 포스트모더니즘의 이론을 떠올리게 하지만 근본적으로 정신분석의 측면, 특히 브래들리가 갖고 있는 매조키즘의 관점에서 분석해야 한다고 주장하고 있기 때문이다. 그의 주장은 이 소설에서 브래들리가 자신을 "살갗이 벗겨진" 예술가, 따라서 자아의 감옥에서 벗어나 진실을 알게 된 참 예술가에 빗댄다는 점에서 어느 정도 타당성이 있다. 하지만 브래들리의 심리는 매조키즘 하나로 설명이 될 수 없는 복잡한 양상을 갖고 있다. 그가 이 글을 쓰는 자체가 동료작가 아놀드의 살해범으로 몰려 감옥에 갇힌 뒤, 자신의 생을 회고하며, 어떤 의미에서는 자신의 무죄를 주장하기 위한 것이기 때문이다. 여기서 우리가 주목해야 할 것은 그가 자신의 무죄를 주장하기 위해 쓰는 이 글 이면에 언뜻 언뜻 보이는 그의 무의식의 세계다. 브래들리는 훌륭한 예술은 반듯이 진실을 담아야 한다며 진실의 중요성을 여러 차례 강조하지만, 그의 글에는 그의 트라우마와 긴밀한 관련이 있는 또 다른 진실이 숨겨져 있기 때문이다.

글을 쓰는 내내 브래들리는 그 의미를 알 수 없는 "악몽"(nightmare, 141)을 자주, 그것도 반복적으로 꾼다고 고백한다. 트라우마가 꿈을 의미하는 "트라움"(Traum)에서 왔다는 사실과 트라우마는 반복적으로 되풀이 된다는 사실을 고려해 볼 때, 그리고 카루스(Cathy Caruth)가 『불분명한 경험: 트라우마, 서사, 그리고 역사』(*Unclaimed Experience: Trauma, Narrative, and History*)에서 주장하였듯이 "마음의 상처"인 트라우마는 (트라우마를) "이겨낸 사람의 악몽과 반복적인 행동을 통해 계속 반복될 때까지는 의식할 수 없으며 제대로 열려지지 않는다"(4)는 점을 고려해 볼 때, 브래들리가 반복해서 꾸는 악몽은 그의 트라우마의 결과 혹은 그의 트라우마를 보여주는 매개체인 것이다. 우리가 이 작품을 브래들리의 트라우마의 관점에서 보아야 하는 이유는 여기에 있다. 브래들리의 글 자체가 그가 겪고 있는 딜레마의 열쇠가 되는 그의 트라우마의 지배를 받고, 또 그 트라우마의 표현이기 때문이다. 따라서 본고는 브래들리의 트라우마가 어디서 연유했으며 그의 생과 글에 어떤 영향을 미쳤는지, 그리고 그가 그 트라우마를 어떻게 이겨냈는지에 대해 논하고자 한다.

이는 브래들리의 과거뿐만 아니라 그의 미래와도 관련이 있는 문제다. 트라우마는 물론 과거의 충격적인 경험이나 상황에서 비롯된 것이기 때문에 과거와 밀접한 관계가 있지만, 자신의 진정한 자아를 찾는 열쇠이기도 하기 때문에 브래들리의 미래와도 연관이 있기 때문이다. 바로 이 점에서 프로이트의 트라우마 신경증 이론과 카루스의 트라우마 이론은 이 작품을 이해하는데 필수적이다. 프로이트는 『쾌락원칙을 넘어서』(*Beyond the Pleasure Principle*)에서 외상신경증(traumatic neurosis)이 "목숨에 위협이 된 철도 사고와 다른 사고 등 심각한 충격을 겪은 뒤에 일어나는 상태"로 "전쟁 신경증이나 평화에 대한 외상신경증에 대한 완전한 설명은 아직까지 이루어지지 못하고 있다"(10)고 설명함으로써 트라우마를 과거와 연관해서 설명하는 반면, 카루스는 트라우마를 "타인과의 새로운 접촉을 통해 살아남으라는 요구"로 해석함으로써 트라우마를 미래와 관련지어 설명하기 때문이다. 즉 프로이트의 트라우마 이론은 브래들리가 과거에 겪은 외상적 경험이 현재 반복되는 이유를 설명할 수 있는 반면, 카루스의 트라우마 이론은 트라우마를 극복하는 첫 단계인 "깨어남"(awakening)의 개념과 밀접하게 연관이 있어, 브래들리가 겪고 있는 트라우마가 그의 미래를 열 열쇠를 제공할 수 있다는 점을 보여주기 때문이다. 바로 이 점에서 프로이트와 카루스의 관점은 이 작품을 이 작품을 이해할 수 있는 단초를 제공한다. 브래들리의 글은 그의 트라우마를 보여줌과 동시에 그의 트라우마를 극복하려는 노력의 일환이기 때문이다.

II. 브래들리의 트라우마의 기원과 "차폐 기억"(screen memory)

과거를 회상하는 브래들리의 글에는 자연 과거의 그의 모습과 생각이 담겨 있다. 하지만 이미 그 과거를 겪고 새로운 사실을 알게 된 현재의 브래들리의 모습도 함께 찾아 볼 수 있다. 즉 이 글에는 과거와 현재의 브래들리가 공존하고 있기 때문에 우리는 때로 브래들리의 서로 다른, 하지만 서로 연결된 목소리를 들음으로써, 그의 내면세계에 접근할 수 있는 것이다. 이런 점에서 브래들리가 "살아남기 위해 필사적인 정신은 심오한 것을 발견한다"(381)라고 한 말은 의미심장하다. 그는 자신의 글이 자신의 정신이 살아남기 위한 것임을 분명히 밝히면서, 동시에 자신이 살아남기 위해서는 자신의 마음속 깊이 감추어진 억압된 혹은 알려지지 않은 심리를 알 필요가 있음을 시사하고 있기 때문이다. 즉 그의 글은 그의 글의 핵심인 그의 트라우마를 극복하기 위한 시도인 것이다.

현재 브래들리의 삶에 영향을 끼치는 트라우마가 어디서 유래했는지 알기 위해선 트라우마가 과거의 경험이나 상황에서 유래한 "심리적 상처"라는 사실에 근거하여, 브래들리의 과거의 삶을 살펴볼 필요가 있다. 브래들리가 자신의 이야기를 어린 시절부터, 특히 그의 부모가 운영하였던 종이 가게에 관한 그의 기억에서 출발했다는 사실은 이런 점에서 의미가 있다. 브래들리는 종이가게에 대해 다음과 같이 기술한다.

> 내 부모는 코로이던에서 가게, 그러니까 종이 가게 같은 것을 운영하셨다. 가게는 일간지와 잡지, 필기용지, 그리고 끔찍한 "선물" 같은 것들을 팔았다. 여동생 프리실라와 나[브래들리]는 이 가게에서 살았다… 난 카운터 아래서 잤던 기억이 난다… 하지만 가게는 집이었고 내 어린 시절의 신화적인 영역이었다. 우리는 가게를 가졌다. 가게에 있는 서랍과 선반, 그 냄새, 수 많은 빈 종이 상자, 거기에 있는 특정한 먼지들. 우리 가게는 허름한 실패한 가게였다… 난 더 이상 가게에 대해 이야기하기 않겠다. 하지만 적어도 일주일에 한번은 이 가게 꿈을 아직도 꾼다. (6-7)

브래들리는 어린 시절에 겪었던 일 중에서도 왜 부모가 운영하던 종이가게에 대한 기억을 가장 오래 기억하는 것일까? 그리고 그 가게에 대한 기억을 나이가 든 지금도 꿈의 형태로 계속 이어 나아가는 것일까? 그리고 그 가게에 대한 꿈을 적어도 일주일에 한 번은 꾸면서도, 그 가게에는 먼지가 많았고 "허름한" 곳이라고만 말할 뿐, 왜 더 이상 가게에 대해 말하는 것을 싫어하는 것일까? 이 여러 가지 의문점들은 브래들리의 무의식에 자리 잡고 있는 이 가게가 브래들리의 트라우마와 관련 있음을 시사한다. 하지만 브래들리는 이 가게가 갖는 의미에 대해선 함구하고 있기 때문에 그것이 어떤 트라우마인지 또 그의 삶에 어떤 영향을 미쳤는지에 대해서는 짐작하기 어렵다. 평소에 수면제 없이는 잠을 잘 못 이룬다는 브래들리의 말에서도 그가 분명 트라우마를 겪고 있으며 그 트라우마가 종이가게와 관련 있다는 건 분명하지만 말이다.

브래들리가 종이가게에 대해 언급만 하고 그 가게가 왜 그의 기억 속에 지금껏 남아 있고 왜 지금까지 그 가게 꿈을 꾸는지에 대해선 아무런 설명도 못했다는 것은 프로이트의 말처럼 트라우마는 "아주 어린 시절에 겪은 일로 당시에는 이해하지 못했지만 나중에 이해하게 된 경험"("Remembering" 149)이기 때문이다. 브래들리는 사실 자신의 트라우마가 무엇인지 어린 시절은 물론이요 현재에 와서도 정확하게 인식하지 못하고 있다. 그가 지금도 종이가게에 대한 꿈을 꾼다는 사실을 고백함으로써 트라우마가 자신의 삶에 영향을 미쳤다는 사실에 대해선 어렴풋이 의식하지만 말이다.

이와 관련해서 프랑스와 리처드(François Richard)가 말하는 차폐기억에 대한 설명은 브래들리의 트라우마를 이해하는데 도움이 될 것이다. 리처드는 차폐기억은 "어린 시절에 갖게 된 기억이라기보다는 어린 시절에 대한 기억"이며 명확하게는 기억하지만 그 내용은 겉으로 보기엔 중요치 않다는 특징을 가지고 있는데, 이는 차폐기억이 그 기억과 연관된 고통스런 사건에 대한 기억을 억누르는데 무의식적으로 사용되기 때문이라고 설명한다. 다시 말하면 차폐기억이란 트라우마의 대용으로 기능하면서 트라우마의 원인 혹은 트라우마가 생긴 근본적 이유를 "은폐"하는 기억인 것이다. 이런 점에서 본다면 브래들리가 매주 한 번 이상씩 꾼다는 그의 어린 시절 부모가 운영했다던 종이가게는 그의 차폐기억이 되는 셈이다. 따라서 우리는 이 종이가게가 "은폐"하는 (트라우마를 일으키는) 기억이 무엇인지 알아보기 위해 이 종이가게가 무엇을 나타내는지 알아 볼 필요가 있다.

이를 살펴보기 위해서 우선 우리는 브래들리가 종이가게에 대해 언급할 때 사용한 어휘에 주목할 필요가 있다. 종이가게가 그에게 준 인상과 영향의 실마리는 거기서 찾을 수 있기 때문이다. 우선 브래들리는 종이가게에는 냄새가 나고 먼지가 많았다고 말한다. 냄새와 먼지는 이 가게가 관리가 잘 안되어 있으며 손님도 많지 않다는 사실을 암시한다. 여기서 더 나아가 브래들리는 이 가게가 "허름한"(shabby) 따라서 실패한 가게라고 말한다. 즉 브래들리는 이 종이가게를 떠 올릴 때마다 냄새와 먼지가 잔뜩 낀 허름함을 떠 올리는 것이다.

여기서 우리는 브래들리가 사용한 "허름한"("shabby")이란 용어의 어원을 살펴볼 필요가 있다. 『옥스퍼드 사전』에 따르면 "shabby"란 단어는 "scabby"란 단어에서 유래된 것으로 이 "scabby"는 "비천한" "경멸할 만한," "혐오감을 불러일으키는" 등의 뜻을 지니고 있다. 따라서 우리는 이 종이가게가 "혐오감을 불러일으킬" 정도의 "비천함"의 이미지를 그에게 준다는 사실을 짐작할 수 있다. 이와 관련하여 브래들리의 아버지가 그의 어머니에 대해 갖고 있는 태도는 시사하는 바가 크다.

> 그[브래들리의 아버지]는 그녀[브래들리의 어머니]의 "세속적인 면"에 대해 불만스럽게 생각했고, 그녀와 프리실라가 항상 들어가고 싶어 하는 '사회 모임'을 경멸하였다… 나는 커가면서 아버지의 이러한 불만과 걱정에 대해 공감하였다 … 나는 이런 잘못된 생각을 하는 어머니에 대해 고통과 부끄러움을 느꼈다. 그것 때문에 어머니에 대한 나의 사랑이 감소되지는 않았지만 영향을 받은 것은 사실이다. (74)

브래들리는 글을 쓰는 내내 자신이 아버지의 영향을 많이 받았고 아버지와 생각을 많이 공유하게 되었다고 말한다. 따라서 그가 자신의 아버지가 어머니의 세속적인 면을 몹시 싫어했다고 말했다는 사실은 자신도 어머니의 그런 면이 싫었다는 의미가 되는 것이다. 여기서 흥미로운 사실은 그는 어머니의 세속적인 면에 대해 불만을 가진 정도가 아니라 경멸했다는 것인데, 경멸은 "허름함"(허름한(shabby)이란 용어는 경멸할 만한(scabby)란 단어에서 파생되었기 때문에)과 긴밀한 관련이 있다는 것이다. 이 점에서 "허름함"의 상징인 종이가게는 "허름한" 혹은 "경멸받을 만한" 그의 어머니에 대한 기억을 은폐하는 수단, 즉 그의 어머니에 대한 차폐기억인 것이다. 전직 정신과 의사인 프란시스도 이런 사실을 인식하고 있다. 그는 브래들리가 자주 꾼다는 종이가게를 "사회적 신분이 열등한 브래들리의 어머니의 거부당한 자궁"(390)으로 간주하고 있기 때문이다. 즉 브래들리의 트라우마는 바로 "허름한" 그의 어머니이며, 그가 매주 한 번 이상 꾸는 "허름한" 종이가게는 그의 "허름한" 어머니에 대한 차폐기억인 것이다.

브래들리의 트라우마와 그의 어머니와의 연관성은 브래들리가 쓴 머리말에서도 제시된다.

> 내 인생은 내 인생을 이런 클라이맥스로 치닫게 한 그 극적인 사건이 벌어지기 전까지는 아무 일도 없었던 평온한 것이었다… 나는 결혼을 했었다. 그리고 앞으로 이야기하겠지만 결혼생활이 중단되었다. 나는 아이가 없다. 난 때때로 위장병과 불면증을 앓았다. 난 보통은 혼자 살았다. 아내와 헤어진 후에, 그리고 아내를 만나기 전에, 나에게 여자가 있었다. 하지만 그들에 대해선 이야기 하지 않겠다. 그들은 별 상관도 없고 중요하지 않기 때문이다. 때로 나는 내 자신을 늙어가는 돈 주안으로 생각한다. 하지만 내가 정복한 대다수의 사람들은 환상의 세계에 속한다… 이제 여자이야기는 그만하겠다. (7-8)

브래들리의 진술을 살펴보면 그가 여자들에 대해 뭔가 회피하는 태도를 갖고 있다는 사실을 알 수 있다. 그는 결혼 전이나 이혼 후에 만난 여자들은 별로 중요하지 않은 사람들이라며 언급하기를 꺼리는데, 이는 그의 첫 결혼 생활이 실패하여서 그랬던 것만은 아니다. 크리스천과의 결혼 전에도 그가 여자들에게 별 관심이 없었다는 사실은, 여자들에 대한 그의 부정적인 태도가 결혼실패로 인해 생겨난 것이 아니라 애당초부터 여자들에 대해 부정적인 혹은 왜곡된 시각을 갖고 있었다는 점을 보여주기 때문이다. 이러한 점은 브래들리가 자신을 "늙어가는 돈 주안"이라고 본다는 사실에서도 짐작할 수 있다.

브래들리가 자신을 "늙어가는 돈 주안"이라고 칭한 것은 자신이 여자에 대해 진지하게 생각하지 않았다는 사실, 즉 여자와의 관계를 피상적으로 생각한다는 사실을 드러낸다. 하지만 브래들리의 이런 태도는 자신과 결혼한 크리스천에게도 마찬가지였다. 그는 크리스천이 유대인이었다는 사실을 그녀와 이혼한 지 한 참이 지난, 즉 크리스천을 처음 만난 아놀드에게서 들었기 때문이다. 즉 아놀드는 크리스천을 만나자마자 그녀가 유대인이라는 것을 알았지만 브래들리는 아놀드가 이야기해주지 않았다면 평생을 몰랐을 정도로 그와 크리스천과의 관계는 피상적이었던 것이다.

이런 점에서 "이 책은 사실 친근한 우정에 대한 이야기다"(8)라고 한 브래들리의 진술은 그 의미가 있다. 이 책은, 즉 『블랙 프린스』는 자신과 줄리안과의 사랑을 말하기 위해 브래들리가 쓴 것이기 때문에, 이는 브래들리가 줄리안을 만나기 전에는 친근한 관계를 맺은 적이 없음을 시사하고 있기 때문이다. 하지만 이러한 사실도 여자에 대한 브래들리가 태도가 여전히 피상적임을 드러낸다. 브래들리가 줄리안에게 호감을 느끼고, 그녀와의 사랑에 빠지게 된 것은 줄리안이 셰익스피어의 『햄릿』(*Hamlet*)의 주인공 햄릿(Hamlet) 역을 학교 연극에서 맡았다는 사실을 들었을 때이며, 그가 처음으로 줄리안과의 육체적 관계에 성공할 수 있었던 것도 그녀가 햄릿 복장을 하였을 때였기 때문이다. 즉 브래들리가 줄리안에게 고백한 것처럼, 그가 줄리안에게 성욕을 느꼈던 것은 바로 햄릿 때문이었기 때문에, 그가 말하는 친근한 관계는 결국 여성과의 관계가 아니라 동성애적 관계인 것이다. 따라서 이러한 사실은 브래들리에게는 여성과의 정상적인 관계를 막는 "무엇"인가가 여전히 존재하며, 그 "무엇"은 브래들리의 트라우마, 즉 그의 "허름한 어머니"와 관계가 있는 것이다. 이 점에서 브래들리의 불면증은 악몽의 형태로 브래들리의 무의식에 반복적으로 침투하여 그를 괴롭히는 그의 어머니에 대한 그의 공포의 증거인 것이다.

III. 트라우마의 반복: 브래들리의 "허름한" 어머니의 재출현

트라우마의 또 다른 특징은 반복에 있다. 프랑스 철학자이자 프로이트의 후계자인 라캉(Lacan)은 트라우마의 반복적인 특성에 대해 다음과 같이 말한다. "사실 트라우마는 베일을 벗은 채, 자주 나타난다. 주체의 욕망을 담고 있는 꿈이, 트라우마가 계속해서 나타날 수 있도록 하는 것, 즉 트라우마의 얼굴은 아니더라도, 그 뒤에 트라우마가 있다는 것을 보여주는 스크린을 어떻게 만들어 낼 수 있는가?"(55). 즉 라캉은 차폐기억(스크린 메모리)과 트라우마의 반복적인 속성간의 관계에 주목하면서 트라우마가 반복해서 일어날 수 있는 것은, 트라우마를 의식적으로 인식하게 하지 못하게 하는 차폐기억 때문이라고 주장한다.

하지만 트라우마는 꿈을 통해서만 그 모습을 드러내는 것은 아니다. 트라우마에 우리의 실제 모습이 담겨있다고 주장하는 라캉은 그 실제가 "우연한 사건, 소음, 현실을 구성하는 작은 요소들"(60)에 의해 대변될 수 있다고 진술함으로써 트라우마는 우리 일상생활에서도 간간히 그 모습을 드러낸다는 사실을 지적하고 있기 때문이다. 따라서 브래들리의 트라우마가 무엇인지 알기 위해서는 브래들리를 사로잡고 있는 사소한 일 혹은 사건들을 면밀히 주시할 필요가 있다.

브래들리의 트라우마에 대한 실마리는 어떤 특정한 사건이 아니라 여자들에게서 발견될 수 있다. 브래들리가 이 소설에서 만나는 모든 여자들은 그의 생과 그의 운명을 결정할 정도로 중요한 역할을 하기 때문이다. 아놀드의 아내 레이첼은 아놀드와의 싸움 후, 자신이 아놀드를 죽인 것 같다고 브래들리에게 전화를 걸어 그가 파타라로 떠나는 것을 지연시켰으며, 더 나아가 브래들리가 아놀드의 살인범으로 몰리는데 결정적인 역할을 했기 때문이다. 이는 브래들리의 여동생 프리실라도 마찬가지다. 그녀는 파타라로 떠나려는 브래들리의 집을 찾아가 그의 출발을 연기시켰을 뿐만 아니라, 브래들리가 줄리안에 대한 욕망 때문에 그녀의 죽음에 대해 무관심했던 파렴치한 인물로 낙인찍히게 만들었기 때문이다. 그러나 그 누구보다도 브래들리의 인생에 결정타를 날린 인물은 브래들리의 전처 크리스천이다. 그녀는 레이첼에게 질투심을 불러 일으켜 결국 아놀드를 죽이게 하였으며, 이로 인해 아놀드의 살인자로 몰린 브래들리의 인생은 완전히 파멸되었기 때문이다.

여기서 주목할 사실은 브래들리의 생을 지배하고 가장 큰 영향을 미쳤던 여자들은 모두－브래들리의 예술적 뮤즈로서 그에게 가장 큰 영향을 미친 사람은 줄리안이지만, 그녀의 영향력은 햄릿과의 연관으로 인한 것이어서 논의에서 제외하였다－ 그에게 "허름함"을 떠올리게 하는 브래들리의 어머니와 공통점이 있다는 것이다. 즉 브래들리의 트라우마는 그에게 영향을 미쳤던 여자를 만날 때마다 나타나는데, 그 트라우마가 최초로 드러나는 것은 그의 여동생 프리실라를 통해서다.

> 그녀[프리실라]는 그녀가 닮은 어머니 때문에 성품이 망가졌다. 내 생각에 여자들은 자신이 마음 깊숙이 갖고 있는 불만을 자신의 딸에게, 무의식적이겠지만, 전달하는 것 같다… 우리 어머니는 "미인"이었고 구애자도 많았었다. 난 어머니가 계산대 뒤에서 나이가 들어감에 따라 자신이 가진 카드를 다르게 활용하였더라면 훨씬 더 나은 거래를 할 수 있었을 거

> 라고 후에 느꼈을 거라는 생각이 들었다. 프리실라는 상업적으로 심지어 사회적으로 볼 때 더 나은 거래를 했지만 (어머니와) 같은 패턴을 따랐다. (60)

브래들리는 여동생 프리실라에 대해 말할 때 그녀가 어머니를 많이 닮았다는 점을 강조한다. 그의 여동생은 제대로 교육을 받지 못하였고 교양도 없었지만 어머니를 닮아 미인이었으며, 또한 어머니의 영향을 받아 상업적으로 유리한 결혼을 하려했다는 것이다(브래들리는 그 이유를 자기 어머니가 자신의 미모를 활용해 보다 유리한 조건의 결혼을 하지 못했다는 한탄스런 마음에서 비롯되었을 거라고 생각한다). 어머니의 외모를 닮았던 프리실라는 자기 어머니가 정해놓은 패턴까지 따름으로써 브래들리에게는 프리실라가 자기 어머니의 또 다른 버전으로 여겨졌던 것이다. 즉 브래들리에게는 트라우마와도 같은 그의 어머니가 여동생 프리실라를 통해서 반복되어 나타난 것이다. 이러한 사실은 브래들리가 프리실라의 신분 상승에 대한 욕구에 대해 말할 때, 그의 부모가 운영하던 종이가게를 떠올린 데서 엿볼 수 있다.

> 간단히 말하자면, 프리실라는 "멋지게" 옷도 입고 행동도 하면서, "자신의 신분"보다 훨씬 더 올라갔다. 그리고 그녀가 자주 찾아갔던 "약간" 더 상류층 모임에 침투하고자 하였던 그녀의 야망을 결국에는 충족시켰다. 나는 그녀와 우리 어머니가 프리실라의 운명을 좀 더 개선하기 위해 실제로 작전을 짠 것은 아닌가하는 의심이 든다… 거기에는 **가게 냄새**가 있었던 것 같다. (61, 필자 강조)

브래들리가 프리실라의 신분 상승에 대한 욕구와 그녀의 "운명을 좀 더 개선"시키려는 "작전"에 대해 언급한 뒤, 갑작스럽게 "가게 냄새"에 대해 언급한 것은 아무런 논리적 연결점이 없는 것 같아 보인다. 하지만 가게 냄새는 "허름함"의 상징이며 그 "허름함"은 브래들리에게는 세속적이고 천한 것과 연관이 있다는 사실을 고려해 볼 때 이는 매우 시사적이다. 프로이트의 지적처럼 트라우마를 반복하는 사람은 자신이 트라우마를 반복하고 있다는 사실을 모르듯이(150), 브래들리는 가게 냄새라는 말에 함축된 의미를 의식하지 못하고 그 말을 반복하였던 것이다.

"허름함"에 대한 브래들리의 트라우마가 브래들리가 의식하지 못하는 상태에서 반복된다는 사실은 "그녀[브래들리의 어머니]의 죽음 후, 나[브래들리]는 이런 감정을 프리실라에게 이전하였다"(74)는 브래들리의 고백에 의해 보다 확실해진다. 그의 말은 그의 트라우마의 대상이 어머니에서 프리실라에게로 이동될 수 있다는 사실, 정확히 말하자면 그의 트라우마는 프리실라를 통해서 반복될 수 있다는 사실, 그리고 그의 트라우마의 대상은 그의 어머니를 대변할 수 있는 누구로든 바뀔 수 있다는 사실을 시사하는 것이기 때문이다.

그런데 놀랍게도 브래들리의 트라우마는 전처인 크리스천을 통해서도 반복된다. 크리스천은 사실 "허름함"과는 배치되는 인물처럼 보인다. "히스테리 부리는 나이 들어가는 여자"(94)로 묘사되는 프리실라와는 달리 그녀는 감정적이지도 애처로움을 자아내는 인물도 아니기 때문이다. 오히려 그녀는 냉철하고 자신감에 가득 차 있는 독립적인 여성이다. 게다가 브래들리 자신도 인정하듯이 "국제적인 화장품 회사의 매니저처럼 능력 있고, 뛰어난"(85) 여성으로 후에 살롱을 성공적으로 운영하게 되는 성공적인 사업가이다. 더군다나 크리스천은 아놀드의 마음을 단번에 사로잡아, 그로 하여금 자신의 조강지처인 레이첼을 떠날 생각을 하게 만들 정도로 매력적인 여성이다. 따라서 그녀는 종이가게와 연관된 이미지를 전혀 불러일으킬 것 같지 않은 인물로 보인다.

하지만 크리스천 역시 브래들리에게는 "허름함"의 이미지를 불러일으키는 인물이다. 남편 로저(Roger)를 떠난 뒤 프리실라는 "자신의 잃어버린 자식과 자신의 나이, 그리고 자신의 외모, 자신의 남편의 불친절함, 그리고 자신의 망가진 쓸모없는 인생"(92)에 대해 끊임없이 불평하지만, 크리스천은 전혀 그런 감정의 동요를 보이지 않았고, 브래들리 또한 그녀에게서 그런 면모를 전혀 발견하지 못한다. 그러나 브래들리는 그녀를 "허름함"의 또 다른 측면인 "세속성"의 화신으로 간주한다. 프란시스가 브래들리의 집을 처음 방문하여 크리스천이 영국으로 왔다는 소식을 전했을 때, 브래들리는 크리스천에 관한 고통스런 기억을 다음과 같이 떠올린다.

> 처음 나[브래들리]는 그녀[크리스천]를 생명을 가져다주는 사람으로 여겼다. 그런 다음에는 죽음을 가져오는 사람으로 여겼다 … 크리스천은 분명 **타고난 바람둥이다** … 그녀는 내 인생에 내가 혐오하는 혼란을 가져다주었다. 그녀는 대단히 **소란 떠는** 사람이었다. 그래서 결국 난 그녀를 혐오하게 되었다. 5년간의 결혼생활 끝에 우리 둘은 이런 상태를 지속하는 것이 불가능하다는 확신을 하게 되었다. 하지만 결혼한 지 얼마 되지 않아 크리스천은 데반데일이라는 **일자무식의 돈만 많은 미국인**과 결혼해, 일리노이에 가 살았다. 내 입장에서는 영원히 사라진 셈이다 … 나는 회복할 수 없을 정도로 모든 것이 망가졌다는 느낌으로 몇 년을 살았다 … 안 보면 멀어진다는 사실은 살아남으려는 사람에게 부여된 특권이다. 하지만 크리스천의 경우엔 그렇지 않았다. 그녀는 **도처에 있었다**. (16-7. 필자 강조)

브래들리의 진술은 그가 왜 전처 크리스천과 이혼을 하게 되었는가를 설명하기 위한 것이지만, 크리스천이 어떻게 해서 그에게는 하나의 트라우마가 되었는지에 대한 설명이기도 하다. 우선 브래들리는 크리스천을 "타고난 바람둥이," "소란 떠는 사람"으로 묘사하는데, 이 용어는 브래들리가 프리실라와 그의 어머니에 대해 말할 때 사용하던 것으로, 이는 브래들리가 크리스천을 자신의 트라우마인 그의 어머니와 동일시하고 있다는 사실을 시사한다. 게다가 크리스천이 브래들리와 이혼하자마자 "일자무식의 돈만 많은 미국인"과 결혼하였다는 사실을 브래들리가 강조한 것은, 그녀가 세속적인 따라서 브래들리에게는 "허름한" 여성이라는 명백한 증거가 된다. 또한 브래들리의 의식에 크리스천이 도처에 있었다는 것은 그녀가 그의 무의식의 세계에서 완전히 추방될 수 없는 트라우마적인 속성을 갖고 있다는 사실을 암시하는 것이다.

브래들리의 이러한 트라우마는 "그[브래들리]와 나[레이첼], 그리고 내 남편[아놀드]와의 관계는 실제적으로 아이와 부모의 관계였다"(397)고 주장하는 레이첼을 통해서도 반복된다. 레이첼의 말에서도 짐작할 수 있듯이 브래들리는 레이첼을 자신의 어머니처럼 "소란 떠는 사람"으로 보면서 무의식적으로 그녀를 자신의 어머니와 동일시하고 있기 때문이다. 이러한 사실은 브래들리의 다음과 같은 고백을 통해 보다 분명해 진다. "나[브래들리]는 스트레스를 받았고, 육체적으로도 혐오감과 두려움을 느꼈다. 그녀[레이첼]의 둥글고 창백한 얼굴은 두려울 정도로 친숙했다. 하지만 **꿈에서처럼 애매하고 베일에 둘러 쌓인 친숙함**이었다. 마치 어머니가 수의를 입은 채 나를 찾아온 것 같았다"(필자 강조 346). 브래들리의 말 중 "꿈에서처럼 애매하고 베일에 둘러 쌓인 친숙함"이라는 말은 레이첼이 그의 트라우마와 연관이 있음을 시사한다. "베일에 둘러 쌓인"이라는 말은 차폐 기억을 연상시키며, 친숙함은 그가 아주 오래전부터에 겪고/알고 있었던 것이라는 의미를 내포하며, 꿈은 트라우마가 나타나는 매개체이기 때문이다. 게다가 브래들리는 레이첼을 노골적으로 수의를 입은 자신의 어머니와 동일시하면서 레이첼을 통해 그의 트라우마가 반복되고 있음을 분명히 보여주고 있는 것이다.

앞서 보아온 것처럼 반복적으로 되풀이 되는 "허름함"의 이미지는 브래들리에게는 트라우마를 일으키는 이미지며, 허름한 종이가게에 대한 그의 두려움은 브래들리가 트라우마에 대한 차폐기억에 사로잡혀 있다는 사실을 보여준다. 또한 브래들리의 트라우마를 반복적으로 드러내는 세 명의 여자와 브래들리의 관계는 그의 트라우마가 그의 삶을 어떻게 지배하고 영향을 미치는지 보여준다. 이런 의미에서 브래들리의 트라우마는 그를 가두고 그를 정신적 죽음으로 이끄는 일종의 함정과도 같은 것이다. 하지만 역설적으로 브래들리의 글이 바로 이런 트라우마로부터 그가 살아남을 수 있는 가능성을 제시한다. 즉 브래들리의 글은 카루스가 말하는 "죽음의 위기"와 이에 상응하는 "삶의 위기" 사이를 오가는, "일종의 이중적 이야기"(7)인 것이다. 그의 이야기는 트라우마로 표상되는 그의 정신적 죽음에 관한 이야기이며 동시에 트라우마로부터 그가 어떻게 살아남았는가에 대한 이야기이기 때문이다.

IV. 트라우마로부터의 "깨어남과" 트라우마의 전이의 수단으로서의 글쓰기

자신의 생에 대한 회고이자 자신이 살아온 인생에 대한 고백인 브래들리의 글은 "트라우마로부터의 깨어남"의 구체적 표현이다. 하지만 이 말이 그의 글이 그가 트라우마를 이겨낸 결과 혹은 증거라는 뜻은 아니며, 또한 그의 글이 그의 깨달음의 산물이라는 뜻도 아니다. 단지 그의 글은 카루스가 말하는 "의식으로 깨어나는 경험"(Violence 25)의 구체적 표현이란 의미다. 이런 점에서 프로이트가 『쾌락원칙을 넘어서』에서 한 다음 진술은 시사적이다.

> 꿈에 대한 연구는 마음속 깊이 진행되는 정신적 현상을 조사하는 가장 믿을 만한 방법으로 간주될 수 있을 것이다. 외상적 신경증을 겪는 사람

들이 꾸는 꿈은 반복적으로 그 환자를 그가 당한 사고의 현장, 즉 **그 환자가 다시 공포를 느끼며 깨어나는** 현장으로 데려가는 특징이 있다. (11) (필자 강조)

카루스는 프로이트가 말하는 외상적 신경증의 이론에 근거해, 꿈은 트라우마의 반복일 뿐만 아니라 또 다른 "깨어남"의 반복을 가능하게 하는 수단일 수 있다는 사실을 지적한다. 즉 카루스는 꿈속에서 트라우마를 다시 경험하는데 초점을 맞춘 것이 아니라 그 "트라우마에서 깨어나는 경험"(25)에 그 중요성을 둔 것이다.

하지만 카루스가 말하는 "깨어남"은 트라우마를 제 것으로 받아들여 이를 동화시키는 행위도, 또한 트라우마로에 의해 생긴 공포를 이해하고 따라서 트라우마로부터 치유되는 단계를 의미하는 것도 아니다. 그녀가 말하는 "깨어남"은 트라우마를 다시 겪는 것을 말하기 때문이다. 이런 이유에서 "깨어남"은 트라우마의 또 다른 버전으로 간주될 수 있을 것이다. 하지만 여기서 카루스가 중요시하는 것은 반복적으로 나타나는 트라우마가 가져다줄 수 있는 미래에 관한 것이다. 이에 대해 카루스는 다음과 같이 설명한다. "그러한 깨어남은, 어떤 의미에서 여전히 트라우마의 반복일 수도 있지만, 똑 같은 실패와 상실의 단순한 반복이 아니라, 새로운 출발을 반복하는 새로운 행위다"(Unclaimed 106).

브래들리의 글에서 우리가 주목해야 할 것은 반복되는 "깨어남"의 이런 측면이다. 그의 인생의 고백이기도 한 브래들리의 글은 "같은 실패의 반복"이 아니라, 새로운 출발의 또 다른 반복의 구현이기 때문이다. 그런데 이런 새로운 출발은 브래들리를 이해해 줌으로써 그가 트라우마로부터 깨어날 수 있도록 한 록시아스를 통해서 가능했다. 이 작품의 서문에서 록시아스는 자신이 그런 역할을 하고 있다는 사실을 시사하고 있다.

> 편집자로서의 나의 임무는 간단하다. 아마도 난 내 자신을 일종의 가극단의 흥행주(主) 정도로 묘사하는 것이 옳지 않을까 생각한다. 막이 오르기 전에 퍼레이드를 벌이다. 근엄하게 물러서는 광대나 할리퀸 말이다. 난 마지막 말은, 그러니까 최종 판단 혹은 요약은, 할 것이다. 하지만 난 브래들리에 대한 재판관보다는 그의 광대로 나타나는 게 더 나을 거라 생각한다. 어떤 의미에서 난 그 둘 다다. 이 이야기가 왜 쓰여 졌는가는 이야기 도중에 드러날 것이다. (1-2)

여기서 록시아스는 자신을 브래들리가 쓴 이야기의 편집자이며 브래들리의 극적인 삶을 공연하는 흥행주로 내세우고 있다. 그가 이러한 역할을 자임하는 이유는 록시아스 자신이 브래들리의 글을 낳은 산파이면서 동시에 브래들리의 글을 가장 정확히 판단할 수 있는 비평가이기 때문이다.

하지만 록시아스는 단순히 브래들리가 쓴 글의 편집자 혹은 산파의 역할만 하는 것은 아니다. 브래들리와 같은 감옥에 있어 그의 고통을 잘 아는 록시아스는 브래들리로 하여금 자신의 "가슴 깊숙이 있는 것을 발견하도록"(381) 유도하여, 브래들리가 트라우마로부터 깨어나게 하는 역할도 하였기 때문이다. 브래들리는 록시아스와의 대화가 반복되는 트라우마를 이겨내는데 큰 힘이 되었음을 다음과 같이 고백한다.

> 이 지점에서 내 이야기를 잠시 멈추고 당신에게 직접 말을 건네도 무방할 것 같다. 물론 지금 내가 여기 쓴 것 모두는, 무의식적으로 쓴 것이지만 나의 이 작품은, 당신에게 한 말이다. 하지만 당신에게 이처럼 직접 말을 걸게 된 것이 나에게는 위안이 된다. 내가 가슴으로 또한 머리로 느꼈던 압박을 어느 정도 해소해 주었기 때문이다. 내가 한 말에는 고백의 측면도 있다. 뒤로 물러서서 내 실패를 인정하는 것은 위안이 된다… 신앙심이 있는 사람이, 그는 운이 좋은 사람이겠지만, 신에게 자신이 기억할 수 있는 죄뿐만 아니라, 자신이 기억하지 못하는 죄들도, 심지어 그가 어리석어 죄라고 생각하지 못하는 죄까지도 모두 용서해 달라고 요청했을 때, 그 해

방감과 거기에 뒤따라오는 평온함은 엄청날 것이 틀림없다. (71-2)

여기서 브래들리는 록시아스에게 직접 말을 거는 것이 자신이 경험한 실패와 손실로 인해 자신이 겪어 왔던 압박감을 해소해준다고 고백함으로써, 자신의 글은 자신이 겪은 압박, 즉 자신의 트라우마로 인한 고통을 말로 표현하려는 시도였다는 사실을 분명히 밝힌다. 즉 브래들리는 록시아스와의 대화를 통해 자신이 "기억할 수 없었던 죄"와 트라우마의 형태로 드러난, 자신이 "인식조차 할 수 없었던 죄"를 알 수 있었기 때문에 자신의 트라우마로부터 살아남을 수 있었던 것이다.

그런데 브래들리가 말하는 죄가 구체적으로 어떤 것이든 간에 그의 죄의 뒤편에는 트라우마(의 근원)로서의 브래들리의 어머니가 자리하고 있다. "허름함"의 상징인 자신의 어머니에 대한 브래들리의 경멸감은 그에게 죄의식을 불러일으켰기 때문이다. 이런 의미에서 이 글은 트라우마에서 벗어나기 위한 그의 노력의 산물임과 동시에 그에게 죄의식을 불러일으킨 그의 어머니에 대한 사죄인 것이다. 간단히 말해 록시아스를 만난 뒤 브래들리는 자신의 트라우마와 관련된 고통스런 과거를 직면할 준비를 갖추게 된 것이며, 그의 반복되는 트라우마는 새로운 "출발"의 반복으로 탈바꿈하게 된 것이다.

그가 트라우마로부터 깨어났다는 사실은 종신 징역을 선고 받은 후 그가 자신의 죄를 고백하는데서 드러난다. "보다 넓은 의미에서… 나는 끔찍스런 사람이 되었기에 이런 유죄판결을 받았다"(379). 그는 자신의 과거의 잘못을 뉘우치면서 죽은 그의 친구 아놀드에게 뿐만 아니라 그의 여동생 프리실라에게도 사죄를 한다. "나는 친구로서도 오빠로서도 실패했다"(379). 잠시 뒤 그는 다시 다른 사람들에 대해서도 사죄한다. "나는 레이첼을 버렸다"(380).

여기서 중요한 사실은 브래들리의 글을 통해서 브래들리의 트라우마로부터의 "깨어남"이 – 카루스의 용어를 빌리자면 "전이"(Unclaimed 106) – 동료 음악가를 죽였다는 유죄판결을 받은 록시아스에게 "전이" 되었다는 것이다. "나[록시아스]는 그[브래들리]가 평생 내가 없었기 때문에 고통을 겪었다고 느꼈다. 결국 난 그와 같이 고통을 받았고, 결국에는 그와 죽음도 같이 할 것이다. 나도 그가 필요했다. 그는 내 존재에 한 차원을 더 해준 인물이다"(407). 록시아스는 자신과 브래들리가 서로에게 반드시 필요한 존재임을 강조하면서 자신의 존재를 완성하는데 브래들리가 필요하다고 생각함으로써 자신을 브래들리와 동일시한다. 바로 록시아스의 이러한 고백은 브래들리의 트라우마로부터의 깨어남이 그에게 전이되었다는 사실을 보여주는 것이다.

브래들리의 트라우마의 구현이자 그가 트라우마로부터 깨어나는 수단인 브래들리의 글을 록시아스가 편집하고 출판한 이유는 바로 여기에 있다. 브래들리가 트라우마로 인해 겪은 고통을 드러냄으로써 록시아스는 자신도 트라우마로부터 깨어나기 위해 필요한 절차를 밟은 것이기 때문이다. 이런 의미에서 브래들리의 글의 의미는 그의 삶에만 국한되는 것이 아니다. 그의 글은 트라우마로부터 깨어남을 다른 사람들에게도 전이함으로써 사회적인 차원으로 승화되었기 때문으로 브래들리의 글의 진정한 가치는 바로 이 전이에 있는 것이다.

브래들리의 이야기가 록시아스라는 편집자이자 독자에 의해 기술되었다는 사실은 바로 이 점에서 의미가 있다.『블랙 프린스』의 주제는 트라우마의 해결이 아니라 "트라우마로부터의 깨어남"을 "전이" 하는 것, 궁극적으로 우리 독자들에게 "전이" 하는 것이라는 사실을 상징적으로 말해주기 때문이다. 록시아스처럼 우리도 "죽음의 위기와 그것에 상응하는 삶의 위기" 사이를 오고가기에, 트라우마는 우리 삶의 일부이며 우리 역사의 일부이기 때문이다. 따라서 브래들리의 글은 우리의 삶에 영향을 줄 수 있고, 우리의 삶은 록시아스의 삶처럼 또 다른 "출발"을 반복할 수 있는 것이다.

이런 점에서 트라우마는 개개인의 고통의 끝없는 반복이 아니라 서로가 소통할 수 있는 집단의 정신적·무의식적 현상의 통로인 것이다. 카루스가 말하는 트라우마의 중요성은 바로 이 점에 있다. 트라우마에서 벗어나는데 있어 "사회적인 접촉"을 카루스가 강조한 것은 트라우마의 반복을 같은 것의 반복으로 보는 것이 아니라 변화되는 과정으로서의 반복으로 보았기 때문이다. 트라우마의 반복적인 속성 때문에 우리는 『블랙 프린스』란 작품을 브래들리가 트라우마로부터 겪는 고통의 기록으로 혹은 그가 트라우마에서 살아남은 것에 대한 기록으로 볼 수 있지만, 동시에 "트라우마로부터의 깨어남"의 "전이"에 우리도 참여할 수 있게 하는 열린 공간으로도 볼 수 있는 것이다.

이런 의미에서 『블랙 프린스』는 트라우마에 대한 사회적 책임을 요구하는 작품이다. 트라우마는 단순히 개인에 국한되는 정신적 현상이 아니라 사회 구성원 모두에게 영향을 미칠 수 있는 사회적 현상이기 때문이다. 마찬가지로 브래들리가 알아내려고 하였던 그의 "마음속 깊이 있는 그 무언가"는 트라우마에 대한 도덕적 책임을 갖도록 우리에게 요구하고 있다. 브래들리의 트라우마에 의한 고통을 담은 이야기를 록시아스가 출판한 바로 그 순간부터 브래들리의 개인적인 이야기는 이런 의미에서 집단의 이야기가 된 것이다.

요즈음 가장 큰 화두가 되고 있는 것은 힐링 즉 정신적 치유다. 치유는 분명 고통을 해결 혹은 고통에서 벗어나는 것을 의미한다. 그리고 그 고통의 원인은 개인에 국한되는 것도 있지만 모든 인간이 혹은 특정 집단이 갖고 있는 고통일 수도 있다. 즉 고통을 야기 시키는 정신적 트라우마는 개인적 경험에서 유래될 수도, 한 집단이 공통적으로 겪은 경험에서 유래될 수도 있다. 하지만 트라우마의 원인이 무엇이든가에 또 그 트라우마가 개인에 국한되는 것이든 혹은 한 집단에 있는 것이든 간에, 트라우마에서 벗어나기 위해선 이를 이해해주는 타인의 관심이 절대적이다. 즉 트라우마의 해결책은 본인 자신에게서가 아니라 공동체에서 찾을 수 있는 것이다. 그 단적인 예를 머독은 브래들리와 그의 이야기를 경청하는 록시아스의 관계에서 보여주고 있다. 둘 사이는 실상 감옥에서 처음 만난 사이지만 마치 오랜 친구처럼 서로를 이해하고 따스한 시선으로 바라봄으로써 서로가 서로에게 치유가 되고 있음을 머독을 그리고 있기 때문이다. 따라서 브래들리가 이 작품에서 찾고자 하였던 사랑은 줄리안이라기 보다는 그의 이야기에 경청하고 그의 트라우마에 귀를 기울여준 록시아스인 것이다. 브래들리와 록시아스가 "사랑의 찬가"라는 부제를 단 이 책이 세상에 나오게 된 것은 록시아스 덕분이라고 한 브래들리의 진술을 거꾸로 생각해보면 그렇다. 책을 통한 치유가 그래서 가능한 것이다. 우리 자신이 브래들리의 이야기를 경청하였던 바로 그 록시아스이니 말이다.

인용문헌

Caruth, Cathy. *Unclaimed Experience: Trauma, Narrative, and History*. Baltimore: Johns Hopkins UP, 1996.

_____ . "Violence and Time: Traumatic Survivals." *Assemblage* 20 (1993): 24-25.

Dipple, Elizabeth. "*The Black Prince* and the Figure of Marsyas." *Iris Murdoch*. Ed. Harold Bloom. New York: Chelsea House Publishers, 1986. 121-30.

Freud, Sigmund. *Beyond the Pleasure Principle*. Trans. and Ed. James Strachey. New York and London: W. W. Norton & Co., 1961.

_____ . "Remembering, Repeating and Working-Through." *Standard Edition of the Works of Sigmund Freud. Vol 12*. Ed. James Strachey. London: Hogarth Press, 1914. 146-57.

Lacan, Jacques. *The Four Fundamental Concepts of Psycho-Analysis*. Ed. Jacques-Alain Miller. Trans. Alan Sheridan. London: Penguin Books, 1979.

Marder, Elissa. "Trauma and Literary Studies: Some 'Enabling Questions.'" *Reading on* 1. 1(2005): 1-6.

Murdoch, Iris. *The Black Prince*. New York: Penguin, 2003.

_____ . *The Sovereignty of Good*. London: Routledge, 1979.

Nicol, Bran. "Iris Murdoch's Aesthetics of Masochism." *Journal of Modern Literature* 29. 2(2006): 148-65.

Nussbaum, Martha. "'Faint with Secret Knowledge': Love and Vision in Murdoch's *The Black Prince*." *Poetics Today* 25. 4(2004): 689-710.

Richard, François. "Screen Memory." http://www. answers. com/topic/screen-memory(Accessed 20/10/2010)

출처 : 『영어영문학』 57권 3호 (2011)에 실린 "Traumatic Repetition and Writing as Awakening in Iris Murdoch's *The Black Prince*"를 우리말로 번역하고 책의 주제에 맞게 수정, 보완한 것임.

트라우마 소설연구 I
상처와 치유의 서사

한국근대영미소설학회

필진

문상화

인하대학교 영어교육학과를 졸업하고, 인디애나 주립대학에서 영문학 석사학위, 노스 텍사스 대학에서 영문학 박사학위를 받고 현재 광주대학교 영어영문학과 교수로 재직 중이다. 저서로는『다윈과 디킨즈: 디킨즈 소설의 신역사주의 비평』(2003. 정자나무),『영국소설의 흐름』(공저, 2004. 동인),『고스트 브라더』(번역, 2005. 문학과 의식),『제국주의와 저항의 담론』(공저, 2007, LIE) 등이 있다.

박시영

이화여자대학교 영어교육과 교수. 현재 영미문학연구회 사무국장, 한국근대영미소설학회 출판위원장을 맡고 있다. 주요논문으로는「'폭탄성 쇼크와'(Shell-Shock)와 D. H. 로런스의『아아론의 지팡이』*(Aaron's Rod)*」,「코난 도일의『셜록 홈즈의 모험』과 발터 벤야민의 흔적 이론」등이 있다.

김봉은

고신대학교 영어영문학과 교수, 미국소설학회 편집이사, 한국아메리카학회 편집이사, 현대영미소설학회 편집위원장 등을 역임했다. 박사논문 <인종과 수사학: 마크 트웨인의『허클베리 핀의 모험』과 해리엇 비쳐 스토우의『톰아저씨의 오두막』중심연구>와 미국 소설에 관한 다수의 논문이 나와 있고, 주요 저서로는『소수인종의 문학으로 본 미국의 문화』,『마크트웨인의 모험』등이 있다.

정혜욱

부경대학교에서 미국문화를 가르치고 있다.「랑시에르의 미학적 공동체: 따로 함께의 역설」등의 논문과『번역과 문화연구: 합일을 거부하는 반복』,『미국문화의 이해』(공저)『세계문학 속의 여성』(공저) 등의 저서가 있다. 역서로『번역과 제국: 포스트식민주의 이론 해설』,『인터넷 상에서』,『탈식민페미니즘과 탈식민페미니스트들』(공역)이 있다.

박형신

경북대학교 인문대학 강사. 『트라우마 서사의 정치적 미학: 버지니아 울프와 토니 모리슨』 외 20세기 영·미 여성작가들의 트라우마 서사를 비교·연구한 논문으로 「『댈러웨이 부인』, 『술라』에 나타난 전쟁, 트라우마, 여성 섹슈얼리티」, 「『출항』과 『가장 푸른 눈』의 근친상간 트라우마의 양상」 등이 있다.

이명호

경희대학교 영미문화전공 교수. 『여성과 사회』 편집장을 역임했고, 현대 미국문학과 비평이론에 대해 다수의 논문을 썼다. 「외상의 기억과 과제: 프리모 레비의 증언집이 던지는 질문들」, 「공감의 한계와 혐오의 미학: 허먼 멜빌의 「서기 바틀비」를 중심으로」, 「문화번역의 정치성: 이국성의 해방과 이웃되기」 등의 논문과 『페미니즘: 차이와 사이』(공저), 『토니 모리슨』(공저), 『여성의 몸: 시각, 쟁점, 역사』(공저) 등의 저서가 있다.

박선화

건국대학교 글로컬캠퍼스 교양교육원 교수. 도리스 레싱에 관한 다수의 논문이 있고, 주요 공저서로 『도리스 레싱의 작품과 분석심리학의 접목』, 『영국소설 명장면 모음집』, 『조지프 콘래드』 등과 역서로 『위대한 어머니 신화』가 있다.

이소희

한양여자대학교 영어학과 교수. 국제비교한국학회 회장, 19세기영어권문학회 회장 등을 역임했으며, 현재 한국현대영미소설학회 회장을 맡고 있다. 영미문학페미니즘 및 아시아계 미국문학에 관한 다수의 논문이 있고, 최근 논문으로 "'Working through Trauma': Comfort Women's Self-Representation in the *Nazen Moksori* Trilogy", 「귀환 해외 입양 여성작가들의 자서전에 나타난 모성과 가족」이 있다. 주요 저서로는 『브론테 자매와 가정교사 소설』(2007년 문광부 우수도서), 『다문화사회, 이주와 트랜스내셔널리즘』(공저, 2013년 문광부 우수도서) 등이 있다.

김일영

성균관대학교 영어영문학과 교수. 한국18세기영문학회 고문, 한국근대영미소설학회 회장을 맡고 있으며, 「로렌스 스턴과 포스트모더니즘」, 「불확실성과 '중간자'에 대한 공포: 전환기 시대의 고딕 『드라큘라』」 등의 논문과 『18세기 영소설 강의』, 『영미해설 총서 1: 『트리스트람 섄디』』 등의 저서가 있다. 역서로 『업동이 톰 존스 이야기』 I, II권과 『주석달린 드라큘라』 등이 있다.

트라우마 소설연구 I

상처와 치유의 서사

초판 1쇄 발행 _ 2013년 8월 30일

저　　자 • 한국근대영미소설학회
발 행 인 • 정 현 걸
발　　행 • 신 아 사
인　　쇄 • 예지인쇄
출판등록 • 1956년 1월 5일 (제9-52호)
주　　소 • 서울특별시 은평구 녹번동 28-36번지 2F
전　　화 • 02)382-6411 · 팩스 02)382-6401
홈페이지 • www.shinasa.co.kr
E-MAIL • shinasa@daum.net

ISBN 978-89-8396-822-7(93840)

정가 14,000원